HANS RADEMAKER

HEGELS ‹WISSENSCHAFT DER LOGIK›

HANS RADEMAKER

HEGELS ‹WISSENSCHAFT DER LOGIK›

EINE DARSTELLENDE
UND ERLÄUTERNDE EINFÜHRUNG

ZWEITE, NEUGEFASSTE UND ERWEITERTE
AUSGABE VON
HEGELS ‹OBJEKTIVE LOGIK›

FRANZ STEINER VERLAG GMBH · WIESBADEN
1979

FORSCHUNGSUNTERNEHMEN DER HUMBOLDT-GESELLSCHAFT
FÜR WISSENSCHAFT, KUNST UND BILDUNG E.V., Nr. 31

CIP-Kurztitelaufnahme der Deutschen Bibliothek

Rademaker, Hans:
Hegels "Wissenschaft der Logik": e. darst. u. erl. Einf. / von Hans Rademaker. – 2., neugefasste u. erw. Aufl. von Hegels "Objektive Logik". – Wiesbaden : Steiner, 1979.
    1. Aufl. im Bouvier-Verl., Bonn.
    1. Aufl. u.d.T.: Rademaker, Hans: Hegels "Objektive Logik".
ISBN 3-515-03094-8

Alle Rechte vorbehalten
Ohne ausdrückliche Genehmigung des Verlages ist es auch nicht gestattet, das Werk oder einzelne Teile daraus nachzudrucken oder auf photomechanischem Wege (Photokopie, Mikrokopie usw.) zu vervielfältigen. © 1979 by Franz Steiner Verlag GmbH, Wiesbaden. Druck: Proff GmbH & Co. KG, Bad Honnef
Printed in Germany

In der Logik wird das Sein als reiner Begriff an sich selbst und der reine Begriff als das wahrhafte Sein gewußt.
Log. I 42/4.60

INHALT

Vorwort 1

Klassifizierung der Hegelschen Philosophie
im allgemeinen und der Hegelschen "Wissenschaft der Logik" im besonderen 9
    Die Klassifizierung der Hegelschen Philosophie nach der
    Entwicklung und Stufung der Philosophie 11
    Die Klassifizierung der Hegelschen "Wissenschaft der Logik"
    nach der Entwicklung und Stufung der philosophischen Logik 15

Allgemeiner Begriff der Hegelschen "Logik" 19
    Der Begriff als Hauptgegenstand der Hegelschen "Logik" 21
    Objektives, dialektisches, spekulatives Denken als Wesens-
    merkmal der Hegelschen "Logik" 24
    Bewegung des Gedankens und Bewegung der Sache 30

Die Dreiteilung, die Zweiteilung und das
Ganze der Hegelschen "Logik" 34

DIE OBJEKTIVE LOGIK
(Die Lehre vom "System der reinen Begriffe des Seienden") 39

  I Der Begriff an sich (Die Logik des "Seins") 45
    A Die Begrifflichkeit der "Qualität" 49
      a Das "reine Sein" 49
      b Das "Dasein" 52
      c Das "Fürsichsein" 59
    B Die Begrifflichkeit der "Quantität" 64
      a Die "reine Quantität" 65
      b Das "Quantum" 66
      c Das "quantitative Verhältnis" 72
    C Die Begrifflichkeit des "Maßes" 72
      a Das "Maß überhaupt" 73
      b Das "reale Maß" 74
      c Die "absolute Indifferenz" 77

II Der gesetzte Begriff (Die Logik des "Wesens") 79
    A Das "in sich scheinende Wesen" 83
    B Das "erscheinende Wesen" 93
    C Das "wirklichseiende Wesen" 101

DIE SUBJEKTIVE LOGIK
(Die Lehre von der "Wahrheit selbst") 113

III Der für sich seiende Begriff
     (Die Logik des "Begriffs") 115
     A Die "Subjektivität" (Die Logik des "formellen Begriffs") 124
        a Der "Begriff" 125
        b Das "Urteil" 128
        c Der "Schluß" 128
     B Die "Objektivität" (Die Logik des "reellen Begriffs") 129
        a Der "Mechanismus" 130
        b Der "Chemismus" 132
        c Die "Teleologie" 133
     C Die "Idee" (Die Logik des "realen Begriffs") 136
        a Die "unmittelbare Idee" 136
        b Die "frei für sich existierende endliche Idee" 138
        c Die "absolute Idee" 140

Rückblick auf den Hegelschen Dreischritt 144

In den Hegelschen Dreischritten bestehende
Systemwidrigkeiten der Hegelschen
Philosophie 151

Verwendung der Begriffe in Hegels "Wissenschaft der Logik" 157

Zitiert wird Hegels "Wissenschaft der Logik" zuerst nach der Ausgabe von Lasson unter Angabe des Teiles (I Teil Lehre vom "Sein", II Teil Lehre vom "Wesen" und Lehre vom "Begriff") vor der Seitenzahl und, hinter einem Schrägstrich, nach den Sämtlichen Werken, "Jubiläumsausgabe", unter Angabe des Bandes (4. Band Lehre vom "Sein" und Lehre vom "Wesen", 5. Band Lehre vom "Begriff") vor der Seitenzahl. Die "Enzyklopädie der philosophischen Wissenschaften im Grundrisse", die sogenannte "kleine" Enzyklopädie (Sig: Enz.) und die "Philosophische Propädeutik" (Sig: Prop.) werden, die Propädeutik nach Angabe des Kurses und der Abteilung, nach §§ zitiert.

VORWORT

Hegel und sein Werk haben eine ungewöhnliche Beurteilung erfahren. Richard Kroner[1] sagt, er erachte das Hegelsche System als den Gipfelpunkt der von Kant ausstrahlenden Erleuchtung der Vernunft und glaube, daß diese Metaphysik den Schlußstein aller abendländischen Bemühung um die Erkenntnis des Absoluten bilde.

Als Hegels größte Leistung und als ein „Grundwerk der Philosophie überhaupt" bezeichnet Erwin Metzke[2] die „Wissenschaft der Logik". Unter einem geistesgeschichtlichen Rückblick meint Kroner[3] zu Hegels „Logik": „Betrachtet man Hegels Logik in dem Geiste, in dem sie gedacht ist und verstanden sein will, so wird man nicht leugnen können, daß niemals Größeres versucht worden ist. Man muß gestehen, daß Hegel die tiefsten metaphysischen Intuitionen und Intentionen des europäischen Denkens in seiner Logik zu einem Bau ohne Gleichen zusammengefügt hat; das Kostbarste der griechischen Philosophie ist in ihr mit dem Erbgut des Descartes, Spinoza und Leibniz zu einem Ganzen verbunden, das durch die Idee des transzendentalen Idealismus innerlich beseelt und erleuchtet wird; was Kant, was Fichte, was Schelling erkannt haben, hat hier ein neues, aus sich selbst strömendes Leben gefunden; nichts ist verloren, aber nichts auch bloß übernommen, sondern alles durch einen genialen Geist verjüngt und vollendet." Georg Lasson[4] sagt über Hegels „Wissenschaft der Logik", sie stehe neben Kants „Kritik der reinen Vernunft" wie die reife Frucht neben der vielversprechenden Knospe. Der niederländische Philosoph Gerhardus Bolland spricht von Hegels „unsterblicher Logik"[5]. Wilhelm Purpus[6] wertet den Übergang des „Wesens" in den „Begriff" in Hegels „Wissenschaft der Logik" als den Höhepunkt der Philosophie; Größeres und Tieferes sei niemals geschrieben worden, könne niemals geschrieben werden.

Selbst Denker, die Hegels philosophisches System ablehnten, haben Hegel höchste Bewunderung gezollt. Hegels großer Gegner Sören Kierkegaard bemerkt: Wenn Hegel seine „Logik" geschrieben und als Gedankenexperiment be-

---

1 „Von Kant bis Hegel", 2. Aufl. Tübingen 1961, S. IX.
2 „Handlexikon der Philosophie", Heidelberg 1949, S. 385.
3 a.a.O. 2. Bd. S. 457.
4 Einleitung zu Hegels „Wissenschaft der Logik", Aufl. 1923, S. XVII.
5 Zitiert nach Lasson a.a.O., S. LI.
6 „Zur Dialektik des Bewußtseins nach Hegel", Berlin 1908, S. 9.

zeichnet hätte, so wäre er wohl der größte Denker, der gelebt hätte[7]. Max Wundt, der ein Hegels Lehre weitgehend entgegengesetztes philosophisches System vertritt[8], bezeichnet Hegel als den „größten geistesgeschichtlichen Denker"[9]. Friedrich Engels[10] spricht von Hegel als einem „der gelehrtesten Köpfe aller Zeiten". W. I. Lenin[11] sagt von Hegels „Logik": „Hegel hat wirklich b e w i e s e n , daß die logischen Formen und Gesetze keine leere Hülle, sondern W i d e r s p i e g e l u n g der objektiven Welt sind. Vielmehr nicht bewiesen, sondern g e n i a l e r r a t e n."

* *
*

Es ist hiernach erstaunlich, daß Hegels „Wissenschaft der Logik" kaum wirklich näher gekannt wird[12] und daß dieses Werk keine größere Wirkung hat[13].

---

7 Das genaue Zitat (aus „Die Tagebücher", Erster Band 1834-1848, Innsbruck 1923, S. 217, 218) lautet: „Hätte Hegel seine Logik geschrieben und ein Vorwort dazu, daß sie nur ein Gedankenexperiment sei, in welchem er sogar an vielen Stellen sich von etwas gedrückt habe, so wäre er wohl der größte Denker, der gelebt hätte. So ist er komisch." — Der Verfasser glaubt, in seiner Abhandlung „Die Weltsichtweisen des Menschen und Die Welt in der Sicht der wissenschaftlichen Vernunft oder Die Natur der Welt", Mainz 1976, ISBN 3-416-01230-5, dargetan zu haben, daß Hegels „Logik" nicht bloß ein großartiges Gedankenexperiment ist, sondern daß sie der von der modernen Wissenschaft festgestellten Realität „Welt" entspricht.
8 Vgl. besonders „Ewigkeit und Endlichkeit", Stuttgart 1937, S. 51 ff.
9 „Hegels Logik und die moderne Physik", Köln und Opladen 1949, S. 12.
10 „Über den Materialismus und die Dialektik bei Marx", London 1859, abgedruckt als Anhang zu Friedrich Engels „Ludwig Feuerbach und der Ausgang der klassischen Philosophie", Wien und Berlin 1927, S. 117.
11 „Werke", Bd. 38, „Philosophische Hefte", Berlin 1964, S. 170, 186, 187.
12 Wie wenig seriös Hegels „Logik" gelesen wird — obwohl sie das größte Werk des größten geistesgeschichtlichen Denkers sein soll —, erweisen selbst die philosophischen Lehrbücher und Lexiken. Man findet nämlich sogar dort die Behauptung, nach der Hegelschen „Logik" sei das Wirkliche ein Werden, das sich in dem Dreischritt These-Antithese-Synthese fortbewege, während Hegel, was auch von Lasson hevorgehoben wird, hiervon überhaupt nicht spricht. (In dem vierbändigen Hegellexikon von Glockner ist der Begriffszusammenhang These-Antithese-Synthese nicht angeführt!)
13 Eine besondere politische Bedeutung hat ein kleiner Teil von ihr, nämlich die von Karl Marx aus Hegels „Logik" entnommene Lehre von der „Knotenlinie der Maßverhältnisse" (vom Umschlagen quantitativer Änderungen in qualitative Änderungen) als Lehre von der natürlichen Notwendigkeit der Revolution erhalten. Lenin („Werke", Bd. 38, S. 170) spricht Hegels „Logik" eine umfassende ideengeschichtliche Rolle zu: „Man kann das „Kapital" von Marx und besonders das I Kapitel nicht vollständig begreifen, ohne die g a n z e Logik von Hegel durchstudiert und begriffen zu haben. Folglich hat nach einem halben Jahrhundert nicht ein Marxist Marx begriffen!!"

Dies ist zunächst darauf zurückzuführen, daß Hegels „Logik" sich in abstrakter Höhe mit den „reinen Wesenheiten" befaßt und überhaupt das schwierigste Werk der deutschen Philosophie ist oder als solches gilt[14].

---

14 Hegel ist überhaupt sehr schwer zu verstehen. Wir möchten auf das freimütige Zeugnis Gadamers in seinem Nachbericht zu den Heidelberger Hegel-Tagen 1962 (Hegel-Studien, Beiheft 1, S. 343) hinweisen: „Trotzdem dürfte alle in diesen Hegel-Tagen Zusammengekommenen ein gemeinsames Bewußtsein geeint haben, nämlich daß keiner von uns wagen würde zu behaupten, daß er Hegel versteht. Ich meine, daß er ihn so versteht, daß der einzelne Schritt des Gedankens in seiner Notwendigkeit (oder auch in seiner vermeintlichen Notwendigkeit) eingesehen oder wirklich vollzogen wird und daß das Ganze des wissenschaftlichen Ganges, den Hegel der Philosophie zu geben beansprucht, auch nur von einem von uns wirklich Schritt für Schritt nachgegangen zu werden vermöchte." Adorno („Drei Studien zu Hegel", Frankfurt 1963, S. 107) setzt den Ehrlichen diejenigen gegenüber, die angesichts der Schwierigkeit, die „Logik" zu begreifen, „aus Angst, sich zu blamieren" bloß ausweichen. Neben den Bescheidenen und den Ängstlichen gibt es allerdings auch Anmaßende, die Werke über die Hegelsche Philosophie schreiben, aber — wenn und soweit die nachstehende Darstellung zutreffend ist — nichts von ihr begriffen haben. Hier sind auch diejenigen gemeint, die Hegel mit so unverständlichen Worten „erklären", daß ein Teilnehmer an einem Hegel-Kongreß sagte, wenn man diese kaum mitzudenkenden Ausführungen über die Auslegung der Hegelschen Philosophie angehört habe, sei es befreiend, Hegel selbst zu lesen, weil dort alles viel klarer dargestellt sei, als es durch seine Interpreten geschehe.
Was die Schwierigkeit der Lektüre der „Logik" angeht, so liegt diese zunächst an dem behandelten Stoff selbst. Nicolai Hartmann („Hegel und das Problem der Realdialektik" in „Blätter für Deutsche Philosophie", Bd. 9, Bonn 1935, 1936, S. 15) meint über die Hegelsche „Logik": „Die Schwierigkeit, sich in sie hineinzulesen, ist wohlbekannt. Sie beruht aber keineswegs auf formaler Unstimmigkeit, ja nicht einmal auf dialektischer Subtilität. Sie liegt einfach in der Höhe der Abstraktion, in der Anschauungsferne, in der Unmöglichkeit, den Anschluß an greifbare Gegebenheit und Inhaltlichkeit zu finden, d. h. sie beruht auf der Ferne zu den Phänomenen." Wir glauben jedoch — unter Bezugnahme auf die oben (S. 2, Anm. 7) bezeichnete Abhandlung des Verfassers —, daß es keineswegs unmöglich ist, diesen Anschluß an die Phänomene zu finden — wenn man sich nur eng an Hegel hält und sein Werk sorgfältig liest.
Die Schwierigkeit des Verständnisses ist zum Teil auch darin begründet, daß Hegels „Logik" die erste spekulative Logik ist, die je geschrieben worden ist, daß Hegel — vor allem für die „objektive Logik" (vgl. Log. II 211/5.3) — kaum Vorarbeiten zur Verfügung standen, auf denen er aufbauen konnte, so daß Hegel selbst die Ausarbeitung seiner „Logik" als sehr unvollkommen angesehen hat. Hegel (Log. I 21,22/4.34,35) sagt im Hinblick auf die Schwierigkeit seiner Aufgabe: Wenn erzählt werde, daß Platon seine Bücher über den Staat siebenmal umgearbeitet habe, so müsse er sich die freie Muße wünschen, sein Werk, das, als der modernen Welt angehörig, ein tieferes Prinzip, einen schwereren Gegenstand und ein Material von reicherem Umfang zur Verarbeitung vor sich habe, siebenundsiebzigmal durchzuarbeiten.
Die Unvollkommenheiten der Ausarbeitung sind zahlreich und führen oft zu falschem Verstehen und Nichtbegreifen (und geben Veranlassung zu der Einschränkung unserer Aussage, man müsse sich eng an das Werk Hegels halten).
Die Schwierigkeiten und Mißverständnisse beginnen sofort am Anfang der „Logik" bei den Ausführungen Hegels über Sein und Nichts und Werden. Es liegt nämlich nahe, bei Sein an Existenz und bei Nichts an Nichtexistenz und beim Werden an Inexistenztreten zu denken. Dies ist jedoch nicht gemeint. Hegel handelt nämlich hier, wie die Überschrift des ersten Abschnitts der „Logik" eindeutig

Man unterzieht sich auch deshalb nicht der erforderlichen großen Mühe, die „Logik" zu begreifen, weil man weltanschaulich auf einem anderen Standpunkt steht. Nach der Hegelschen Philosophie geht das Logische dem Weltprozeß vor-

besagt, nur von der „Bestimmtheit (Qualität)". Die Aussagen Hegels über Sein und Nichts, etwa der berühmte Satz „Das reine Sein und das reine Nichts ist also dasselbe" (Log. I 67/4.88) handeln nur von der Bestimmtheit bzw. Qualität. Hegel sagt vom ersten Sein: „Weil es unbestimmt ist, ist es qualitätsloses Sein." (Log. I 66/4.87). Entsprechendes gilt für das Werden, welches nur Werden zur Bestimmtheit oder Qualität ist, nicht Werden zur Existenz.
Zu den Ausführungen Hegels unter der Überschrift „Werden" (Log. I 67/4.88 ff.) ist weiter darauf hinzuweisen, daß Hegel hier – nur – vom Werden der Bestimmtheit dessen, was Dasein hat, handelt, daß Hegel in seiner „Logik" keineswegs nur hier vom Werden handelt. So folgt auf das Werden zum Dasein das Werden zum Fürsichsein usf. (Letztlich handelt die ganze „Logik" vom Werden, nämlich vom Werden des Begriffs, der reinen Idee.) – Von dem Werden, an das man bei diesem Wort zunächst denkt, dem In-die-Existenz-Treten, handelt Hegel erst im zweiten Buch der „Logik", in der Lehre vom gesetzten Begriff, unter der Überschrift „Hervorgang der Sache in die Existenz". (Log. II 97/4.592).
Zu Beginn des ersten Buches der „Logik" handelt Hegel, wie gesagt, gemäß der Überschrift des ersten Abschnitts von der „Bestimmtheit (Qualität)". Hier ist auf eine weitere Unvollkommenheit der Ausarbeitung der Hegelschen „Logik" hinzuweisen, nämlich darauf, daß nicht nur der erste Abschnitt des ersten Buches, der von der Qualität handelt, die Bestimmtheit behandelt, sondern daß auch die folgenden Abschnitte „Quantität" und „Maß" von der Bestimmtheit handeln. Das ganze erste Buch der „Logik" handelt von der Bestimmtheit. Statt einer dementsprechenden Überschrift hat Hegel für das erste Buch die Überschrift „Die Lehre vom Sein" gewählt, die auch in die Irre führen kann, weil die ganze „Logik" Lehre vom Sein ist.
Das zweite Buch der „Logik" handelt sodann in der Lehre vom Wesen von dem, was bestimmt ist, von Erscheinung, Substanz.
Vom Leser aus gesehen, kommt das Erschwernis hinzu, die „Logik" sich selbst erarbeiten zu müssen, weil es keine wirkliche Erläuterungen der Hegelschen „Logik" gibt. Wer Hegels „Logik" lesen will, stößt hier auf Begriffe, die er in den philosophischen Lexika meist vergeblich nachschlägt. Sogar das umfangreiche Hegellexikon führt ihn kaum weiter, weil es lediglich eine Zitatensammlung ist (so daß ihm schon deshalb die Unvollkommenheit anhaftet, aus dem Zusammenhang des Hegelschen Werkes herausgerissene Teile desselben wiederzugeben). In größeren Werken, welche die Hegelsche Philosophie behandeln, sind mehr oder weniger umfangreiche Bemerkungen über die Hegelsche „Wissenschaft der Logik" als solche gemacht, sind sonst jedoch nur Auszüge aus ihr ohne echte Erklärungen enthalten. Gleiches gilt für die Einleitung, welche Lasson als ein Herausgeber der Hegelschen „Wissenschaft der Logik" zu ihr geschrieben hat (die übrigens in den späteren Ausgaben nach 1923 nicht mehr abgedruckt ist). – Der genannte Mangel an Hilfe zum Verständnis besteht nicht nur hinsichtlich einzelner Begriffe der Hegelschen „Logik", sondern ebenso und vor allem für das ganze System der Hegelschen Begriffe. Der Leser fragt sich nämlich, in welcher Weise das System der Seinsbegriffe der Objektivität entspricht. Ist er bei der Lektüre vom „reinen Sein" zum „Dasein" gekommen, so meint er, jetzt festen Boden unter den Füßen zu haben, da er nun bei den daseienden Gegenständen angekommen sei. Kommt er jedoch anschließend zum „Für sich sein", so findet er erst hier das Verhältnis „Eins und Vieles" oder „Repulsion und Attraktion" behandelt, so daß er wankend wird und glaubt, er habe sich vorher geirrt, erst jetzt sei er zu den natürlichen Gegenständen gekommen. In gleicher Weise ergeht es ihm bei der Lektüre der Ausführungen über das Wesen, wenn er vom „in sich scheinenden Wesen" zu „Existenz", „Erscheinung", „Ding" gekommen ist, dann aber im folgenden Abschnitt erst auf Abhandlungen über „Wirklichkeit", „Substanz", „Kausalität" stößt. Der Leser greift vergeblich zu der Literatur über die Hegelsche Philosophie, um dort Hilfe zu finden.

an, liegt ihm zugrunde und ist sein Ziel, worin auch die Beziehung der Logik zu Gott liegt: Einerseits ist der Inhalt der „Logik" die Darstellung Gottes' Wesen vor der Erschaffung der Natur und eines endlichen Geistes[15] und andererseits findet Gott am Ende des Weltprozesses den höchsten Begriff seiner selbst in der logischen Wissenschaft als dem sich begreifenden reinen Begriff[16]. Weshalb soll sich jemand die außerordentliche Arbeit machen, Hegels „Wissenschaft der Logik" durchzuarbeiten, der der Ansicht ist, es sei — gänzlich — abwegig, ihren Inhalt als Darstellung von Gottes Wesen anzusehen bzw. anzunehmen, in ihr begreife sich Gott?

Schließlich beschäftigt man sich deswegen nicht so lebhaft und umfangreich mit Hegels „Logik" wie insbesondere zu Zeiten Hegels, weil die nachfolgende Entwicklung der Naturwissenschaften gezeigt habe, daß die Hegelsche Philosophie nicht mit der Realität der Welt, insbesondere die Naturphilosophie nicht mit der Natur, übereinstimme.

Die vorgenannten Gründe sollten jedoch einer Beschäftigung mit Hegels „Logik" nicht entgegenstehen:

Zunächst ist Hegels „Logik", wie die folgenden Erläuterungen erweisen sollen, nicht extrem schwierig zu begreifen, zumal wenn man entdeckt hat, daß einige schwer verständliche Passagen Unvollkommenheiten der Ausarbeitung sind, die man richtigstellen muß, wie es Hegel vermutlich auch getan hätte, wenn er länger gelebt hätte.

Auch besteht kein Grund, sich deshalb nicht mit Hegels „Logik" näher zu befassen, weil man die Bedeutung, die sie nach der Hegelschen Philosophie hat, nicht anerkennen kann. In scheinbarem Gegensatz zu dieser weltanschaulichen, ja theologischen Bedeutung, welche der „Logik" nach Hegel zukommen soll, ist nämlich die höchsterstaunliche Tatsache festzustellen, daß Hegels „Logik" unabhängig von diesen Auffassungen Hegels über die Bedeutung des Logischen im Hinblick auf Gott ist und besteht. Man kann Hegels „Logik" auch dann anerkennen, wenn man der Ansicht ist, ihr Inhalt sei weder die Darstellung Gottes' Wesen vor Erschaffung der Welt, noch begreife sich in ihr Gott am Ende des Weltprozesses. Es kann entsprechend dahingestellt bleiben, ob die Logik, wie von Hegel dargestellt, eine Entwicklung d e s Begriffes, unter dem Hegel Gott versteht, oder nur eine ganzheitliche Erfassung einzelner Begriffe ist. H e g e l s „ L o g i k" i s t w e i t g e h e n d w e l t a n s c h a u l i c h n e u t r a l.

Lenin[17] bemerkt treffend über Hegels „Logik": „In diesem i d e a l i s t i s c h s t e n Werk Hegels ist a m w e n i g s t e n Idealismus."

---

15 Log. I 31/4.46.
16 Log. II 506/5.353.
17 „Werke", Berlin 1964, Bd. 38, S. 226.

Die Neutralität der „Logik" besteht sogar im Verhältnis zu Hegels Idealismus. Nicolai Hartmann[18] bemerkt über die Beziehung der Seinslehre der Hegelschen „Logik" zum Hegelschen Idealismus: „In Wahrheit steht sie vollkommen indifferent zu ihm, ist sogar indifferent gegen ihn dargestellt. Sie braucht gar nicht erst in eine andere Form umgegossen zu werden, um ihr überstandpunktliches Gesicht zu zeigen. Sie ist schon bei Hegel überstandpunktlich gefaßt."

Zu der allgemeinen Überstandpunktlichkeit der Hegelschen „Logik" kommt hinzu, daß in einem besonderen Maße ihre Ergebnisse, die Seinsbegriffe, neutral sind. Vielfach wird die Herstellung der Zusammenhänge, in denen die Hegelsche „Logik" die Seinsbegriffe als System darstellt, als gewaltsam und darum als nicht überzeugend gewertet. Demgegenüber ist es aber möglich, zwar die von Hegel dargestellten Zusammenhänge der Seinsbegriffe in Einzelheiten oder auch in größerem Umfang abzulehnen, jedoch die Hegelschen Seinsbegriffe als solche anzuerkennen. (Insoweit kommt der der vorliegenden Darstellung der Hegelschen „Logik" beigefügten Erklärung der einzelnen Begriffe eine eigene Bedeutung zu.)

Wir können sagen: H e g e l s „W i s s e n s c h a f t d e r L o g i k" i s t e i n e ü b e r s t a n d p u n k t l i c h e E n t w i c k l u n g u n d D a r s t e l l u n g v o n S e i n s b e g r i f f e n, d i e a l s s o l c h e a n z u e r k e n n e n o d e r z u v e r w e r f e n i s t[19].

Es ist schließlich auch nicht veranlaßt, Hegels „Logik" deswegen gering zu schätzen und ihr Studium zu unterlassen, weil sie nicht mit der Welt bzw. Natur korrespondiere. Der Verfasser hat dargetan, daß sich die Welt zwanglos unter die Seinsbegriffe der Hegelschen „Logik" bringen läßt[20], so daß, positiv ausgedrückt, h i n r e i c h e n d e V e r a n l a s s u n g z u m S t u d i u m d e r „L o g i k" b e s t e h t, w e i l w i r b e i V e r w e n d u n g d e r H e g e l s c h e n S e i n s b e g r i f f e u n s e r e W e l t w i s s e n s c h a f t l i c h b e g r e i f e n k ö n n e n.

* *
*

---

18 „Die Philosophie des deutschen Idealismus", II Teil, Hegel, Berlin 1929, S. 259.
19 Wird das Logische – das Onto-Logische – ganz für sich betrachtet, so kann es überhaupt dahingestellt bleiben, ob der Logos oder das Begriffliche ante res, in rebus oder nur post res besteht, oder ob wir, wie Kant meint, die Natur lediglich nach Begriffen befragen. Damit ist andererseits jedoch nicht ausgeschlossen, die Logik im Sinne Hegels als Darstellung des vorweltlichen Wesens Gottes bzw. als Selbstbegreifen Gottes aufzufassen.
20 In der auf Seite 2, in Anm. 7, bezeichneten Abhandlung.

Mit der folgenden Darstellung soll versucht werden, die Hegelsche „Wissenschaft der Logik", dieses hochrangige und hochbedeutsame Werk, einer allgemeineren Kenntnis, einem besseren Verständnis und hierdurch einer größeren Wirkung zuzuführen.

Als Einführung in ein philosophisches Werk kann eine philologische Herleitung erwartet werden und erwünscht sein. Bei Hegels „Wissenschaft der Logik" wäre eine solche Betrachtung wenig fruchtbar. Die Hegelsche „Logik" ist zwar einerseits, wie es Kroner in seiner groß angelegten Sicht dargelegt hat, in der philosophischen Vergangenheit verwurzelt, aber andererseits eine i n h ö c h s t e m M a ß e o r i g i n ä r e S c h ö p f u n g [21].

Mit unserer Einführung in Hegels „Wissenschaft der Logik" wollen wir nur ihrer schweren Verständlichkeit abhelfen, indem wir es lediglich unternehmen, s i e a u s s i c h s e l b s t b e g r e i f l i c h e r z u m a c h e n. Wir machen also Hegels „Logik" bloß für sich, wie sie uns gegeben ist, zum Gegenstand der Betrachtung. Wir wollen also Hegels „Logik" weder — abgesehen von ihrer nachfolgenden philosophiegeschichtlichen Klassifizierung — historisch herleiten, noch sie mit anderen philosophischen Werken und Gedanken in ein Verhältnis setzen. Diese isolierte Betrachtung ist auch aus dem Grunde möglich, weil die Hegelsche „Logik", wie ausgeführt, überstandpunktlich ist.

Entsprechend wollen wir auch Hegels „Logik" nicht mit außerhalb von ihr liegenden Auffassungen und Überlegungen kritisch werten, sondern nur auf unseres Erachtens bestehende Fehler hinweisen, die sich bei der Betrachtung der Hegelschen „Logik", wie sie für sich ist, m.a.W. die in ihr selbst begründet sind, zeigen, die also Hegel bei seiner Entwicklung d e s „Begriffs", des Gegenstandes seiner „Logik", unterlaufen sind.

Indem wir Hegels „Logik" betrachten, wie sie für sich ist, erfassen wir die Logik des Seins in konstruierend schöpferischem Denken, das methodisch fortschreitend in einer Kette die Seinsbegriffe entwickelt. Grundlage dieser Be-

---

21 Wie bemerkt, sagt Hegel selbst, daß er kaum auf Vorarbeiten aufbauen konnte. (Kroner (a.a.O. [S. 1, Anm. 1] S. 416) glaubt, die Ursprünge für Hegels „Logik" in Schellings „Darstellung meines Systems der Philosophie 1801" sehen zu können: „Das Bedürfnis erwachte, die alles Denken beherrschenden Kategorien rein für sich zu betrachten. Das Identitätssystem, das Schelling 1801 errichtete, machte einen Beginn, indem es der Naturphilosophie grundlegende Paragraphen vorausschickte, die das Wesen des als Vernunft bezeichneten Absoluten, losgelöst ebensosehr von allem besonderen Inhalte wie von der erkenntnistheoretischen Fragestellung betrafen. Das in diesen Paragraphen Behandelte erweitert Hegel in seiner „Wissenschaft der Logik." Dieser Wertung Kroners ist entgegenzuhalten, daß die von ihm erwähnten Darlegungen Schellings nur einen Standpunkt darstellen und allenfalls ein Programm im Sinne der Hegelschen „Logik" aufstellen. Inhaltlich können die aus diesem Denkansatz Schellings folgenden Ausführungen Schellings kaum als „Vorarbeiten" zu Hegels „Logik" angesehen werden und wird es Hegels Leistung nicht im entferntesten gerecht, sie bloß als „Erweiterung" des von Schelling Behandelten zu werten.)

trachtung ist, daß nicht das Subjekt es ist, das diese Entwicklung vornimmt, ein Netz von Seinsbegriffen spinnt, sondern daß das Subjekt nur dem Weg folgt, den gleichsam die Seinsbegriffe vor seinen Augen nehmen.

KLASSIFIZIERUNG DER HEGELSCHEN
PHILOSOPHIE IM ALLGEMEINEN UND DER
HEGELSCHEN „WISSENSCHAFT DER LOGIK"
IM BESONDEREN

Die Klassifizierung
der Hegelschen Philosophie
nach der Entwicklung und Stufung der Philosophie

Um die Hegelsche Philosophie zu klassifizieren, wollen wir auf die Stufung der Philosophie Bezug nehmen, die sich aus der Entwicklung des Verhältnisses von Denken und Sein ergibt.

Philosophie ist Denken, das sich mit dem Sein befaßt. Während die Wissenschaft sich mit Verstandesdenken mit dem Sein befaßt, befaßt sich die Philosophie mit Vernunftdenken mit dem Sein. Während für das wissenschaftlich denkende Subjekt die Gegenstände des Denkens äußere sind, sind für das philosophisch denkende Subjekt die Gegenstände des Denkens innere.

Wir können zwei große Stufen der Philosophie unterscheiden. Die ältere oder untere Philosophie ist eine Philosophie sinnlicher Vernunft. Die moderne oder höhere Art der Philosophie ist Philosophie geistiger Vernunft.

a. Für die Philosophie der sinnlichen Vernunft sind die Gegenstände des Denkens dem philosophierenden Subjekt innere **fremde**. **Die Notwendigkeiten, welche diese Philosophie denkt, sind Vorstellungsnotwendigkeiten sinnlich gedachten Wesens des Seienden.**

Zur Verdeutlichung, was Philosophie sinnlicher Vernunft ist und wie der Übergang zur Philosophie geistiger Vernunft erfolgt, sei ein kurzer Blick auf die Entwicklung der griechischen Philosophie geworfen, wie sie Hegel in seinen „Vorlesungen über die Geschichte der Philosophie" dargestellt hat:

In der Philosophie war zunächst der — ganz abstrakte — Gedanke in natürlicher oder sinnlicher Form. Die ersten ganz abstrakten Bestimmungen, bei Thales und den anderen Joniern, faßten das Allgemeine in Form einer Naturbestimmung: Luft, Wasser. Der Fortgang mußte sein, diese bloß unmittelbare Naturbestimmung zu verlassen. Dies ist bei den Pythagoraeern anzutreffen: die Zahl ist für sie die Substanz, das Wesen der Dinge. Die Zahl ist nicht sinnlich, ist auch nicht der reine Gedanke. Bei den Eleaten ist dann die gewaltsame, reine Losreißung des Gedankens von der sinnlichen Form und Zahl geschehen: Das Hervorbringen des reinen Gedankens. Bei Anaxagoras ist es der bewegende, sich selbst bestimmende Gedanke selbst, der als das Wesen erkannt wird[22].

---

22 Die Bezeichnung dieser Philosophie als untere Philosophie darf nicht zu deren geistesgeschichtlicher Geringschätzung führen. Hegel sagt am Schluß seiner Vorlesungen über die Geschichte der Philosophie: „Die letzte Philosophie ist das Resultat aller früheren; nichts ist verloren, alle Prinzipien sind er-

b. Für die Philosophie der geistigen Vernunft, des reinen Gedankens sind die Gegenstände des Denkens für das philosophierende Subjekt innere e i g e n e . D i e N o t w e n d i g k e i t e n , w e l c h e d i e s e P h i l o s o p h i e d e n k t , s i n d B e g r i f f s n o t w e n d i g k e i t e n g e i s t i g g e - d a c h t e n W e s e n s d e s S e i e n d e n .

Wenn wir sagen, Philosophie sei ein Denken der Vernunft, so bezieht sich diese Kennzeichnung nur auf die allgemeine Art philosophischen Denkens. Für die höhere Philosophie, die Philosophie der geistigen Vernunft, bedeutet dies nur, daß ihr allgemeines Denken Vernunfterkenntnis ist. Es besagt nicht, daß auch das besondere, objektgerichtete, d.h. die Erkenntnis von Gegenständen betreffende, philosophische Denken der höheren Philosophie wesentlich ein Denken der Vernunft sei oder sein müsse.

N a c h d e r E n t w i c k l u n g d e s o b j e k t g e r i c h t e t e n p h i - l o s o p h i s c h e n D e n k e n s s i n d vielmehr d r e i S t u f e n d e r h ö h e r e n P h i l o s o p h i e , d e r P h i l o s o p h i e d e r g e i s t i g e n V e r n u n f t , z u u n t e r s c h e i d e n : d o g m a t i s c h e P h i l o s o - p h i e , P h i l o s o p h i e d e s V e r s t a n d e s , P h i l o s o p h i e d e r V e r n u n f t .

Die Philosophie der ersten Stufe der geistigen Vernunft ist bezüglich ihres objektgerichteten, die Erkenntnis von Gegenständen angehenden Denkens eine dogmatische Philosophie. Das philosophierende Subjekt macht unbefangen mit der reinen Vernunft Aussagen über die Dinge der Welt. Dieses Philosophieren legt zu Grunde, daß Denken und Sein, das Denken der Dinge und die Dinge, an und für sich übereinstimmen − daß das Denken in seinen immanenten Bestimmungen und die wahrhafte Natur der Dinge ein und derselbe Inhalt sei. Wir können sagen: Das Denken dieser Philosophie ist durch erkenntnismäßige Ungeschiedenheit von Subjekt und Objekt gekennzeichnet.

Als höhere, zweite Stufe der Philosophie der geistigen Vernunft ist der dogmatischen Philosophie die kritische Philosophie gegenübergesetzt. Diese Philosophie geht davon aus, daß das Denken und die Dinge der Welt nicht an und für sich übereinstimmen. Das Denken diese Philosophie ist also durch erkenntnismäßige Geschiedenheit von Subjekt und Objekt gekennzeichnet. Diese zweite Stufe der Philosophie der geistigen Vernunft ist nur in ihrem allgemeinen Denken Vernunfterkenntnis aus Begriffen, in ihrem objektgerichteten Denken, also bezüglich der Erkenntnis der Gegenstände, aber ein Denken des Verstandes, so daß ihre Gesamtformel Vernunft − Verstand ist.

---

halten." Hinsichtlich der zur Philosophie der sinnlichen Vernunft gehörenden Philosophie Heraklits bemerkt Hegel, was hier besonders interessiert: „es ist kein Satz des Heraklit, den ich nicht in meine Logik aufgenommen."

Als dritte Stufe der Philosophie der geistigen Vernunft hat Hegel eine Philosophie entwickelt, die davon ausgeht, daß das menschliche Denken und das Sein zwar nicht an und für sich übereinstimmen, wie insofern die kritische Philosophie richtig sagte, daß aber das Seinsdenken der Menschen dadurch, daß das philosophierende Subjekt sich die Dinge in seinem Denken selbst bestimmen läßt, zu objektiven, mit den Dingen übereinstimmenden, Begriffen gelangt. Das Denken dieser Philosophie ist somit erkenntnismäßig durch Verbundenheit des Subjekts mit dem von ihm geschiedenen Objekt gekennzeichnet. Das objektgerichtete Denken dieser Philosophie ist Denken der Vernunft, womit diese Philosophie die Gesamtformel Vernunft − Vernunft hat [23].

---

23 Die vorstehend nur skizzierte Entwicklung und Stufung der Philosophie der geistigen Vernunft ist in der auf Seite 2, Anm. 7 bezeichneten Abhandlung des Verfassers eingehender dargestellt. Sie wird in der folgenden Darstellung der Entwicklung und Stufung der philosophischen Logik von Hegel selbst begründet.

Stufung der Philosophie der geistigen Vernunft
als Entwicklung des Verhältnisses von Denken und Sein
oder des objektgerichteten Denkens

Philosophie der ersten Stufe

I Denken | Sein

Stufe der Ungeschiedenheit von philosophierendem
Subjekt und Objekt
(dogmatische Philosophie)

Philosophie der zweiten Stufe

II Denken ·········▷ Sein

Stufe der Geschiedenheit des philosophierenden
Subjekts vom Objekt
(Philosophie des Verstandes)

Philosophie der dritten Stufe

III Denken ————————————▷ Sein

Stufe der Verbundenheit des philosophierenden
Subjekts mit dem von ihm geschiedenen Objekt
(Philosophie der Vernunft)

Die Klassifizierung der Hegelschen „Wissenschaft der Logik" nach der Entwicklung und Stufung der philosophischen Logik

Was die Entwicklung der Logik innerhalb des großen Rahmens der Stufung der Philosophie, die Entwicklung von der „vormaligen Logik"[24] zur Logik Hegels, angeht, wollen wir Hegels klassische Ausführungen hierzu wiedergeben. Hegel sagt:

Wenn die Logik als die Wissenschaft des Denkens im Allgemeinen angenommen werde, so werde dabei verstanden, daß dies Denken die b l o ß e   F o r m einer Erkenntnis ausmache, daß die Logik von allem Inhalt abstrahiere, und das sogenannte zweite Bestandsstück, das zu einer Erkenntnis gehöre, die M a t e r i e , anderswo gegeben werden müsse[25]. Der bisherige Begriff der Logik beruhe auf der im gewöhnlichen Bewußtsein ein für allemal vorausgesetzten Trennung des Inhalts der Erkenntnis und der Form derselben. Es werde vorausgesetzt, daß der Stoff der Erkenntnis als eine fertige Welt außerhalb des Denkens an und für sich vorhanden sei, daß das Denken für sich leer sei, als eine Form äußerlich zu jener hinzutreten, sich damit erfülle, erst dann einen Inhalt gewinne und dadurch ein reales Erkennen werde[26]. — Nach dieser Auffassung sei Wahrheit die Übereinstimmung des Denkens mit dem Gegenstande, und es solle, um diese Übereinstimmung hervorzubringen, das Denken nach dem Gegenstand sich fügen und bequemen[27]. — Da die Verschiedenheit der Materie und der Form, des Gegenstandes und des Denkens, besage, daß jede eine von der anderen geschiedene Sphäre sei, bleibe der Gegenstand als ein Ding an sich schlechthin ein Jenseits des Denkens[28].

Der Standpunkt der Wissenschaft des Denkens müsse jedoch höher gefaßt werden. Die bisherigen Ansichten über das Verhältnis des Subjekts und Objekts zueinander seien Irrtümer, die, weil sie den Eingang in die Philosophie versperrten, vor derselben abzulegen seien[29].

---

24 Diese Logik ist nur in Beziehung auf die Geschichte der Philosophie etwas Vormaliges; für sich ist sie immer vorhanden, die bloße Verstandes-Logik. Vgl. Enz. § 27.
25 Log. I 24/4.37.
26 Log. I 24/4.38.
27 Log. I 25/4.38.
28 Log. I 25/4.39.
29 Log. I 25/4.39.

Hegel unterscheidet sodann in einer erkenntnisgeschichtlichen Betrachtung drei der oben dargestellten Entwicklung und Stufung der Philosophie entsprechende Stellungen des Gedankens zur Objektivität und kommt so bei der dritten Stellung des Gedankens zur Objektivität zu seinem eigenen Standpunkt:
1. Die ältere Metaphysik habe einen höheren Begriff von dem Denken, als es in der — von Hegel aus gesehen — neueren Zeit gang und gäbe geworden sei, indem sie nämlich zugrundegelegt habe, daß das, was durchs Denken von und an den Dingen erkannt werde, das allein an ihnen wahrhaft Wahre sei. Diese Metaphysik sei somit der Ansicht gewesen, daß das Denken und die Bestimmungen des Denkens nicht ein den Gegenständen Fremdes, sondern vielmehr deren Wesen sei, oder daß die Dinge und das Denken derselben an und für sich übereinstimmten, daß das Denken in seinen immanenten Bestimmungen und die wahrhafte Natur der Dinge ein und derselbe Inhalt sei[30].
2. Aber dann habe der reflektierende Verstand sich der Philosophie bemächtigt, der abstrahierende und damit trennende Verstand, der in seinen Trennungen beharre. Dieser mache seine Ansicht geltend, daß die Wahrheit auf sinnlicher Qualität beruhe, daß Gedanken n u r Gedanken seien in dem Sinne, daß erst die sinnliche Wahrnehmung ihnen Gehalt und Realität gebe, daß die Vernunft, insofern sie an und für sich bleibe, nur Hirngespinste erzeuge[31]. Der Begriff der Wahrheit sei hierbei darauf eingeschränkt, nur subjektive Wahrheit zu sein, nur die Erscheinung zu erkennen, nur etwas, dem die Natur der Sache selbst nicht entspreche. Hiermit sei das Wissen zur Meinung zurückgefallen. — Der konsequenter durchgeführte transzendentale Idealismus habe sodann die Nichtigkeit des von der kritischen Philosophie noch übrig gelassenen Gespensts des Dings-an-sich, dieses abstrakten, von allem Inhalt abgeschiedenen Schattens erkannt und den Zweck gehabt, ihn vollends zu zerstören[32].
3. Hegel gibt sodann den „allein wahrhaften" Standpunkt an, nach welchem die Logik zu betrachten, auf den sie in Zukunft „für immer" zu stellen sei, den Standpunkt der reinen Wissenschaft oder des objektiven Denkens[33]. „Das absolute Wissen ist die W a h r h e i t aller Weisen des Bewußtseins, weil ... nur in dem absoluten Wissen die Trennung des G e g e n s t a n d e s von der G e w i ß h e i t s e i n e r s e l b s t vollkommen sich aufgelöst hat und die Wahrheit, dieser Gewißheit, sowie diese Gewißheit, der Wahrheit gleich geworden ist. — Die reine Wissenschaft setzt somit die Befreiung von dem Gegensatz

---

30 Log. I 26/4.39.
31 Log. I 26/4.40 und Log. I 3/4.14.
32 Log. I 28/4.42.
33 Den Begriff der reinen Wissenschaft und seine Deduktion setzt Hegel in der „Wissenschaft der Logik" insofern voraus, als er bereits in seiner „Phänomenologie des Geistes" das Bewußtsein in seiner Fortbewegung von dem ersten unmittelbaren Gegensatz seiner und des Gegenstandes bis zum absoluten Wissen dargestellt hat. (Log. I 30/4.45)

des Bewußtseins voraus. Sie enthält den G e d a n k e n , i n s o f e r n e r e b e n s o s e h r d i e S a c h e a n s i c h s e l b s t i s t , oder d i e S a c h e a n s i c h s e l b s t , insofern sie e b e n s o s e h r d e r r e i n e G e d a n k e i s t . Als W i s s e n s c h a f t ist die Wahrheit das reine sich entwickelnde Selbstbewußtsein und hat die Gestalt des Selbsts, daß d a s a n u n d f ü r s i c h S e i e n d e gewußter B e g r i f f , d e r B e g r i f f a l s s o l c h e r aber das a n u n d f ü r s i c h S e i e n d e i s t ."³⁴

„Dieses objektive Denken ist denn der I n h a l t der reinen Wissenschaft. Sie ist daher so wenig formell, sie entbehrt so wenig der Materie zu einer wirklichen und wahren Erkenntnis, daß ihr Inhalt vielmehr allein das absolut Wahre oder wenn man sich noch des Wortes Materie bedienen wollte, die wahrhafte Materie ist, – eine Materie aber, der die Form nicht ein Äußerliches ist, da diese Materie vielmehr der reine Gedanke, somit die absolute Form selbst ist. Die Logik ist sonach als das System der reinen Vernunft, als das Reich des reinen Gedankens zu fassen."³⁵

* *
*

Die Hegelsche „Wissenschaft der Logik" kann auch bezüglich der o n t i s c h e n K a t e g o r i e n und deren Verhältnis zur Logik klassifiziert werden:

Vor Hegel gibt es die Lehre von den ontischen Kategorien und die Lehren von der formalen Logik. Hegel faßt in seiner „Wissenschaft der Logik" beides zusammen (jedoch derart, daß diese „Logik" sich ihrerseits in die „objektive Logik" als Lehre vom System der reinen Begriffe des Seienden und in die „subjektive Logik" als Lehre vom Begriff aufgliedert). Der Stoff der vormaligen Lehre von den ontischen Kategorien und der Stoff der vormaligen formalen Logik hat in Hegels „Wissenschaft der Logik" eine ganz neuartige Gestaltung gefunden, indem er zur ersten spekulativen Logik geworden ist, die eine Logik der Philosophie der Vernunft ist.

Waren die ontischen Kategorien in der ersten Stufe der Philosophie S e i n s b e g r i f f e , in der zweiten Stufe der Philosophie nur D e n k b e s t i m m u n g e n , so sind sie in der dritten Stufe der Philosophie B e s t i m m u n g e n d e s S e i n s u n d d e s D e n k e n s . Gab es in der ersten Stufe der Philosophie „e i n e g e w i s s e Z a h l v o n K a t e g o r i e n a u f s b l o ß e U n g e f ä h r" (wie Kant sagt), so gibt es in der zweiten Stufe der Philosophie „n a c h G r u n d g e s e t z e n d e s V e r s t a n d e s e i n e b e -

---

34 Log. I 30,31/4.45.
35 Log. I 31/4.45,46.

stimmte Zahl von Kategorien, wie sie sich selbst und von selbst in Klassen einteilen" (Kant) und gibt es in der dritten Stufe der Philosophie ein „System der reinen Begriffe des Seienden" (Hegel).

* *
*

Hegels „Wissenschaft der Logik" kann auch im historischen Zusammenhang der philosophischen Anschauungen über die Ideen gesehen und klassifiziert werden:

Für Platon gibt es Ideen, die dem weltgestaltenden Demiurgen vorgegeben sind und die der Welt zugrundeliegen, weil der Demiurg sich nach ihnen richten mußte.

Für Plotin und Augustinus gibt es der Welt vorausgehende und ihr zugrundeliegende Ideen als Gedanken Gottes selbst.

Für Philon und Duns scotus gibt es von dem weltschaffenden Gott hervorgebrachte Ideen.

Für Hegel ist Gott selbst die Idee, die von Hegel in seiner „Wissenschaft der Logik" dargestellt wird.

ALLGEMEINER BEGRIFF
DER HEGELSCHEN „LOGIK"

Logik allgemein:
„Die Logik ist sonach als das System der reinen Vernunft, als das Reich des reinen Gedankens zu fassen."
Log. I 31/4.45

Primäre Logik:
„Dieses Reich ist die Wahrheit, wie sie ohne Hülle an und für sich selbst ist. Man kann sich deswegen ausdrücken, daß dieser Inhalt die Darstellung Gottes ist, wie er in seinem ewigen Wesen vor der Erschaffung der Natur und eines endlichen Geistes ist."
Log. I 31/4.46

Sekundäre Logik:
„In der Wissenschaft des Geistes vollendet der Begriff seine Befreiung durch sich selbst und findet den höchsten Begriff seiner selbst in der logischen Wissenschaft als dem sich begreifenden reinen Begriffe."
Log. II 506/5.353

Der „Begriff" als Hauptgegenstand
der Hegelschen „Logik"

Die Hegelsche „Wissenschaft der Logik" handelt von d e m Begriff, d. h. dem e i n e n Begriff. Zum Verständnis, was die Hegelsche „Logik" ist und darstellen will, ist es angebracht, sich zunächst darüber klar zu werden, was Hegel unter d e m Begriff versteht[36].

Das vorweltliche und weltliche Sein wird von Hegel als ein Dreischritt des Werdens: L o g i s c h e s — N a t u r — G e i s t angesehen[37], welcher ein Dreischritt d e s Begriffes ist.

D e r Begriff ist das wahrhafte Sein. I n d e r L o g i k a l s d e r W i s s e n s c h a f t d e s r e i n e n D e n k e n s w i r d d a s S e i n a l s r e i n e r B e g r i f f u n d d e r r e i n e B e g r i f f a l s d a s w a h r h a f t e S e i n g e w u ß t[38,39,40].

Andererseits ist Hegels „Wissenschaft der Logik" Lehre von d e r Idee[41]. Hegel sagt[42], die Logik sei die Wissenschaft der Idee an und für sich[43].

36 Hegel handelt in der „Wissenschaft der Logik" einerseits von d e m Begriff und dessen Fortbestimmung bzw. Entwicklung, andererseits von einzelnen Begriffen. Hier fragen wir also nur nach d e m Begriff.
37 Gelegentlich der Betrachtung „In den Hegelschen Dreischritten bestehende Systemwidrigkeiten der Hegelschen Philosophie" wird dies unten näher ausgeführt und hierzu Stellung genommen.
38 Log. I 42/4.60.
39 Log. I 43/4.61.
40 In seinen „Vorlesungen über die Philosophie der Religion", herausgegeben von Lasson (Sig: Rel.) bezeichnet Hegel Gott als den „Begriff" (Rel. I 31) oder als den „absoluten Begriff" (Rel. I 221). „Gott ist nicht e i n Begriff, sondern d e r Begriff" (Rel. IV 42). Vgl. auch Log. II 355/5.175.
41 So wie Hegel einerseits von d e m Begriff und andererseits von einzelnen Begriffen handelt, handelt Hegel von d e r Idee und von einzelnen Ideen (z.B. von der Idee des Lebens, von der Idee des Erkennens – hier: Idee des Wahren und des Guten).
42 Enz. § 18.
43 Während einerseits die ganze „Logik" von d e r Idee handelt, handelt andererseits in Hegels „Logik" erst der Dritte Abschnitt des Dritten Buches, wie dessen Überschrift besagt, von der „Idee". Der scheinbare Gegensatz, daß einerseits die ganze „Logik" und andererseits nur ein Teil der „Logik" von der „Idee" handelt, ist in der „Enzyklopädie" (§ 242), wie folgt, aufgeklärt: „Der Begriff so von seinem A n s i c h s e i n vermittelst seiner Differenz und deren Aufheben sich mit sich selbst zusammenschließend, ist der r e a l i s i e r t e Begriff, d. i. der Begriff, das G e s e t z t s e i n seiner Bestimmungen in seinem F ü r s i c h s e i n enthaltend, – die I d e e, für welche zugleich als absolut Erstes (in der Methode) dies Ende nur das V e r s c h w i n d e n d e s S c h e i n s ist, als ob der Anfang ein Unmittelbares und sie ein Resultat wäre; – das Erkennen, daß die Idee die eine Totalität ist." Wir können zu dem scheinbaren Gegensatz auch sagen, daß die ganze „Logik" von der „Idee" handelt, der Dritte Abschnitt des Dritten Buches hingegen von dem Begriff der „Idee".

Es fragt sich nun, was „Idee" ist und in welcher Beziehung „Begriff" und „Idee" zueinander stehen. **Die „Idee" ist der reale Begriff, die Einheit des Begriffs und der Realität**[44],[45]. (Wenn wir also das Sein als Begriff betrachten, erfassen wir hiermit an ihm das Logische.[46])

Der „Begriff" ist nicht bloß reiner Gedanke, sondern, sofern er real, also „Idee" ist, Vorbildner und innerer Bildner[47],[48].

Der Begriff macht nicht nur die Wahrheit der Dinge aus, sondern er verleiht ihnen auch Wirklichkeit. Die Dinge sind das was sie sind, durch die Tätigkeit des ihnen innewohnenden und in ihnen sich offenbarenden Begriffs. „Nur in

---

44 Log. II 408 ff. / 4.237 ff.

45 In seinen „Vorlesungen über die Philosophie der Religion", bezeichnet Hegel Gott auch als „Idee" (Rel. I 33) oder als die „absolute Idee" (Rel. IV 38).

46 Das System der „Logik ist das Reich der Schatten, die Welt der einfachen Wesenheiten, von aller sinnlichen Konkretion befreit". Log. I 41/4.57.

47 Log. II 231/5.27.

48 In der Einleitung der „Logik" (Log. I 43/4.61) sagt Hegel, in der unorganischen Natur sei der Begriff **an sich** und in der organischen Individualität, im empfindenden Tier und im denkenden Menschen sei er **für sich**, wozu Hegel weiter ausführt, daß der fürsichseiende Begriff im Menschen **bewußter und gewußter Begriff** sei.
In der die „subjektive Logik" einführenden Darstellung „Vom Begriff im allgemeinen" (Log. II 224/5.18) sagt Hegel, die organische Natur sei die Stufe der Natur, auf welcher der Begriff **hervortrete**, aber als **blinder, sich selbst nicht fassender, d.h. nicht denkender Begriff**, als solcher komme er nur dem Geiste zu.
In der anorganischen Natur ist der „Begriff" eins mit der Sache, in sie versenkt (Log. II 236/5.33; Log. II 429/5.263). Der „Begriff" ist nur ein Inneres, noch nicht aus seiner Innerlichkeit hervorgetreten (vgl. Log. II 236/5.33). Andererseits faßt Hegel auch in der „subjektiven Logik" (Log. II 247/5. 45), in der Lehre vom „Begriff", die Natur als „Außersichsein des Begriffes" zusammen. Die dortigen Ausführungen über den „Begriff" und die Natur sind besonders bemerkenswert: „In der **Natur** finden wir freilich in einer Gattung mehr als zwei Arten, so wie diese vielen Arten auch nicht das aufgezeigte Verhältnis zueinander haben können. Es ist dies die Ohnmacht der Natur, die Strenge des Begriffs nicht festhalten und darstellen zu können und in diese begrifflose blinde Mannigfaltigkeit sich zu verlaufen. **Wir** können die Natur in der Mannigfaltigkeit ihrer Gattungen und Arten und der unendlichen Verschiedenheit ihrer Gattungen und Arten **bewundern**, denn die Bewunderung ist **ohne Begriff**, und ihr Gegenstand ist das Vernunftlose. Der Natur, weil sie das Außersichsein des Begriffes ist, ist es freigegeben, in dieser Verschiedenheit sich zu ergehen, wie der Geist, ob er gleich den Begriff in der Gestalt des Begriffes hat, auch aufs Vorstellen sich einläßt und in einer unendlichen Mannigfaltigkeit desselben sich herumtreibt. Die vielfachen Naturgattungen oder Arten müssen für nichts höheres geachtet werden als die willkürlichen Einfälle des Geistes in seinen Vorstellungen. Beide zeigen wohl allenthalben Spuren und Ahnungen des Begriffs, aber stellen ihn nicht in treuem Abbild dar, weil sie die Seite seines freien Außersichseins sind; er ist die absolute Macht gerade darum, daß er seinen Unterschied frei zur Gestalt selbständiger Verschiedenheit, äußerlicher Notwendigkeit, Zufälligkeit, Willkür, Meinung entlassen kann, welche aber für ihn nicht mehr als die abstrakte Seite der **Nichtigkeit** genommen werden muß."

seinem Begriffe hat etwas Wirklichkeit; insofern es von seinem Begriffe verschieden ist, hört es auf wirklich zu sein und ist ein Nichtiges."[49] Alles, was sonst wirklich genannt wird, verdankt, wie Hegel andererseits sagt, seine Wirklichkeit der Idee. „Alles Wirkliche, insofern es ein Wahres ist, ist die Idee und hat seine Wahrheit allein durch und kraft der Idee."[50]

DIE WISSENSCHAFT DER LOGIK
ALS LEHRE VON DER FORTBESTIMMUNG D E S BEGRIFFES

Lehre vom	handelt vom	Fortgang ist
I Sein	Begriff an sich	Übergehen in Anderes
II Wesen	gesetzten Begriff	Scheinen in dem Entgegengesetzten
III Begriff	fürsichseienden Begriff	Entwicklung

III A Fürsichseiender formeller Begriff (subjektiver Begriff)
    a Fürsichseiender formeller Begriff als solcher (Begriff)
        aa Allgemeiner Begriff
        ab Besonderer Begriff
        ac Einzelnes
    b Fürsichseiender formeller als das Andere seiner selbst gesetzter Begriff (Urteil)
    c Fürsichseiender formeller vollständig gesetzter Begriff (Schluß)

III B Fürsichseiender reeller, d.h. zur Unmittelbarkeit bestimmter, Begriff (Objektivität)
    a Fürsichseiender reeller Begriff an sich (Mechanismus)
    b Fürsichseiender reeller in gespannte Existenz getretener Begriff (Chemismus)
    c Fürsichseiender reeller in freie Existenz getretener Begriff (Teleologie) (nicht mehr als Objekt in die Äußerlichkeit und Unmittelbarkeit versenkter Begriff)

III C Fürsichseiender realer, d. h. mit der Objektivität eine Einheit bildender, Begriff (Idee)
    a Fürsichseiender realer Begriff, der unterschieden von seiner Objektivität, einfach in sich, seine Objektivität durchdringt (Leben)
    b Fürsichseiender realer Begriff, der sich zu sich selbst befreit hat und sich – nur erst – eine abstrakte Objektivität zur Realität gibt (Erkennen)
    c Fürsichseiender realer Begriff, der innerer Grund und wirkliches Bestehen der objektiven Welt ist (absolute Idee)

Unter dem Gesichtspunkt der „Idee" sagt Hegel (Enz. § 251): „Die Natur ist an sich ein lebendiges Ganzes; die Bewegung durch ihren Stufengang ist näher dies, daß die Idee sich als das s e t z e , was sie a n s i c h ist; oder was dasselbe ist, daß sie aus ihrer Unmittelbarkeit und Äußerlichkeit, welche der T o d ist, i n s i c h gehe, um zunächst als L e b e n d i g e s zu sein, aber ferner auch, diese Bestimmtheit, in welcher sie nur Leben ist, aufhebe, und sich zur Erkenntnis des Geistes hervorbringe, der die Wahrheit und der Endzweck der Natur und die wahre Wirklichkeit der Idee ist."

49 Log. I 31 f./4.46.
50 Enz. § 213.

Objektives, Spekulatives, Dialektisches Denken als Wesensmerkmal der Hegelschen „Logik"

Hegel kennzeichnet das Denken der reinen Wissenschaft — das Denken seiner Logik — wie folgt:

Damit das „tote Gebein" der Logik durch den Geist zu Gehalt und Inhalt belebt werde, müsse die Methode der Logik diejenige sein, wodurch sie allein fähig sei, reine Wissenschaft zu sein: **Diese wahrhafte Methode der philosophischen Wissenschaft sei das Bewußtsein über die Form der inneren Selbstbewegung ihres Inhalts**[51]. „Ich habe in der **Phänomenologie des Geistes** ein Beispiel von dieser Methode an einem konkreteren Gegenstande, an dem **Bewußtsein**, aufgestellt. Es sind hier Gestalten des Bewußtseins, deren jede in ihrer Realisierung sich zugleich selbst auflöst, ihre eigene Negation zu ihrem Resultate hat, — und damit in eine höhere Gestalt übergegangen ist. **Das Einzige, um den wissenschaftlichen Fortgang zu gewinnen**, und um dessen ganz **einfache** Einsicht sich wesentlich zu bemühen ist, — ist die Erkenntnis des logischen Satzes, daß das Negative ebensosehr positiv ist, oder daß das Widersprechende sich nicht in Null, in das abstrakte Nichts auflöst, sondern wesentlich nur in die Negation seines **besonderen** Inhalts, oder daß eine solche Negation nicht allein Negation, sondern die **Negation der bestimmten Sache**, die sich auflöst, somit bestimmte Negation ist, daß also im Resultate wesentlich das enthalten ist, woraus es resultiert; — was eigentlich eine Tautologie ist, denn sonst wäre es ein Unmittelbares, nicht ein Resultat. Indem das Resultierende, die Negation, **bestimmte** Negation ist, hat sie einen **Inhalt**. Sie ist ein neuer Begriff, aber der höhere, reichere Begriff als der vorhergehende; denn sie ist um dessen Negation oder Entgegengesetztes reicher geworden, enthält ihn also, aber auch mehr als ihn, und ist die Einheit seiner und seines Entgegengesetzten. — In diesem Wege hat sich das System der Begriffe überhaupt zu bilden, — und in unaufhaltsamem, reinem, von außen nichts hereinnehmendem Gange sich zu vollenden."[52]

Hegel bemerkt, daß die Methode, die er in seinem System der Logik befolge, also richtiger die Methode sei, die dieses System an ihm selbst befolge. Die

---

51 Log. I 34,35/4.51.
52 Log. I 35,36/4.51.

M e t h o d e   s e i   v o n   i h r e m   G e g e n s t a n d e   u n d   I n h a l t e   n i c h t s   U n t e r s c h i e d e n e s .   E s   s e i   d e r   I n h a l t   i n   s i c h , d i e   D i a l e k t i k ,   d i e   e r   a n   i h m   s e l b s t   h a b e ,   w e l c h e s   i h n f o r t b e w e g e. Der Rhythmus der Methode sei der Gang der Sache selbst[53].
„Das, wodurch sich der Begriff selbst weiter leitet, ist das vorhin angegebene N e g a t i v e , das er an sich selbst hat; dies macht das wahrhaft Dialektische aus."[54] Die innere Negativität sei die sich selbst bewegende Seele, das Prinzip aller natürlichen und geistigen Lebendigkeit überhaupt[55]. In diesem Dialektischen und damit in dem Fassen des Entgegengesetzten in seiner Einheit oder des Positiven im Negativen bestehe das Spekulative[56],[57].

„Die Logik bestimmte sich danach als die Wissenschaft des reinen Denkens, die zu ihrem Prinzip d a s   r e i n e   W i s s e n habe, die nicht abstrakte, sondern dadurch konkrete lebendige Einheit, daß in ihr der Gegensatz des Bewußtseins von einem subjektiv f ü r   s i c h   S e i e n d e n und einem zweiten solchen S e i e n d e n , einem Objektiven, als überwunden, und das Sein als reiner Begriff an sich selbst, und der reine Begriff als das wahrhafte Sein gewußt wird. Dies sind sonach die beiden M o m e n t e , welche im Logischen enthalten sind. Aber sie werden nun als u n t r e n n b a r seiend gewußt, nicht wie im Bewußtsein jedes a u c h   a l s   f ü r   s i c h   s e i e n d ; dadurch, daß sie zugleich als u n t e r s c h i e d e n e (jedoch nicht für sich seiende) gewußt werden, ist ihre Einheit nicht abstrakt, tot, unbewegend, sondern konkret."[58] Der Gegensatz des Bewußtseins ist verschwunden. „Damit sind die früher (auf d e m   W e g e   z u r   W a h r h e i t) für sich s e i e n d e n Bestimmungen, wie ein Subjektives und Objektives, oder auch Denken und Sein oder Begriff und Realität, wie sie in irgendeiner Rücksicht bestimmt worden sein mögen, n u n i n   i h r e r   W a h r h e i t, d. i. in ihrer Einheit, zu F o r m e n herabgesetzt."[59] Das vom Gegensatz des Bewußtseins befreite, objektivierende Tun sei

---

53 Log. I 36/4.52.
54 Log. I 37/4.53.
55 Log. I 38/4.54.
56 Log. I 38/4.54.
57 Die Dialektik wird vielfach geschmäht – von solchen –, in deren Denken sich nicht das „Leben des Begriffs" vollzieht. Sie hören, wie Nicolai Hartmann sagt, nur den eintönigen Rhythmus des eigenen, leer mitlaufenden Denkens heraus, das „öde Geklapper der Dialektik" – wie E. von Hartmann sagt – und meinen, es sei das der Hegelschen Dialektik. Nicolai Hartmann („Die Philosophie des deutschen Idealismus", II Teil, Hegel, Berlin 1929, S. 256) hebt demgegenüber den wahren Wert der Dialektik hervor: „Wenn man auf die geradezu unfaßbare Fülle des inhaltlich geprägten Denkens hinblickt, die durch sie sichtbar gemacht ist, so möchte man – so phantastisch es dem nüchternen Denkenden klingen mag – wirklich glauben, daß sie so etwas wie das Göttliche im menschlichen Gedanken, eine Offenbarung des Ewigen im Zeitlichen und Zeitbedingten, die Ankündigung und Sprache einer absoluten Vernunft in der subjektiv-endlichen Vernunft sei."
58 Log. I 42,43/4.60.
59 Log. I 43/4.61.

näher dasjenige, was für D e n k e n als solches überhaupt genommen werden könne. Dieses Tun sollte aber nicht mehr Bewußtsein genannt werden, weil Bewußtsein den Gegensatz des Ich und seines Gegenstandes in sich schließe[60].

Diesen Worten Hegels seien einige betrachtende und erläuternde Ausführungen über die Eigenart des Denkens der Hegelschen Logik hinzugefügt.

Die spezifische Schwierigkeit des Studiums der Hegelschen Logik besteht darin, daß es die „Anstrengung des Begriffs"[61] erfordert. Dieses Studium macht eine ganz ungewöhnliche Einstellung, eine ganz andere Denkweise notwendig als gegenüber dem philosophischen Denken vor Hegel, also auch bei Kant. Es beruht dies eben darauf, daß es sich hier nicht mehr um subjektives, sondern um objektives Denken handelt (nicht um eine bloße Verstandes-Ansicht der Vernunftgegenstände, sondern um eine Vernunft-Ansicht der Vernunftgegenstände)[62]. Zum Nachvollzug dieses Denkens ist es erforderlich, daß das Denken, wie Hegel in der „Phänomenologie des Geistes"[63] darlegt, die Anstrengung auf sich nimmt, „statt das willkürlich bewegende Prinzip des Inhalts zu sein, die Freiheit in ihn zu versenken, ihn durch seine eigene Natur, d. h. durch das Selbst als das seinige, sich bewegen zu lassen". Iwan Iljin[64] schildert in großer Anschaulichkeit diese neuartige Denkweise: „Die spekulative Verschmelzung des einzelnen menschlichen Bewußtseinsakts mit dem von ihm gedachten Inhalt wird dadurch erreicht, daß das Denken sich die Macht der Anschauung aneignet, die Anschauung aber sich vollständig der Sache des Denkens hingibt. Das letztere ist, selbstverständlich, nur dann möglich, wenn die Anschauung sich gänzlich von allem Sinnlichen und Empirisch-Konkreten befreit. Von der Einbildungskraft durchtränkt, ist das Denken nicht mehr an das Fixieren, Kombinieren und Klassifizieren seiner Begriffe gebunden. Nein, es lebt in den Begriffen; es durchdringt sie und wird selber von ihnen durchdrungen. Das Bewußtsein übergibt sich dem Gegenstande, es gibt sich hin, es verbleibt in ihm, es vertieft sich in ihn dermaßen, daß der Gegenstand dadurch sein eigen wird; noch mehr, das Bewußtsein vergißt sich in der Sache und verliert sich in dem „unbewußten" Hineindenken in das Wesen des Begriffes. Die Seele muß gleichsam den Atem zurückhalten und dem Gegenstand die Macht über sich und in sich übergeben, daß er sie beherrsche und bewege, und zwar nach seinen, ihm eigenen Gesetzen; sie darf nichts von ihrer menschlichen Existenz hineintragen, sie darf den Gegenstand in seiner Selbständigkeit durchaus nicht stören oder entstellen. Das Bewußtsein muß sich also im Gegenstande auflösen und zwar bis zum Selbstvergessen."

60 Log. I 45/4.63,64.
61 „Phänomenologie des Geistes", Sämtliche Werke, „Jubiläumsausgabe" Bd. 2, S. 54.
62 Enz. § 27.
63 a.a.O., S. 54.
64 „Die Philosophie Hegels als kontemplative Gotteslehre", Bern 1946, S. 53, 54.

Das Haupthindernis für das Begreifen der Hegelschen Logik ist wohl, daß sie nicht mit dem Verstand, sondern nur mit der Vernunft begriffen werden kann (daß man mit — geistiger — Vernunft begabt sein muß, um ihr zu folgen, womit enge Naturgrenzen für ihre Erfassung bestehen)[65].

Wir zitierten schon[66] das Wort Hegels, daß der Verstand trennt und in seinen Trennungen beharrt. Besonders bei der Betrachtung der Begriffe Endlichkeit und Unendlichkeit zeigt Hegel ausführlich und eindringlich diese Beschränktheit des Verstandes, der nur zu trennen und die sich hierbei ergebenden Widersprüche aufzuweisen vermag, während die Vernunft die Widersprüche auflöst, indem sie das Entgegengesetzte verbindet und in seiner Einheit erfaßt. Hegel legt in der Vorrede zur „Wissenschaft der Logik"[67] diese Unterschiede von Verstand und Vernunft näher dar: „Der **Verstand bestimmt** und hält die Bestimmungen fest; **die Vernunft** ist negativ und **dialektisch**, weil sie die Bestimmungen des Verstandes in Nichts auflöst; sie ist **positiv**, weil sie das **Allgemeine** erzeugt, und das Besondere darin begreift. Wie der Verstand als etwas Getrenntes von der Vernunft überhaupt, so pflegt auch die dialektische Vernunft als etwas Getrenntes von der positiven Vernunft genommen werden. Aber in ihrer Wahrheit ist die Vernunft **Geist**, der höher als beides, verständige Vernunft oder vernünftiger Verstand ist. Er ist das Negative, dasjenige, welches die Qualität sowohl der dialektischen Vernunft als des Verstandes ausmacht; — er negiert das Einfache, so setzt er den bestimmten Unterschied des Verstandes; er löst ihn ebensosehr auf, so ist er dialektisch. Er hält sich aber nicht im Nichts dieses Resultates, sondern ist darin ebenso positiv und hat so erst das Einfache damit hergestellt, aber als Allgemeines, das in sich konkret ist; unter dieses wird nicht ein gegebenes Besonderes subsumiert, sondern in jenem Bestimmen und in der Auflösung desselben hat sich das Besondere schon mitbestimmt. Diese geistige Bewegung, die sich in ihrer Einfachheit ihre Bestimmtheit, und in dieser ihre Gleichheit mit sich selbst gibt, die somit die immanente Entwicklung des Begriffes ist, ist die absolute Methode des Erkennens, und zugleich die immanente Seele des Inhalts selbst. Auf diesem sich selbst konstruierenden Wege allein, behaupte ich, ist die Philosophie fähig, objektive, demonstrierende Wissenschaft zu sein."

---

65 Das S y s t e m der Seinsbegriffe und seine Begründung kann zwar nur mit der Vernunft begriffen werden und der Verstand steht ihm verständnislos gegenüber, doch die bei der Entwicklung des Systems der Seinsbegriffe gewonnenen einzelnen Seinsbegriffe können auch mit dem Verstand aufgefaßt werden.
66 S. 16.
67 Log. I 6,7/4.17,18.

Während die gewöhnliche bloß formale oder subjektive Logik[68], wie oben dargestellt, Form und Inhalt trennt und lediglich Formen des Denkens lehrt, ohne sich mit den Inhalten des Denkens zu befassen, behandelt die Logik des objektiven Denkens die Denkformen als Wirklichkeitsformen, sind für sie Gedanke und Sache übereinstimmend, lehrt sie Formen des Denkens und bringt sie gleichzeitig entsprechende Inhalte des Denkens zur Darstellung; sie ist Denk- und Seinslehre in einem.

Die Logik des subjektiven Denkens hat es mit subjektiven Begriffen (Verstandes-Ansichten), die Logik des objektiven Denkens mit objektiven Begriffen zu tun (Vernunft-Ansichten)[69]. Der subjektive Begriff ist ein Begriff, nach dem das Subjekt (mit dem Verstand) von sich aus den Gegenstand bestimmt. Er ist ein draufsichtiges Denkbild der In-sich-Bestimmtheit des Gegenstandes[70]. **Der objektive Begriff ist hingegen ein – vom Subjekt (mit der Vernunft) hervorgebrachter – Begriff, in dem sich der Gegenstand selbst bestimmt.** Er ist ein einsichtiges Denkbild der Für-sich-Bestimmtheit des Gegenstandes. Wie dargelegt, kommt das Denken dadurch zu objektiven Begriffen, daß es seine Freiheit in seinen Inhalt versenkt, ihn durch seine eigene Natur sich bewegen läßt und diese Bewegung betrachtet. **Hierdurch erhält das Denken auch die Bezugssysteme, mit denen die Gegenstände von sich aus zu tun haben, die es auch von ihnen aus und für sie gibt** (welche, um mit Hegel zu sprechen, die Gegenstände selbst angehen).

Unter ein und demselben Wort kann ein subjektiver und auch ein entsprechender objektiver Begriff zu verstehen sein[71]. Meistens sind jedoch die Wort-

---

68 Gemeint ist hier die subjektive Logik des subjektiven Denkens. (Die „subjektive Logik" Hegels stellt objektives Denken dar!)

69 Hegel pflegt nicht von subjektiven Begriffen und von objektiven Begriffen zu sprechen, wie er auch nur selten von objektivem Denken spricht. Es ist aber dem Verständnis dienlich, die Eigenart der Hegelschen Logik mit aller Deutlichkeit hervorzuheben, daß sie objektives Denken darstellt bzw. daß die Begriffe der Hegelschen Logik objektive Begriffe sind.

70 Hegel (Log. I 77/4.100) kennzeichnet diese subjektive Reflexion als ein den Gegenständen äußerliches Tun und Bestimmen, welches die Gegenstände selbst nichts angehe. Nicolai Hartmann (a.a.O., [S. 25, Anm. 57] S. 245) sagt von diesem Denken, es wiege sich in mißverstandener Freiheit, wenn es sich mit seinen geprägten Begriffen über den Stoff erhaben dünke. Hierzu ergänzend finden wir bei Hegel – Sämtliche Werke, „Jubiläumsausgabe", Bd. 16, S. 353 – die Bemerkung: „die wahre Demut besteht darin, den Geist in die Wahrheit zu versenken, in das Innerste, den Gegenstand allein nur an sich zu haben, so verschwindet alles Subjektive ..."

71 Ein gutes – weil von Hegel ausführlich behandeltes – Beispiel bietet der Begriff „Unendlichkeit". Hegel zeigt, daß der Verstand nur den Begriff der „schlechten" oder „negativen" Unendlichkeit hat, während die Vernunft den Begriff der „wahrhaften" Unendlichkeit besitzt. Die „schlechte oder negative" Unendlichkeit ist ein subjektiver Begriff, die „wahrhafte" Unendlichkeit ist ein objektiver Begriff.

bezeichnungen für subjektive Begriffe und für objektive Begriffe verschieden:

In dem Bestreben, sich in der Mannigfaltigkeit des Seienden zurechtzufinden, bestimmt das subjektive Denken draufsichtig die unterschiedlichen „Eigenschaften"[72] der verschiedenen Gegenstände, etwa die Eigenart eines Steines und im Unterschied hiervon die Eigenart eines Lebewesens. Das objektive Denken, das einsichtig die Bestimmtheit der Dinge oder deren Selbstbestimmung erfaßt, spricht hingegen nicht von der „Eigenart" der verschiedenen Dinge, sondern kennzeichnet die Bestimmtheit eines Steines als Dasein, die Bestimmtheit eines Organismus als Fürsichsein. Ebenso ist es bei den Begriffen der Substanz. Das subjektive Denken hat es, weil es draufsichtig ist, nur mit Erscheinungen zu tun. Da es somit das Wesen der Dinge nicht erfaßt, bezeichnet es die Seite der Substanz, mit der allein es sich befaßt, nicht etwa als Erscheinung – da eben der Gegenbegriff „Wesen" bei ihm nicht vorkommt und damit die Bezeichnung „Erscheinung" nicht veranlaßt wäre –, sondern als Kraft, Stoff, Materie. Das objektive Denken hingegen spricht von Schein bzw. Erscheinung einerseits und von Wesen andererseits.

* * *

Zusammenfassend können wir über den „Allgemeinen Begriff der Hegelschen Logik" feststellen: **In der Logik wird das Sein als reiner Begriff gewußt. Der reine Begriff leitet sich selber durch das Negative, das er an sich selbst hat, weiter. So ist die Logik Bewußtsein über die Form der inneren Selbstbewegung ihres Inhalts, des Seins.**

---

72 Die draufsichtige Betrachtung hat es stets mit „Eigenschaften" zu tun: „Die Qualität ist erst in der Rücksicht vornehmlich **Eigenschaft**, als sie in einer **äußerlichen Beziehung** sich als **immanente Bestimmung** zeigt." Log. I 101/4.128.

Bewegung des Gedankens und Bewegung der Sache
— Idealdialektik und Realdialektik —

Nicolai Hartmann, welcher der Dialektik als solcher höchstes Lob gespendet hat[73], erhebt schwerwiegende Vorwürfe gegen die Dialektik der Hegelschen Logik[74]. In der Phänomenologie des Geistes, in der Rechtsphilosophie sowie den späteren Vorlesungszyklen der Geistesgeschichte stehe Hegel überall dicht bei den Phänomenen, habe sie konkret vor den Augen, sei seine Dialektik ein wirkliches Vorrücken an der Sache. Die Hegelsche Logik jedoch gerate bei eingehender Untersuchung in den allerschwersten Verdacht, in ihren breitesten Teilen aus unreeller Dialektik zu bestehen. Der Duktus der Dialektik sei in sich tadellos, er sei im logischen Sinne formal vollkommen. Ihr Fehler liege im Ansatz. Fundamentalbeispiel sei die Dialektik des Seins und des Nichts, mit der Hegel seine Logik beginnen läßt. Hier werde unzulässigerweise aus der Bewegung des Gedankens auf die der Sache argumentiert. Reines Sein und Nichts (?) gebe es jedoch nirgends in aller Welt. Hegels von der Einheit von reinem Sein und Nichts ausgehende Werdenslehre entspreche in keiner Weise dem erfahrbaren Werden. In der Erfahrung gelte vielmehr der Satz: ex nihilo nil fit.

Zu dem Einwand Nicolai Hartmanns, die Dialektik der Hegelschen Logik werde durch die Erfahrung widerlegt, ist zunächst darauf hinzuweisen, daß philosophische Aussagen grundsätzlich nicht an der Erfahrung, sondern an der Wahrheit zu messen sind. Es können Gedanken entwickelt werden, die wahr sind, ohne daß sie mit einem Tatbestand der Erfahrung übereinstimmen. (Ähnlich kann eine Geometrie entwickelt werden, die in sich richtig ist, ohne daß es eine Realität gibt, für die sie gilt. Wie die Relativitätsphysik ergeben hat, bedarf es der Erfahrung zu der Aussage, welche der verschiedenen denkmöglichen, wahren Geometrien auf die Welt — jeweils nach Maßgabe der Gravitationsverhältnisse — anzuwenden ist.) Es ist somit keine philosophische und deshalb keine wahre Widerlegung der Hegelschen Dialektik, wenn behauptet wird, sie entspreche nicht der Erfahrung.

---

73 wie oben (S. 25, Anm. 57) angeführt.
74 Hartmann geht hierbei — in der oben (S. 3) bezeichneten Abhandlung, S. 12 - von der Ansicht aus, der Hegelschen Idealdialektik müsse eine Realdialektik entsprechen, es sei Inhalt und Anspruch der Hegelschen Philosophie, daß die Begriffsbewegung das Gegenbild einer Realbewegung, das dialektische Denken Widerspiel einer Realdialektik sei.

V o r   a l l e m   a b e r   k a n n   n i c h t   g e s a g t   w e r d e n , H e g e l a r g u m e n t i e r e   i n   s e i n e r   „ W i s s e n s c h a f t   d e r   L o g i k "   u n z u l ä s s i g e r w e i s e   a u s   d e r   B e w e g u n g   d e s   G e d a n k e n s   a u f   d i e   d e r   S a c h e ,   w e i l   d i e   S a c h e ,   u m   d i e   e s   i n   H e g e l s   „ L o g i k "   g e h t ,   d a s   S e i n   a l s   r e i n e r   B e g r i f f   i s t , d . h .   d a ß   d i e   S a c h e ,   v o n   d e r   H e g e l s   „ L o g i k "   h a n d e l t , e b e n   n i c h t   d i e   P h ä n o m e n e   s i n d .

Es trifft auch gar nicht zu, daß Hegel gesagt hat, der von ihm gelehrten Idealdialektik entspreche eine Realdialektik, oder daß sich aus Hegels Philosophie ergibt, der Idealdialektik müsse eine Realdialektik entsprechen. Hegel zeigt in seiner „Logik", wie ein Seinsbegriff fließend in einen anderen Seinsbegriff übergeht; er sagt aber nicht, daß in gleicher Weise ein Phänomen fließend in ein anderes übergehe. Hegel sagt nirgends, der B e w e g u n g des Gedankens entspreche parallel eine B e w e g u n g der Sache. Vielmehr stellt Hegel dem f l i e ß e n d e n Übergang der Seinsbegriffe ein S t u f e n system der Natur, der Dinge, gegenüber[75]. — Was Nicolai Hartmanns Einwand gegen die Dialektik des Seins und des Nichts angeht, es gebe nirgends in aller Welt reines Sein, so ist es ein — unverzeihliches — Mißverständnis anzunehmen, Hegel habe dies behauptet. Im Gegenteil hat Hegel in aller Deutlichkeit vom reinen Sein gesagt, es sei Nichts, nicht mehr noch weniger als Nichts[76]. — N a c h   H e g e l s   P h i l o s o p h i e   m u ß   k e i n e s w e g s   d e r   I d e a l d i a l e k t i k   e i n e

---

75 Vgl. unten S. 144 ff. und Enz. § 249: „Es ist eine ungeschickte Vorstellung älterer, auch neuerer Naturphilosophie gewesen, die Fortbildung und den Übergang einer Naturform und Sphäre in eine höhere für eine äußerlich-wirkliche Produktion anzusehen, die man jedoch, um sie d e u t l i c h e r zu machen, in das D u n k e l der Vergangenheit zurückgelegt hat." Solcher nebuloser, im Grunde sinnlicher Vorstellungen müsse sich die denkende Vernunft entschlagen.

76 Vgl. unten S, 49.
Der erwähnte Einwand Hartmanns ist ohnehin völlig fehl am Platz, weil Hegel hier, im ersten Abschnitt des ersten Buches, von der „Bestimmtheit (Qualität)" handelt und nicht etwa von dem Indieexistenztreten, was Hartman meint, wenn er den Satz ex nihilo nil fit zitiert. Vom Indieexistenztreten spricht Hegel erst später im zweiten Buch der „Wissenschaft der Logik" unter der Überschrift „Hervorgang der Sache in die Existenz" (Log. II 97 ff./4.592 ff.). — Gleichwohl mag hier zu diesem Vorbringen Hartmanns bemerkt werden, daß die Geltung des Satzes ex nihilo nil fit durch die moderne Physik in Zweifel geraten ist. Von der Relativitätstheorie ausgehend wird in der modernen Astrophysik die Meinung vertreten, daß die Welt zu gleichen Teilen aus positiver Energie (Massenenergie) und negativer Energie (Gravitationsenergie) bestehe, so daß die Gesamtenergie = Null sei. Es kann dies bildhaft so ausgedrückt werden, die Materie aus einem Loch im Nichts gebildet sei. (Von den beiden heute im Vordergrund der Diskussion stehenden kosmologischen Modelle nimmt eins, die steady-State-Theorie, an, daß sich das Universum ausdehnt und daß gleichzeitig die Materie durch Entstehung neuer Galaxien und Galaxienhaufen zunimmt.) In diesem Zusammenhang kann auch auf die ebenfalls zur Zeit erörterte Meinung hingewiesen werden, die Welt bestehe zu gleichen Teilen aus Materie und Antimaterie. (Hierzu steht experimentell fest, daß es zu jeder Art von Elementarteilchen ein entsprechendes Antiteilchen gibt und daß Teilchen und Antiteilchen immer nur

Realdialektik in der Natur entsprechen, da nämlich nach ihr die Natur mit ihren Phänomenen Abfall der Idee von sich selbst ist, die Idee zwar Vorbildner und innerer Bildner der Natur ist, **die Natur aber die Strenge des Begriffs nicht festhalten und darstellen kann und sich in begrifflose blinde Mannigfaltigkeit verläuft**[77].

Für Hegel ist die Logik — als primäre Logik —, wie angeführt, Darstellung Gottes ewigen Wesens vor der Erschaffung der Natur, die Wahrheit ohne Hülle, das ideale Urbild der Welt. Der Gang des göttlichen Denkens durch die Seinsbegriffe ist die dialektische Konstruktion des idealen Urbildes der Welt. **Es kommt deshalb nicht darauf an, ob der dialektischen Hervorbringung der Seinsbegriffe eine Realdialektik entspricht, sondern nur darauf, ob die Seinsbegriffe** — in der Vorstellungsweise Platos: diese Ideen — **mit der Realität korrespondieren bzw. umgekehrt, ob die Realität den bei dem dialektischen Denken hervorgegangenen Seinsbegriffen entspricht**[78].

Die Idealdialektik der Hegelschen Logik erfordert an sich überhaupt nicht das Bestehen einer Realdialektik. Hinsichtlich der Idealdialektik und der Realität verhält es sich vielmehr ähnlich wie mit den Berechnungen, die ein Architekt für einen Hausbau anstellen muß, die aber in dem nach dem Plan erbauten Haus nicht sichtbar vorhanden sind.

Nun gibt es jedoch auch für Hegel eine Realdialektik (was Nicolai Hartmann, wie angeführt, hinsichtlich der verschiedenen geistigen Bereiche a.a.O. hervorgehoben hat). Grundsätzlich ist jedoch hierzu das Folgende zu bemerken.

Hegel unterscheidet zwischen unaufgelösten (und unaufgelöst bleibenden) **Widersprüchen und der Auflösung von Widersprüchen** (damit also aufgelösten Widersprüchen). **Nach Hegel kann nur der Geist** — der absolute Geist und der Geist des

---

paarweise neu entstehen und auch nur paarweise verschwinden können. Bei diesem Verschwinden hüpft die Materie im positiven Energiebereich in das Loch im negativen Energiebereich, das die Antimaterie darstellt.) Die moderne Naturwissenschaft stellt also einen Hinweis darauf dar, wie nahe die Hegelsche ontologische Logik den Phänomenen ist. (Man wird übrigens auch an die christliche Lehre von der creatio ex nihilo und hierbei an das Bild der Genesis denken, daß Gott das Licht von der Finsternis schied, wie nach den erwähnten Anschauungen die Welt durch „Scheidung" von positiver und negativer Energie, Materie und räumlicher Verbundenheit oder Materie und Antimaterie besteht.)

77 Log. II 247/5.45.
78 Eine entsprechende Zweiheit wie zwischen der objektiven Logik als dem idealen Urbild der Welt einerseits und der realen Welt andererseits besteht zwischen dem Wesen und seiner Erscheinung. Hier gilt ebenso für den Widerspruch, daß er nur im Wesen besteht: „Die äußerliche sinnliche Bewegung selbst ist sein unmittelbares Dasein." Log. II 59/4.547.

Menschen – **Widersprüche auflösen und dadurch Höheres schaffen**[79],[80],[81].

Die ganze Natur ist unaufgelöster Widerspruch[82]. „Die sogenannte Welt ... entbehrt darum des Widerspruchs nicht und nirgends, vermag ihn aber nicht zu ertragen und ist darum dem Entstehen und Vergehen preisgegeben."[83] **Insoweit gibt es in der Natur – von ihr aus – nur Widersprüche und, da die Natur sie nicht ertragen und auflösen kann, Entstehen und Vergehen, aber keine Entwicklung. Entwicklung findet vielmehr nur unter der Herrschaft des Begriffes statt.** „Die Natur ist als ein System von Stufen zu betrachten, deren eine aus der anderen notwendig hervorgeht, und die nächste die Wahrheit derjenigen ist, aus welcher sie resultiert, aber nicht so, daß die eine aus der anderen **natürlich** erzeugt würde, sondern in der inneren, den Grund der Natur ausmachenden Idee. Die Metamorphose kommt nur dem Begriffe als solchem zu, da dessen Veränderung allein Entwicklung ist."[84],[85],[86]

Wir können also feststellen, daß es nach Hegel in der Natur keine Realdialektik gibt, daß Entwicklung in der Natur vielmehr nach Hegel nur unter der Herrschaft des Begriffes, des Vorbildners und inneren Bildners, stattfindet, der sich seinerseits dialektisch entwickelt.

---

79 Vgl. Log. I 236/4.289.
80 Es zeugt deshalb von sehr oberflächlicher Lektüre des Hegelschen Werkes, wenn Kritiker sagen, es gebe zahlreiche Widersprüche in der Welt, die nicht zu einer Höherentwicklung in einer Synthese aus These und Antithese führen, womit die Hegelsche Dialektik widerlegt sei. Als ob Hegel – der sehr nahe an den Phänomenen war, wie z.B. seine Betrachtungen der Geschichte zeigen, und der sogar eine zeitlang Zeitungsredakteur war – das nicht gesehen hätte!
81 Es ist deshalb auch unzutreffend, wenn gesagt wird, die Hegelsche Dialektik sei nach Hegels Auffassung deshalb sowohl Idealdialektik als auch Realdialektik, weil Hegel sage, die natürliche Welt sei voller Widersprüche. Dialektik ist nicht nur Lehre vom **Bestehen** von Widersprüchen, sondern auch Lehre von der **Auflösung** von Widersprüchen!
82 Enz. § 248.
83 Log. I 236/4.289.
84 Enz. § 249.
85 Es sei der Vollständigkeit halber angemerkt, daß Hegel fortfährt: „Der Begriff aber ist in der Natur teils nur Inneres, teils existierend nur als lebendiges Individuum; auf dieses allein ist **existierende** Metamorphose beschränkt." (Das Leben oder die organische Natur ist die Stufe der Natur, auf welcher der Begriff „hervortritt". Log. II 224/5.18) Hier ist auch an das oben zitierte Wort Hegels zu denken, daß die **innere** Negativität das Prinzip aller natürlichen Lebendigkeit sei.
86 Man denke bezüglich des Fehlens einer Realdialektik bzw. des Bestehens der Herrschaft des Begriffes auch an Hegels Lehre von der List der Vernunft, daß ein einzelner Mensch glaube, ganz persönlichen Zwecken zu dienen, während er in Wahrheit im Dienst höherer, geschichtlicher Ziele stehe. Auch in diesen Fällen gibt es nur eine Idealdialektik und keine entsprechende Realdialektik.

DIE DREITEILUNG, DIE ZWEITEILUNG UND DAS GANZE DER HEGELSCHEN „LOGIK"

Für die Erfassung der Hegelschen „Wissenschaft der Logik" ist die Gliederung der „Logik" von wesentlichem Interesse, weil sie eine Gliederung ihres Gegenstandes selbst, weil sie die Gliederung d e s Begriffes ist.

a Die Dreiteilung der „Logik"

Hegels „Wissenschaft der Logik" zerfällt einerseits in drei Teile:
Logik des „Seins",
Logik des „Wesens",
Logik des „Begriffs".

Diese Gliederung der „Logik" ist dadurch gekennzeichnet, daß die Logik des „Seins", die Logik des „Wesens" und die Logik des „Begriffs" in einer p a r a l l e l e n Weise entwickelt werden. Dreimal nacheinander wird das Sein von unten bis oben jeweils in einer anderen Sicht betrachtet, dreimal fängt die begriffliche Entwicklung mit einem Nichts an[87].

Gemäß dieser Parallelität stehen die Entwicklungen des „Seins", des „Wesens" und des „Begriffs" wie folgt nebeneinander:

Entwicklung des „Seins":	Entwicklung des „Wesens":	Entwicklung des „Begriffs":
reines Sein	in sich scheinendes Wesen	formeller Begriff (Subjektivität)
Dasein	erscheinendes Wesen	reeller Begriff[88] (Objektivität)
Fürsichsein	wirklichseiendes Wesen	realer Begriff[88,89] (Idee)

---

87 In der Logik des „Seins" erweist sich das reine Sein, in der Logik des „Wesens" das in sich scheinende Wesen und in der Logik des „Begriffs" der formelle Begriff als ein Nichts. Vgl. unten S. 49, 86, 124.

88 Hier besteht allerdings eine Unrichtigkeit, die in der Betrachtung „In den Hegelschen Dreischritten bestehende Systemwidrigkeiten der Hegelschen Philosophie" (S. 151 ff.) aufgewiesen wird.

89 Das hier angeführte Entsprechen zwischen der Stufung und Entwicklung des „Seins", des „Wesens" und des „Begriffs" zeigt sich deutlich darin, daß Hegel bezüglich des erscheinenden Wesens und des reellen Begriffs auch von „Dasein" spricht und die Stufe des wirklichseienden Wesens sowie des realen Begriffs auch als „Fürsichsein" bezeichnet: Das Wesen hat „die Bestimmtheit, welche es nur a n s i c h enthält, in s e i n e r Sphäre zu setzen, um sich Dasein und dann sein Fürsichsein zu geben".

Wir können beim reinen Sein bzw. bei dem in sich scheinenden Wesen bzw. beim formellen Begriff an das Reich des reinen Gedankens denken. Das Reich des reinen Gedankens hat als Vorstufe der Welt — hier negativ gesagt — noch kein Dasein, ist noch nicht erscheinendes Wesen, ist noch nicht reeller Begriff. — Beim Dasein bzw. bei dem erscheinenden Wesen bzw. bei dem reellen Begriff können wir an die Natur — die in Raum und Zeit existierenden Dinge — denken. Die Natur ist das Reich des Daseienden, der Erscheinungen, der Objekte. Beim Fürsichsein bzw. bei dem wirklichseienden Wesen bzw. bei dem realen Begriff können wir schließlich an den menschlichen Geist denken. Der menschliche Geist ist ein Fürsichseiendes, ist Wirkliches, ist Idee.

Andererseits handeln die Lehren vom „Sein", vom „Wesen" und vom „Begriff" von einer l a u f e n d e n F o r t b e s t i m m u n g bzw. Entwicklung d e s Begriffs, nämlich zuerst von der Bestimmtheit des Begriffs, dann von dem Gesetztsein des — zuvor bestimmten — Begriffs und schließlich von dem Fürsichsein des — zuvor bestimmten und gesetzten — Begriffs.

b Die Zweiteilung der „Logik"

Neben der Dreiteilung Sein-Wesen-Begriff nimmt Hegel andererseits die Zweiteilung in
„Die objektive Logik" (Erster Band der „Wissenschaft der Logik") und in
„Die subjektive Logik" (Zweiter Band der „Wissenschaft der Logik")
vor. Die „objektive Logik" umfaßt die ersten beiden der drei Teile der Hegelschen „Wissenschaft der Logik", also die Lehre vom „Sein" und die Lehre vom „Wesen". Die „subjektive Logik" ist die Lehre vom „Begriff"[90].

Der Wesensunterschied zwischen der „objektiven Logik" und der „subjektiven Logik" besteht im Grunde darin, daß die objektive Logik Logik des Begriffs als Seins (des Begriffs a n s i c h), die subjektive Logik Logik des Begriffs des Begriffes (des f ü r s i c h s e i e n d e n Begriffs) ist[91].

Die objektive Logik wird von Hegel auch als ontologische Logik bezeichnet[92]. Sie ist Lehre von den objektiven ontischen Kategorien. Die objektive Lo-

---

Log. II 5/4.483. (Vgl. auch z.B. Log. II 132/4.633, wo Hegel davon spricht, daß das Wesen noch kein Dasein hat, oder Log. II 6/4.484, wo Hegel die zweite Stufe des Wesens als „heraustretend in das Dasein" bezeichnet,) Bezüglich des „Begriffes" sei auf Log. II 236/5.33 hingewiesen, wo Hegel die Objektivität als den in das Dasein übergegangene Begriff bezeichnet, sowie Enz. § 212, wo Hegel die Idee als die für sich seiende Einheit des Subjektiven und Objektiven bezeichnet.
90 Log. I 43, 44; 46, 47/4.61; 65, 66; Prop. III 2. § 15.
91 Log. I 43/4.61.
92 Prop. III 2. § 15.

gik behandelt das „System der reinen Begriffe des Seienden"[93]. Die Begriffe der objektiven Logik Hegels wenden wir auf einen äußeren Stoff an, den wir logisch erfassen wollen, speziell auf die Ergebnisse der Erfahrungswissenschaften[94].

Die Bestimmungen des „Seins" und des „Wesens", welche der Gegenstand der objektiven Logik sind, sind nur b e s t i m m t e Begriffe, Begriffe an sich, oder was dasselbe ist f ü r u n s[95]. Entsprechend ist die objektive Logik nur f ü r u n s der Weg zur Welt[96].

Die subjektive Logik hingegen handelt von der „W a h r h e i t selbst"[97]. Während wir die Begriffe der objektiven Logik, diese ontischen Kategorien, um sie mit konkretem Gehalt zu erfüllen, auf den Stoff der Erfahrung anwenden, hat der fürsichseiende Begriff der subjektiven Logik an ihm selbst seinen konkreten Gehalt.

Hegels objektive Logik und Hegels subjektive Logik stehen zueinander wie Verstehen und Begreifen, sind Draufsicht und Einsicht.

H e g e l s s u b j e k t i v e L o g i k s t e l l t a l s o e i n e h ö h e r e S t u f e d e r P h i l o s o p h i e a l s d i e o b j e k t i v e L o g i k d a r . E r s t d i e L e h r e v o m f ü r s i c h s e i e n d e n B e g r i f f v e r m i t t e l t u n s d i e e i g e n t l i c h e E i n s i c h t i n d a s S e i e n d e o d e r d i e W a h r h e i t . Da die Begriffe der objektiven Logik nur Begriffe f ü r u n s sind, ist die „objektive" Logik in Wahrheit eine subjektive Logik (objektiven Denkens!), und ist die eigentliche objektive Logik in der Hegelschen „Wissenschaft der Logik" die Logik des f ü r s i c h s e i e n d e n Begriffs, die Hegel als „subjektive Logik" bezeichnet. D i e s u b j e k t i v e L o g i k i s t e r s t d i e w a h r e O n t o l o g i k . Sie zeigt erst einsichtig die Entwicklung des Seins, vom reinen Denken zum Außersichsein des Denkens und weiter zur Einheit von Denken und Außersichsein des Denkens[98].

---

93 In diesem Sinne kann Hegel (Log. I 46/4.64) in geistesgeschichtlicher Hinsicht von ihr sagen: „Die objektive Logik tritt damit ... an die Stelle der vormaligen M e t a p h y s i k." Hierzu ist darauf aufmerksam zu machen, daß die objektive Logik nur an die Stelle der v o r m a l i g e n Metaphysik gesetzt ist, daß für Hegel hingegen seine ganze Wissenschaft der Logik, also sowohl seine objektive Logik als auch seine subjektive Logik – anders ausgedrückt: seine ganze Lehre von „d e m Begriff" – Metaphysik ist.

94 Hier gilt das Wort Hegels (Log. I 41/4.57): „Das System der Logik ist das Reich der Schatten, die Welt der einfachen Wesenheiten, von aller sinnlichen Konkretion befreit."

95 Vgl. Enz. § 162.

96 In Wahrheit ist die ganze Logik der Weg zur Welt. Hegel sieht die Welt erst aus der in der subjektiven Logik behandelten Entwicklung des für sich seienden Begriffs folgen. Diese gipfelt nämlich in der absoluten Idee – die Natur aber ist die absolute Idee in der Gestalt des Andersseins. Enz. §§ 244, 247.

97 Log. II 211/5.4.

98 Vgl. auch unten S, 119.

Während die objektive Logik auch für den Erfahrungswissenschaftler interessant ist, weil sie ihm — höhere, nämlich notwendige — Begriffe zur wissenschaftlichen Erfassung der Welt zur Verfügung stellt, ist die subjektive Logik nur von philosophischem Interesse. Während die objektive Logik auch durch die Brauchbarkeit der von ihr entwickelten Begriffe für die denkende Erfassung des Seienden gerechtfertigt werden kann, kann die subjektive Logik sich nur durch sich selbst — als wahr — rechtfertigen.

Insofern, als nur die subjektive Logik von der Wahrheit selbst handelt, ist die subjektive Logik — wenn man von der „genetischen Exposition des Begriffes", welche in der objektiven Logik gegeben ist[99], absieht — eigenständig und w ä r e d i e s u b j e k t i v e L o g i k f ü r s i c h a l l e i n z u l e s e n , w e n n m a n n u r d i e „ W a h r h e i t s e l b s t " k e n n e n l e r n e n w o l l t e[100].

c Die „Logik" als Ganzes

Schließlich und vor allem ist Hegels „Logik" jedoch ein Ganzes.

Die Zusammenfassung der „Logik" zu einem Ganzen ist für den Hegelschen Idealismus wesentlich, die Logik als Ganzes ist ein Hauptbestandteil der Hegelschen Philosophie.

Die „Logik" ist zunächst ein Ganzes, als sie insgesamt Lehre von d e m Begriff bzw. von der Entwicklung d e s Begriffes ist, der zuerst an sich seiender Begriff ist (Lehre vom „Sein"), dann gesetzter Begriff (Lehre vom „Wesen") und schließlich für sich seiender Begriff ist (Lehre vom „Begriff")[101].

Vor allem aber ist die Logik ein Ganzes, weil sie Darstellung des Bergiffs vom noch unbestimmten Sein bis zur absoluten Idee ist, die ihrerseits die eine Totalität ist, welche den Schein verschwinden läßt, als ob mit dem unbestimmten Sein ein Anfang gemacht worden wäre und sie ein Resultat sei[102].

Die „Wissenschaft der Logik" ist als Ganzes ein wesentlicher Teil der Hegelschen Philosophie, einesteils, als ihr einer Gegenstand nach der Auffassung Hegels[103] die Darstellung Gottes ist, wie er in seinem ewigen Wesen von der Erschaffung der Natur und eines endlichen Geistes ist (primäre Logik), und anderenteils, als nach Hegel[104] der eine „Begriff" in der Wissenschaft des Geistes seine Befreiung durch sich vollendet und den höchsten Begriff seiner selbst in der logischen Wissenschaft als dem sich begreifenden reinen Begriffe findet (sekundäre Logik).

---

99 Log. II 213/5.6.
100 Über den Unterschied zwischen der „objektiven Logik" und der „subjektiven Logik" vgl. auch S. 42 und S. 117 ff.
101 Vgl. Enz. §§ 84, 112, 160.
102 Vgl. Enz. § 242.
103 Log. I 31/4.46.
104 Log. II 506/5.353.

DIE OBJEKTIVE LOGIK
(Die Lehre vom „System der reinen Begriffe des Seienden")

Wenn wir folgend von der objektiven Logik handeln, also die Zweiteilung der Logik zugrunde legen, verengen wir unseren Blick, indem wir einerseits die Dreiteilung und andererseits das Ganze der Logik außeracht lassen.

Hegels objektive Logik handelt von reinen Begriffen des Seienden[1], ist, wie gesagt, Logik der objektiven ontischen Kategorien.

Bereits die Pythagoraer stellten eine Kategorientafel auf. Schon Platon und Aristoteles strebten danach, eine Verflochtenheit der Ideen nachzuweisen. Kant bringt eine Tafel der Kategorien, „wie sie sich selbst durch einige wenige Grundgesetze des Verstandes von selbst in Klassen einteilen"[2]. **Das Neuartige bei Hegel gegenüber allen Vorgängern liegt darin, daß von ihm die ontischen Kategorien nicht einfach aufgezählt bzw. in eine äußerliche Ordnung des Verstandes gebracht, sondern** in seiner objektiven Logik **von der Vernunft in ihrem inneren, „lebendigen" Zusammenhang aufgezeigt werden. Hegel gibt ein „System der Begriffe"[3], in dem ein Begriff notwendig auf einen anderen verweist** [4],[5].

---

[1] Hegel bezeichnet in der „Philosophischen Propädeutik" (III 2. § 15) die objektive Logik, bzw. wie er dort sagt, die ontologische Logik als „System der reinen Begriffe des Seienden". „Die objektive Logik ist die Wissenschaft des Begriffs an sich oder der Kategorien."(Prop. III 1. § 1).

[2] Eine Kategorientafel sieht (bei Kant) wie folgt aus:
1. **Quantität**: Einheit, Vielheit, Allheit
2. **Qualität**: Realität, Negation, Limitation
3. **Relation**: Inhärenz und Subsistenz, Kausalität und Dependenz, Gemeinschaft (Wechselwirkung zwischen den Handelnden und Leidenden)
4. **Modalität**: Möglichkeit – Unmöglichkeit, Dasein – Nichtdasein, Notwendigkeit – Zufälligkeit.

[3] Log. I 36/4.51.

[4] Es ist für das Studium der Hegelschen Logik außerordentlich wichtig, sich immer wieder hieran zu erinnern, daß Hegel sie als System der **Begriffe** verstanden wissen will. Betrachten wir z. B. den Satz: „Es ist die Natur des Endlichen selbst, über sich hinauszugehen, seine Negation zu negieren und unendlich zu werden" (Log. I 126/4.158). Dieser Satz wäre unmittelbar auf die Realität bezogen offenbar unzutreffend. Er ist vielmehr so zu verstehen, daß – in der Idealität – der **Begriff** „Endlichkeit" über sich hinausgeht und zum **Begriff** „Unendlichkeit" führt, während **in der Realität nur infolge der Herrschaft des Begriffes** auf das endliche Sein (das „Dasein") das unendliche Sein (das „Fürsichsein") folgt.

[5] Es sei hier nochmals darauf aufmerksam gemacht, daß die Hegelsche Logik die Seinsbegriffe in einem

(Daß Hegel in seiner objektiven Logik die Seinsbegriffe in einem fortlaufenden Zusammenhang darstellt, bestimmt typisch die Äußerlichkeit dieser Darstellung[6]. So sagt Hegel z.B. nicht etwa, nachdem er mit der Lehre vom „Sein" zu Ende gekommen ist: Jetzt kommen wir zu der Lehre vom „Wesen", sondern leitet er die Lehre vom „Sein" in die Lehre vom „Wesen" über, indem er schließt: „... so ist das Sein zum Wesen bestimmt, das Sein, als durch Aufheben des Seins einfaches Sein mit sich." Entsprechende Übergänge finden wir zwischen allen Teilen der objektiven Logik[7].)

Neuartig bei Hegel ist ferner, daß in Hegels objektiver Logik die ontischen Kategorien nicht nur voneinander unterschieden, sondern begriffen werden, daß es sich hier um begriffene Begriffe des Seienden handelt. Wir begreifen hier, was wir bei Hegels Vorgängern nicht begreifen, was „Qualität", „Quantität" usw. ist. Diese ontischen Kategorien lassen uns das Seiende in seinem ganzheitlichen Zusammenhang begreifen.

Schließlich ergeben sich in Hegels „Logik" auch ganz andere Kategorien, die in früheren Kategoriendarstellungen nicht erscheinen, weil die Kategorien der Hegelschen „Logik" nicht bloße Denkbestimmungen sind, wie besonders bei Kant, sondern Bestimmungen des Seins und des Denkens. Typisch hierfür sind die neuartigen Kategorien Dasein bzw. Anderssein, Fürsichsein, (bloße) Erscheinung, Wirklichsein. Wir können in dieser Hinsicht sagen, daß die Kategorien Kants formale, draufsichtige Kategorien, die Kategorien Hegels inhaltliche, einsichtige Kategorien sind.

* * *

Der Betrachtung der Begrifflichkeiten des „Seins" und des „Wesens", die den Gegenstand der „objektiven Logik" ausmachen, sei zum besseren Verständnis eine weitere Bemerkung vorausgeschickt.

---

fortlaufenden Zusammenhang erscheinen läßt, während im Gegensatz hierzu die Natur – die „Idee in der Gestalt des Andersseins" – nach der Hegelschen Naturphilosophie ein System von Stufen darstellt. Vgl. Enz. § 249.

6 Hegel weist selbst hierauf hin (Log. I 36,37/52,53).

7 Hier ist das mißverstandene Wort zu erwähnen: „Das Wesen steht zwischen Sein und Begriff und macht die Mitte derselben, und seine Bewegung den Übergang vom Sein in den Begriff aus." (Log. II 5/4.484). Nur in der Entwicklung der Begriffe, nur in dieser Idealität, steht der Begriff des Wesens zwischen dem Begriff des Seins und dem Begriff des Begriffes. (Hegel sagt dies an anderer Stelle – Log. I 44/4.662 – deutlich: „Dies ist die Lehre von dem Wesen, die zwischen der Lehre vom Sein und der vom Begriff inmitten steht.") Eine Beziehung des Satzes auf die Realität wäre nicht möglich.

Bei der Lektüre der Hegelschen „objektiven Logik", bei der Betrachtung dieser Folge von ontischen Begriffen, fragt man sich, wie schon bemerkt, immer wieder, was denn diesen Begriffen in der Wirklichkeit unserer Welt entspricht, an welche Gegenstände bei diesen Seinsbegriffen zu denken ist. Diese Schwierigkeit hat vor allem zwei Gründe, nämlich daß (a) bei e i n e m Seinsbegriff an sehr verschiedene Gegenstände zu denken ist und daß (b) e i n Gegenstand oft gleichzeitig unter verschiedene Seinsbegriffe fällt.

a. Die genannte Schwierigkeit der Lektüre hängt zunächst damit zusammen, daß die „objektive Logik" Hegels, obwohl sie die ganze Welt mit allen Seinsbereichen in ihrer Vielfalt umfaßt, nur eine kleine Zahl von Seinsbegriffen enthält, indem ein einziger Begriff eine Vielzahl von Sachverhalten aus allen Seinsbereichen betrifft[8]. Ein Beispiel hierfür bietet der Begriff „Fürsichsein". Bei der Behandlung der Physik der totalen Individualität in seiner Naturphilosphie[9] spricht Hegel von der m a t e r i e l l e n Individualität, die unendlich für sich sei. Als höhere Stufe erwähnt er im gleichen Zusammenhang die existierende Totalität des materiellen Fürsichseins, die an sich L e b e n sei. Bei der Betrachtung des Fürsichseins in der „Logik"[10] spricht Hegel von einem wiederum höheren Fürsichsein, dem Fürsichsein des B e w u ß t s e i n s. Schließlich sagt er – a.a.O. –, daß im S e l b s t b e w u ß t s e i n das Fürsichsein vollbracht und gesetzt sei. – Ein anderes anschauliches Beispiel der vielseitigen Anwendbarkeit und Anwendung Hegelscher Begriffe von der Physik bis zur Staatswissenschaft bieten die Begriffe Repulsion und Attraktion[11]. (Entsprechendes gilt in der „subjektiven Logik" besonders für den Begriff Chemismus.)

b. Die Schwierigkeit zu verstehen, an welche realen Tatbestände bei den einzelnen Seinsbegriffen der „Logik" zu denken ist, ist ferner darauf zurückzuführen, daß nach Hegel beispielsweise ein Stein ein Fürsichsein hat, ihm jedoch in anderer Sicht nur ein bloßes Dasein und damit kein Fürsichsein zuzusprechen ist bzw. daß ein Stein ein Wirkliches ist, während er in anderer Sicht nur eine bloße Erscheinung und kein Wirkliches ist. Wir werden dies unten[12] näher darlegen.

Die Schwierigkeit des Verständnisses der Hegelschen „objektiven Logik" beruht schließlich teils auch auf der ungleichmäßigen Heranziehung von Beispielen durch Hegel. Die „objektive Logik" ist einerseits vorweltliche Logik,

---

8 Wie der Verfasser (in der auf S. 2, Anm. 7, bezeichneten Abhandlung) gezeigt hat, läßt sich die Welt durch die wissenschaftliche Vernunft erstaunlicherweise trotz ihrer bunten Mannigfaltigkeit bereits mit den vier Hegelschen Kategorien „Dasein", „Fürsichsein", „Erscheinung" und „Wirklichkeit" weitgehend denkend erfassen.
9 Enz. § 308.
10 Log. I 148/4.185.
11 Vgl. unten S. 62.
12 S. 64, 109 ff.

während sie andererseits — da der „Begriff" Vorbildner und innerer Bildner ist — zugleich für die Natur und das Reich des menschlichen Geistes gilt. Da Hegel eine eigene Philosophie der Natur und eine eigene Philosophie des Geistes geschrieben hat, bringt er in seiner „Logik" nur ganz vereinzelt Hinweise auf diese beiden Bereiche. Soweit Hegel Beispiele oder konkret hinweisende Bezeichnungen bringt, betreffen diese fast nur den — anderswo von ihm nicht behandelten — Bereich des Werdens zur Natur. Hierdurch kann fälschlich der Eindruck entstehen, die „Logik" betreffe eigentlich das Werden zur Natur — dem jedoch die gelegentlichen Bezugnahmen auf die Natur und das Reich des Geistes widersprechen. Insoweit könnte gesagt werden, daß Hegels „objektive Logik" entweder nicht abstrakt genug oder nicht konkret genug gefaßt sei.

I DER BEGRIFF AN SICH
(Die Logik des „Seins")

„Das Sein ist der Begriff an sich"

Enz. § 84

Das Erste Buch der „Logik" stellt die Lehre vom „Sein" dar.

Wenn Hegel den Inhalt des Ersten Buches als „Lehre vom Sein" bezeichnet, bedeutet dies nicht etwa, daß Hegel nur hier vom Sein handelt; vielmehr ist die ganze „Wissenschaft der Logik" Lehre vom Sein. In der Logik wird ja das Sein als reiner Begriff an sich selbst und der reine Begriff als das wahrhafte Sein gewußt. „Sein" ist hier im engeren Sinn, im Unterschied zu Wesen und Begriff, gebraucht. Unter „Sein" versteht Hegel hier das Unmittelbare, mit dem nicht nur der Weg des Wissens, sondern die Bewegung des Seins selbst — welche in der „Wissenschaft der Logik" dargestellt ist — den Anfang nimmt.

In der Lehre vom „Sein" handelt Hegel von der Begrifflichkeit der „Qualität", der „Quantität" und des „Maßes".

Hegel überschreibt seine Lehre von der Qualität mit „Bestimmtheit (Qualität)". Aber auch die Lehre von der „Quantität" und die Lehre vom „Maß" handelt von der Bestimmtheit[13]. Es kann deshalb gesagt werden, daß Hegel i n d e r L e h r e v o m „S e i n" v o n d e r B e s t i m m t h e i t h a n d e l t[14].

Während Hegels Lehre vom „Sein" in die drei großen Abschnitte „Qualität", „Quantität", „Maß" gegliedert ist, könne erwartet werden, daß die Lehre vom „Sein", wie sich aus der folgenden Darstellung abstrahieren läßt, in die drei Abschnitte „unbestimmtes Sein", „relativ bestimmtes Sein", „absolut bestimmtes Sein" gegliedert wäre und innerhalb dieser Abschnitte jeweils Qualität, Quantität und Maß behandelt würden. Die Gliederung der Lehre vom „Sein" würde sich dann, wie folgt, darstellen:

---

13 Hegel sagt in seiner Lehre von der Quantität (Log. I 177/4.219): „Die Qualität ist die erste, unmittelbare Bestimmtheit, die Quantität die Bestimmtheit, die dem Sein gleichgültig geworden ..." Vgl. auch Log. I 98/4.124. Daß die Lehre vom Maß von der Bestimmtheit handelt, erhellt schon daraus, daß das im Maß, abstrakt ausgedrückt, Qualität und Quantität vereinigt sind — Log. I 336/4.405 —, qualitative und quantitative Bestimmtheit die Momente des Maßes sind. Das Maß ist a n s i c h Bestimmtes. (Log. I 340/4.410.)

14 Die Lehre vom „Sein" stellt einen großen Dreischritt dar, wie wir ihn ähnlich in kleinerem Format folgend als Dreischritt der Qualität sehen werden. In der ersten Stufe ist noch kein Sein da, welches bestimmt wäre; dieses wird erst in der nächsten Stufe als Quantität auftreten. (Die als erste Stufe behandelte „Qualität" ist nur, wie Hegel sagt, „Bestimmtheit als solche".) In der zweiten Stufe ist die Quantität da, welche nur relativ bestimmtes Sein darstellt, denn Quantität ist „absolute Gleichgültigkeit gegen die Grenze". (Log. II 5/4.483). In der dritten Stufe des „Maßes" ist ein Sein da, das absolut bestimmt ist, denn das Maß ist „auf sich selbst beziehende Äußerlichkeit ... hat an ihr selbst den Unterschied von sich". (Log. I 336/4.405.)

47

    I   unbestimmtes Sein
        A unbestimmte Qualität (reines Sein)
        B unbestimmte Quantität (reine Quantität)
        C unbestimmtes Maß (Maß überhaupt)
   II relativ bestimmtes Sein
        A relativ bestimmte Qualität (Dasein oder Anderssein)
        B relativ bestimmte Quantität (Quantum)
        C relativ bestimmtes Maß (reales Maß)
  III absolut bestimmtes Sein
        A absolut bestimmte Qualität (Fürsichsein)
        B absolut bestimmte Quantität (quantitatives Verhältnis)
        C absolut bestimmtes Maß (absolute Indifferenz)

Hegel verfolgt jedoch eine Entwicklung des Begriffs, nach der aus dem letzten Begriff der Qualität (dem Verhältnis Eins und Viele bzw. von Repulsion und Attraktion) sich die ersten Begriffe der Quantität (Kontinuität und Diskretion) ergeben und aus dem letzten Begriff der Quantität (dem quantitativen Verhältnis) der erste Begriff des Maßes (die spezifische Quantität). Da die Entwicklung d e s Begriffes laufend zu höheren Einzelbegriffen führt, müssen sich hier Bedenken erheben, da insbesondere die Quantität schwerlich gegenüber der Qualität als der höhere Begriff angesehen werden kann. Wir sehen deshalb in der von Hegel dargestellten Entwicklung des Begriffes keine Entwicklung des Begriffes in die Höhe, sondern eine Entwicklung zur Seite als Verzweigung, wonach die oben von uns dargestellte Gliederung die zutreffendere wäre. (Hiernach wäre jedoch auch Hegels Überleitung des letzten Begriffes des Maßes, der absoluten Indifferenz, in das Wesen in Frage gestellt.) Für diese Gliederung spricht auch, daß nach Hegel die Entwicklung des „Seins" und die Entwicklung des „Wesens" parallel verlaufen, eine Parallelität aber zwischen reinem Sein, Dasein und Fürsichsein einerseits und in sich scheinendem Wesen, erscheinendem Wesen und wirklichseiendem Wesen andererseits besteht, nicht jedoch zu Qualität, Quantität und Maß. Vor allem läßt sich nach unserer Meinung das Wesen überzeugender aus dem höchsten Begriff des „Seins", dem absoluten Sein, herleiten als aus dem höchsten Begriff des Maßes.

Hier ist allgemein zu sagen: H e g e l s t e l l t i n s e i n e r „ L o g i k " d i e B e g r i f f e i n e i n e m f o r t l a u f e n d e n Z u s a m m e n h a n g d a r . W e n n e s j e d o c h V e r z w e i g u n g e n d e s B e g r i f f e s g i b t , b e s t e h t i n s o w e i t k e i n f o r t l a u f e n d e r Z u s a m m e n h a n g , s o n d e r n g i b t e s a n d e n E n d e n d e r Z w e i g e E n d b e g r i f f e , v o n d e n e n k e i n f o r t l a u f e n d e r Z u s a m m e n h a n g z u a n d e r e n B e g r i f f e n b e s t e h t . Die Weiterentwicklung geht dann, wie bei einem Baum, vom „Stamm" aus, wie uns dies auch vom Stammbaum des Lebendigen her vertraut ist.

A Die Begrifflichkeit der „Qualität"

In der Lehre von der Qualität, d. i. der unmittelbaren Bestimmtheit oder der Bestimmtheit als solcher, handelt Hegel von der aufsteigenden Begriffsfolge oder Fortbestimmung des Begriffs: reines Sein-Dasein-Fürsichsein. — Im reinen Sein ist das Sein noch gleich dem Nichts. Dasein ist das, was bloß da ist; Dasein ist nur relativ bestimmtes, endliches Sein. Fürsichsein ist mehr als bloßes Dasein; Fürsichsein ist absolut bestimmtes Sein, ist unendliche Beziehung des Seins auf sich.

a Das „reine Sein"

Den Anfang der Entwicklung der Seinsbegriffe, den Ausgang der Fortbestimmung des Begriffs, bildet das noch völlig unbestimmte Sein, das reine Sein. In seiner Unbestimmtheit ist dieses Sein auch nicht ungleich gegen Anderes. Es ist die reine Unbestimmtheit oder Leere. Es ist somit Nichts, nicht mehr noch weniger als Nichts. Nichts ist dieselbe Bestimmungslosigkeit und damit überhaupt dasselbe, was das reine Sein ist. „Das reine Sein und das reine Nichts ist also dasselbe."[15]

An diesem Anfang setzt gleich die massivste Kritik an der Hegelschen Logik ein, die oft so weit geht zu meinen, daß nach einem derartig „unsinnigen" Beginn eine weitere Lektüre der „Logik" überhaupt überflüssig sei.

Diese Kritik übersieht, daß Hegel nicht etwa sagt, das Sein schlechthin sei dem Nichtsein gleich, sondern daß Hegel hier nur vom reinen Sein spricht. Da Hegel erst im folgenden Abschnitt bei dem daseienden Etwas ankommt, sagt er hier nicht etwa, was gänzlich unsinnig wäre, das daseiende Etwas und das nicht daseiende Etwas seien gleich[16]. Hegels Satz betrifft vielmehr ausschließlich den begrifflichen Anfang der Entwicklung des Seins, in dem das Sein noch nicht bestimmt ist.

---

15 Log. I 67/4.88.
16 „Nichts pflegt dem Etwas entgegengesetzt zu werden; Etwas aber ist schon ein bestimmtes Seiendes, das sich von anderem Etwas unterscheidet; so ist also auch das dem Etwas entgegengesetzte Nichts, das Nichts von irgend Etwas, ein bestimmtes Nichts. Hier aber ist das Nichts in seiner unbestimmten Einfachheit zu nehmen." Hegel sagt, man könne diese beziehungslose Verneinung statt durch Nichts (oder Nichtsein) auch durch das bloße: Nicht ausdrücken. Log. I 67,68/4.89, siehe auch 70/4.92.93. „Erst das Dasein enthält den realen Unterschied von Sein und Nichts, nämlich ein Etwas und ein Anderes. — Dieser reale Unterschied schwebt der Vorstellung vor statt des abstrakten Seins und reinen Nichts und ihrem nur gemeinten Unterschiede." Log. I 73/4.95. „Hätte Sein und Nichts irgendeine Bestimmtheit, wodurch sie sich unterschieden, so wären sie, wie erinnert worden, bestimmtes Sein und bestimmtes Nichts, nicht das reine Sein und das reine Nichts, wie sie es hier noch sind." (Log. I 77,78/4.101.)

Diese Kritik überliest ferner, daß Hegel hier nur von der Bestimmtheit, d. h. Qualität, handelt. Hegel geht also mit dem „reinen Sein" von der Unbestimmtheit oder Qualitätslosigkeit aus. Es ist aber offensichtlich, daß Qualitätslosigkeit = Nichts ist[17].

Der in Rede stehende Satz, der teils für geheimnisvoll, teils für unsinnig gehalten wird, ist in Wahrheit frei von aller Problematik und völlig selbstverständlich.

Weiter wird, wie schon bemerkt, gesagt, das reine Sein könne kein Anfang der Entwicklung des Seins sein, weil der Satz ex nihilo nil fit gelte. Hier wird übersehen, daß der umstrittene Satz in der Lehre vom „Sein" steht, die Lehre vom „Begriff an sich" ist[18].

*

Vom Begriff des reinen Seins führt die Folge der Seinsbegriffe über den Begriff des W e r d e n s zum Begriff des Daseins.

Nach Behandlung des Seins und des Nichts handelt Hegel von dem Werden. Hierzu sind sogleich zwei Bemerkungen notwendig:

1. Hegel handelt nicht nur hier vom Werden, vielmehr handelt die ganze „Wissenschaft der Logik" von einem Werden (d e s Begriffs, der reinen Idee). Das Werden, von dem Hegel hier spricht, ist nur das Werden zum „Dasein". (Beim „Dasein" handelt Hegel dann vom Werden zum „Fürsichsein" usw.)

2. Hegel handelt hier nur von einem Werden der Bestimmtheit (Qualität), nicht vom In-die-Existenz-Treten, welches erst im zweiten Buch der „Wissenschaft der Logik" in der Lehre vom gesetzten Begriff unter der Überschrift „Hervorgehen der Sache in die Existenz" behandelt wird.

Wenden wir uns nun Hegels Ausführungen über das so verstandene Werden zu.

Für den genannten Anfang der Entwicklung des Seins gilt in Wahrheit, daß weder das Sein noch das Nichts ist, sondern daß das Sein in Nichts, und das Nichts in Sein übergegangen ist. Aber ebensosehr ist die Wahrheit nicht ihre Ununterschiedenheit, sondern daß s i e n i c h t d a s s e l b e, daß sie absolut

---

17 Das Mißverstehen ist um so eigenartiger, als Hegel (Log. I 66,67/4.88) ganz unmißverständlich vom reinen Sein sagt: „Es ist n i c h t s in ihm anzuschauen, wenn von Anschauen hier gesprochen werden kann."

18 „Beim Sein als jenem Einfachen, Unmittelbaren wird die Erinnerung, daß es Resultat der vollkommenen Abstraktion, also schon von daher abstrakte Negativität, Nichts ist, hinter der Wissenschaft zurückgelassen, welche innerhalb ihrer selbst, ausdrücklich vom W e s e n aus, jene einseitige U n m i t t e l b a r k e i t als eine vermittelte darstellen wird, wo das Sein als E x i s t e n z und das Vermittelnde dieses Seins, der Grund, g e s e t z t ist." (Log. I 85, 86/4.110.)

unterschieden, aber ebenso ungetrennt und untrennbar sind und unmittelbar jedes in seinem Gegenteil verschwindet. Ihre Wahrheit ist also diese B e w e g u n g des unmittelbaren Verschwindens des Einen in dem Anderen: d a s W e r d e n ; eine Bewegung, worin beide unterschieden sind, aber durch einen Unterschied, der sich ebenso unmittelbar aufgelöst hat[19].

Werden ist Entstehen und Vergehen. „Beide sind dasselbe, Werden, und auch als diese so unterschiedenen Richtungen durchdringen und paralysieren sie sich gegenseitig. Die eine Art ist V e r g e h e n ; Sein geht in Nichts über, aber Nichts ist ebensosehr das Gegenteil seiner selbst, Übergehen in Sein, Entstehen. Dies Entstehen ist die andere Richtung; Nichts geht in Sein über, aber Sein hebt ebensosehr sich selbst auf und ist vielmehr das Übergehen in Nichts, ist Vergehen. – Sie heben sich nicht gegenseitig, nicht das Eine äußerlich das Andere auf; sondern jedes hebt sich an sich selbst auf und ist an ihm selbst das Gegenteil seiner."[20,21]

Das Werden widerspricht sich in sich selbst, weil es einerseits das Verschwinden von Sein in Nichts und von Nichts in Sein und das Verschwinden von Sein und Nichts überhaupt ist, andererseits aber zugleich auf dem Unterschiede derselben beruht. Eine Vereinigung, die aus solchem besteht, das sich entgegengesetzt ist, aber zerstört sich[22].

„Dies Resultat ist das Verschwundensein, aber nicht als N i c h t s ; so wäre es nur ein Rückfall in die eine der schon aufgehobenen Bestimmungen, nicht Resultat des Nichts u n d d e s S e i n s . Es ist die zur ruhigen Einfachheit gewordene Einheit des Seins und Nichts. Die ruhige Einfachheit aber ist S e i n , jedoch ebenso, nicht mehr für sich, sondern als Bestimmung des Ganzen.

Das Werden, so Übergehen in die Einheit des Seins und Nichts, welche als s e i e n d ist oder die Gestalt der einseitigen u n m i t t e l b a r e n Einheit dieser Momente hat, ist d a s D a s e i n ."[23]

* *
*

---

19 Log. I 67/4.89.
20 Log. I 92,93/4.119.
21 Zu dem vorgeführten Hegelschen Begriff „Werden" ist darauf aufmerksam zu machen, was immer wieder übersehen wird, daß er nur eine beschränkte Geltung hat: er gilt nur in der Lehre vom „Sein" und nicht in der Lehre vom „Wesen" und gilt innerhalb der Lehre vom „Sein" nur für das Werden zum „Dasein", also nicht etwa für das Werden zum „Fürsichsein" (welches darin besteht, daß der Begriff der Endlichkeit zum Begriff der negativen Unendlichkeit führt, wobei ein Widerspruch besteht, der in der wahrhaften Unendlichkeit des Fürsichseins aufgelöst wird).
22 Log. I 93/4.119.
23 Log. I 93/4.119, 120.

Richten wir noch einmal den Blick auf die bisherige Entwicklung des Seins, so sehen wir deutlich, daß es sich um eine Entwicklung des Verhältnisses von Sein und Nichts handelt. Hierzu ist noch einiges zu sagen.

Zunächst sei eine grundlegende Bemerkung Hegels zur Frage des Verhältnisses von Sein und Nichts zitiert: „Es muß dasselbe . . . von S e i n und N i c h t s gesagt werden, d a ß e s n i r g e n d i m H i m m e l u n d a u f E r d e n E t w a s g e b e, w a s n i c h t b e i d e s, S e i n u n d N i c h t s, i n s i c h e n t h i e l t e. Freilich, da hierbei von e i n e m i r g e n d E t w a s und W i r k l i c h e m die Rede wird, so sind darin jene Bestimmungen nicht mehr in der vollkommenen Unwahrheit, in der sie als Sein und Nichts sind, vorhanden, sondern in einer weitern Bestimmung und werden z. B. als P o s i t i v e s und N e g a t i v e s aufgefaßt, jenes das gesetzte, reflektierte Sein, dieses das gesetzte, reflektierte Nichts; aber Positives und Negatives enthalten jenes das Sein, dieses das Nichts als ihre abstrakte Grundlage."[24]

Wie wir sahen, e n t w i c k e l t sich dies Verhältnis von Sein und Nichts. Am Anfang der Entwicklung, im Stadium des reinen Seins, waren Sein (reines Sein) und Nichts (reines Nichts) dasselbe. Im Werden waren sie Entstehen und Vergehen. Im Dasein sind sie wieder anders bestimmte Momente. „Diese Einheit bleibt nun ihre Grundlage, aus der sie nicht mehr zur abstrakten Bedeutung von Sein und Nichts heraustreten."[25]

Triebfeder dieser Entwicklung des Verhältnisses von Sein und Nichts ist, wie ausgeführt[26], die innere Negativität, das Negative, das der Begriff an sich selbst hat.

b Das „Dasein"

Hegels Lehre vom „Dasein" ist insofern leichter zu begreifen als die Lehre vom „reinen Sein", als dieser Idealität eine Realität entspricht. Es muß hier jedoch gleich einschränkend bemerkt werden, daß der Begriff „Dasein" nicht sehr glücklich gewählt ist, da seine Verwendung durch Hegel nicht dem eigentlichen Wortsinn entspricht. Hegel weist selbst darauf hin, daß Dasein etymologisch genommen Sein an einem gewissen Orte bedeutet, die Raumvorstellung jedoch nicht in seine Lehre vom Dasein gehört[27]. Wir befinden uns ja hier noch in der Lehre lediglich von der Qualität und noch nicht in der Lehre vom Setzen

---

24 Log. I 69, 70/4.91.
25 Log. I 95/4.121.
26 oben S. 25.
27 Log. I 96/4.123.

dessen, was an und für sich ist, in welcher die Existenz behandelt wird[28]. Wie wir sehen werden, wäre es treffender, hier von „bloß relativ bestimmtem" Sein zu sprechen. Die Verwendung des Wortes Dasein durch Hegel hat demgegenüber den Vorzug, deutlich anzuzeigen, daß er nun beim Daseienden angekommen ist — wenn er hier auch nur von dessen Qualität spricht.

Das „reine Sein" war das — noch — unbestimmte Sein. Das „Dasein" ist bestimmtes Sein. Die Lehre vom „Dasein" handelt von Seiendem, von Etwas und Anderem, von Reellem.

Das Dasein ist das einfache Einssein des Seins und Nichts. „Dasein ist, nach seinem Werden, überhaupt S e i n mit einem N i c h t s e i n , so daß dies Nichtsein in einfache Einheit mit dem Sein aufgenommen ist. Das N i c h t s e i n so in das Sein aufgenommen, daß das konkrete Ganze in der Form des Seins, der Unmittelbarkeit ist, macht die B e s t i m m t h e i t als solche aus."[29]

Die Bestimmtheit des Daseins als solche ist die gesetzte, die auch im Ausdruck Dasein liegt[30]. Das Dasein entspricht dem S e i n der vorigen Sphäre; das Sein jedoch ist das Unbestimmte, es ergeben sich deswegen keine Bestimmungen an demselben. Aber das Dasein ist ein bestimmtes Sein, ein k o n k r e t e s ; es tun sich daher sogleich mehrere Bestimmungen, unterschiedene Verhältnisse seiner Momente an ihm auf."[31]

So weit das Dasein seiend ist, so weit ist es Nichtsein, ist es bestimmt. „Die Bestimmtheit so für sich isoliert, als s e i e n d e Bestimmtheit, ist die Q u a l i t ä t"[32]. „Durch die Qualität ist E t w a s gegen ein A n d e r e s , ist v e r ä n d e r l i c h u n d e n d l i c h."[33] D a s E t w a s i s t a b e r n i c h t e t w a n u r g e g e n e i n A n d e r e s , sondern an ihm schlechth i n n e g a t i v b e s t i m m t . „Die Bestimmtheit ist die Negation als affirmativ gesetzt, ist der Satz des Spinoza: Omnis determinatio est negatio. Dieser Satz ist von unendlicher Wichtigkeit."[34]

„Die Qualität ist erst in der Rücksicht vornehmlich E i g e n s c h a f t , als sie in einer ä u ß e r l i c h e n B e z i e h u n g sich als i m m a n e n t e B e s t i m m u n g zeigt. Unter Eigenschaften z. B. von Kräutern versteht man Bestimmungen, die einem Etwas nicht nur überhaupt e i g e n sind, sondern insofern es sich dadurch in der Beziehung auf andere auf eine eigentümliche Weise

---

28 Hegel verwendet selbst dort den Begriff Dasein in ganz anderem Sinne als hier, nämlich im Sinne von Manifestation, von (bloßem) Gesetztsein.
29 Log. I 96/4.123.
30 Log. I 96/4.123.
31 Log. I 97/4.124.
32 Log. I 97/4.124.
33 Log. I 95/4.122.
34 Log. I 100/4.127.

e r h ä l t , die fremden in ihm gesetzten Einwirkungen nicht in sich gewähren läßt, sondern seine eigenen Bestimmungen in dem Andern — ob es dies zwar nicht von sich abhält — g e l t e n d m a c h t ."[35]

„An dem Dasein ist seine Bestimmtheit als Qualität unterschieden worden; an dieser als daseiender i s t der Unterschied — der Realität und der Negation. So sehr nun diese Unterschiede an dem Dasein vorhanden sind, so sehr sind sie auch nichtig und aufgehoben. Die Realität enthält selbst die Negation, ist Dasein, nicht unbestimmtes, abstraktes Sein. Ebenso ist die Negation Dasein, nicht das abstraktseinsollende Nichts, sondern hier gesetzt wie es an sich ist, als seiend, dem Dasein angehörig."[36]

„Der Unterschied kann nicht weggelassen werden; denn er i s t . Das Faktische, was also vorhanden ist, ist das Dasein überhaupt, Unterschied an ihm, und das Aufheben dieses Unterschiedes; das Dasein nicht als unterschiedslos, wie anfangs, sondern als w i e d e r sich selbst gleich, d u r c h A u f h e b e n d e s U n t e r s c h i e d s , die Einfachheit des Daseins v e r m i t t e l t durch dieses Aufheben. Dies Aufgehobensein des Unterschieds ist die eigene Bestimmtheit des Daseins; so ist es I n s i c h s e i n ; das Dasein ist D a s e i e n d e s , E t w a s ."[37]

„Die Qualität, so daß sie unterschieden als s e i e n d e gelte, ist die R e a l i t ä t ."[38] „Das Etwas ist die e r s t e N e g a t i o n d e r N e g a t i o n , als einfache seiende Beziehung auf sich. Dasein, Leben, Denken usf. bestimmt sich wesentlich zum D a s e i e n d e n , L e b e n d i g e n , D e n k e n d e n (Ich) usf. Diese Bestimmung ist von der höchsten Wichtigkeit, um nicht bei dem Dasein, Leben, Denken usf., auch nicht bei der Gott h e i t (statt Gottes), als Allgemeinheiten stehen zu bleiben. E t w a s gilt der Vorstellung mit Recht als ein R e e l l e s ."[39]

Im Verlaufe der weiteren Darstellung des Daseins betrachtet Hegel in weitläufiger Weise den Sachverhalt, daß Dasein Sein mit einem Nichtsein ist, und entwickelt hierbei die Begriffe der qualitativen Endlichkeit und der qualitativen Unendlichkeit.

Auf diesem Wege werden zunächst A n s i c h s e i n und S e i n - f ü r - A n d e r e s als die beiden Momente herausgestellt, welche das Etwas ausmachen. „Sein im Etwas ist A n s i c h s e i n . Sein, die Beziehung auf sich, die Gleichheit mit sich, ist jetzt nicht mehr unmittelbar, sondern Beziehung auf sich nur als Nichtsein des Andersseins, (als in sich reflektiertes Dasein). — Eben-

---

35 Log. I 101/4.128, 129.
36 Log. I 101, 102/4.129.
37 Log. I 102/4.130.
38 Log. I 98/4.125.
39 Log. I 102/4.130.

so ist Nichtsein als Moment des Etwas in dieser Einheit des Seins und Nichtseins nicht Nichtdasein überhaupt, sondern Anderes, und bestimmter nach der U n t e r s c h e i d u n g des Seins von ihm zugleich B e z i e h u n g auf sein Nichtdasein, Sein-für-Anderes."⁴⁰

„D a s S e i n - f ü r - A n d e r e s ist in der Einheit des Etwas mit sich, identisch mit seinem A n - s i c h ; das Sein-für-Anderes ist so a m E t w a s . Die so in sich reflektierte Bestimmtheit ist damit wieder e i n f a c h e s e i e n d e , somit wieder eine Qualität – die Bestimmung."⁴¹ Hegel kommt dann zu dem weiteren Begriff Beschaffenheit. „Insofern Etwas sich verändert, so fällt die Veränderung in die Beschaffenheit; sie ist a m E t w a s das, was ein Anderes wird."⁴² „Die einfache Mitte ist die B e s t i m m t h e i t als solche; ihrer Identität gehört sowohl Bestimmung als Beschaffenheit an."⁴³

Hegel kommt sodann zu den Begriffen „Grenze", „Schranke", „Sollen", die über das Etwas hinausweisen. Hegel spricht von der „Unruhe des Etwas, in seiner Grenze, in der es immanent ist, der W i d e r s p r u c h zu sein, der es über sich selbst hinausschickt"⁴⁴. „Etwas mit seiner immanenten Grenze gesetzt als der Widerspruch seiner selbst, durch den es über sich hinausgewiesen und getrieben wird, ist das E n d l i c h e ."⁴⁵ Wenn wir von den Dingen sagen, s i e s i n d e n d l i c h , so wird darunter verstanden, . . . daß sie nicht bloß begrenzt sind, – sie haben so noch Dasein außer ihrer Grenze, – sondern daß vielmehr das Nichtsein ihre Natur, ihr Sein, ausmacht. Die endlichen Dinge s i n d , aber ihre Beziehung auf sich selbst ist, daß sie als n e g a t i v sich auf sich selbst beziehen, eben in dieser Beziehung auf sich selbst sich über sich, über ihr Sein, hinauszuschicken. Sie s i n d , aber die Wahrheit dieses Seins ist ihr E n d e . Das Endliche verändert sich nicht nur, wie Etwas überhaupt, sondern es v e r g e h t ; und es ist nicht bloß möglich, daß es vergeht, so daß es sein könnte, ohne zu vergehen, sondern das Sein der endlichen Dinge als solches ist, den Keim des Vergehens als ihr Insichsein zu haben: die Stunde ihrer Geburt ist die Stunde ihres Todes."⁴⁶

*   *
 *

---

40 Log. I 107/4.135, 136.
41 Log. I 109, 110/4.139.
42 Log. I 111/4.141.
43 Log. I 111/4.141.
44 Log. I 115/4.146.
45 Log. I 116/4.147.
46 Log. I 116, 117/4.147, 148.

Da das Dasein „das Feld der Endlichkeit"⁴⁷ ist, wäre Hegel jetzt eigentlich am Ende seiner Abhandlung über das Dasein angelangt, und wäre es falsch, innerhalb des Kapitels „Das Dasein" eine Abhandlung „Die Unendlichkeit" zu bringen. Aber das wäre verstandesmäßig gedacht, da der Verstand trennt und in der Trennung verharrt. „Der Verstand verharrt in dieser Trauer der Endlichkeit, indem er das Nichtsein zur Bestimmung der Dinge, es zugleich u n v e r g ä n g l i c h und a b s o l u t macht."⁴⁸ Hegels Vernunftlogik zeigt hingegen, wie bemerkt, den Zusammenhang der Begriffe, wie ein Begriff in einen anderen Begriff übergeht. So zeigt Hegel nun das Übergehen des Begriffes der Endlichkeit in den Begriff der Unendlichkeit, genauer zunächst zur schlechten oder negativen Unendlichkeit (welche nichts ist als die Negation des Endlichen) und dann zum wahrhaft Unendlichen.

W ä h r e n d d e r b i s h e r d a r g e s t e l l t e n I d e a l i t ä t d e s e n d l i c h e n D a s e i n s e i n e R e a l i t ä t e n t s p r i c h t, e n t s p r i c h t d e m Ü b e r g a n g v o n d e r E n d l i c h k e i t ü b e r d i e s c h l e c h t e o d e r n e g a t i v e U n e n d l i c h k e i t z u r w a h r h a f t e n U n e n d l i c h k e i t k e i n e R e a l i t ä t. E r i s t n u r Ü b e r g a n g e i n e s B e g r i f f e s i n e i n e n a n d e r e n B e g r i f f — während dem Begriff des „wahrhaft Unendlichen" wieder eine Realität entsprechen wird.

Bevor wir zur Darstellung des Unendlichen durch Hegel übergehen, wollen wir gleich einem Mißverständnis vorbeugen. Bei dem Unendlichen ist nicht etwa an Gott zu denken. Hegel spricht in dem Kapitel „Das Dasein" vom daseienden Etwas, das endlich ist. Mit der Behandlung der Unendlichkeit in diesem Kapitel leitet er zum nächsten Kapitel über, welches vom „Dasein, welches Fürsichsein genannt wird"⁴⁹ handelt, welches das „unendliche Sein"⁵⁰ ist. Hegel gibt als Beispiele für das Fürsichsein das „Bewußtsein" und das „Selbstbewußtsein" an⁵¹. E s g i b t a l s o n a c h H e g e l e n d l i c h e s D a s e i e n d e s u n d u n e n d l i c h e s D a s e i e n d e s i n d e r W e l t⁵². Wie einfach hier der Begriff „Unendlichkeit" gedacht werden kann, zeigt ein von Hegel gebrauchtes Bild: „Als wahrhafte Unendlichkeit, in sich zurückgebogen, wird deren Bild der K r e i s , die sich erreicht habende Linie, die geschlossen und ganz gegenwärtig ist, ohne A n f a n g s p u n k t u n d E n d e ."⁵³

47 Log. I 147/4.183.
48 Log. I 117/4.148.
49 Log. I 140/4.175.
50 Log. I 147/4.183.
51 Log. I 148/4.184, 185.
52 Daraus, daß Hegel hier das Nebeneinanderbestehen von Endlichem und Unendlichem darstellt, ergibt sich eindeutig, daß Hegel nicht etwa, wie gesagt wird, mit der begrifflichen Darstellung des das Endliche umfassenden Unendlichen den Panentheismus begründe. (Sollte übrigens Gott „vor der Erschaffung der Natur und eines endlichen Geistes", d. h. als es noch kein Endliches gab, deshalb nicht unendlich gewesen sein?)
53 Log. I 138, 139/4.173.

„Die Hauptsache ist, den wahrhaften Begriff der Unendlichkeit von der schlechten Unendlichkeit, das Unendliche der Vernunft von dem Unendlichen des Verstandes zu unterscheiden; doch letzteres ist das v e r e n d l i c h t e Unendliche, und es wird sich ergeben, daß eben indem das Unendliche vom Endlichen rein und entfernt gehalten werden soll, es nur verendlicht wird."[54]

Das Dasein bestimmt sich in seinem Ansichsein als Endliches und geht über die Schranke hinaus. „Es ist die Natur des Endlichen selbst, über sich hinauszugehen, seine Negation zu negieren und unendlich zu werden. Das Unendliche steht somit nicht als ein für sich Fertiges ü b e r dem Endlichen, so daß das Endliche a u ß e r oder u n t e r jenem sein Bleiben hätte und behielte ... Nicht im Aufheben der Endlichkeit überhaupt wird die Unendlichkeit überhaupt, sondern das Endliche ist nur dies, selbst durch seine Natur dazu zu werden."[55] „So das Unendliche gegen das Endliche in qualitativer Beziehung von A n d e r e n zueinander gesetzt, ist es das S c h l e c h t - U n e n d l i c h e, das Unendliche des V e r s t a n d e s zu nennen, dem es für die höchste, für die absolute Wahrheit gilt."[56] Hierin ist sogleich ein Widerspruch darin vorhanden, „daß dem Unendlichen das Endliche als Dasein gegenüber bleibt; es sind damit z w e i Bestimmtheiten; es g i b t zwei Welten, eine unendliche und eine endliche, und in ihrer Beziehung ist das Unendliche nur Grenze des Endlichen, und ist damit nur ein bestimmtes s e l b s t e n d l i c h e s U n e n d l i c h e s."[57]

Zwischen dem Endlichen und dem Unendlichen ist die Wechselbestimmung vorhanden; „das Endliche ist endlich nur in der Beziehung auf das Sollen oder auf das Unendliche, und das Unendliche ist nur unendlich in Beziehung auf das Endliche. Sie sind untrennbar und zugleich schlechthin Andere gegeneinander; jedes hat das Andere seiner an ihm selbst; so ist jedes die Einheit seiner und seines Andern, und ist in seiner Bestimmtheit Dasein, das n i c h t zu sein, was es selbst und was sein Anderes ist." „Diese sich selbst und seine Negation negierende Wechselbestimmung ist es, welche als der P r o g r e s s i n s U n e n d - l i c h e auftritt."[58] (Der Begriff „Wechselbestimmung" in der Lehre vom Sein entspricht nicht dem Begriff „Wechselwirkung" in der Lehre vom Wesen, obwohl in der Hegelschen Logik in der Entwicklung des Seins und des Wesens dieselben Bestimmungen, bei letzterer in reflektierter Form, vorkommen. Es ist dies als eine Unvollkommenheit der Ausarbeitung der Hegelschen „Logik" anzusehen. Nach der Natur der Sache und auch hinsichtlich der Übereinstim-

---

54 Log. I 125/4.158.
55 Log. I 126/4.158, 159.
56 Log. I 128/4.160, 161.
57 Log. I 128/4.161.
58 Log. I 130/4.163, 164.

mung der Lehre vom Sein und der Lehre vom Wesen müßte Hegel bei der Behandlung des „Fürsichseins" von einer Wechselbestimmung zwischen dem Etwas und seinem Anderen handeln. Hier, in der Stufe des „Daseins", gibt es nur eine Bestimmung des Etwas in Beziehung auf sein Anderes aber noch keine Wechselbestimmung.)

Die schlechte Unendlichkeit, die Unendlichkeit des Verstandes, „ist zwar die Negation des Endlichen, aber sie vermag sich nicht in Wahrheit davon zu befreien; dies tritt a n i h r s e l b s t wieder hervor als ihr Anderes, weil dies Unendliche nur ist als i n B e z i e h u n g auf das ihm andere Endliche. Der Progreß ins Unendliche ist daher nur die sich wiederholende Einerleiheit, eine und dieselbe langweilige A b w e c h s l u n g dieses Endlichen und unendlichen"[59].

In Wahrheit bilden Endliches und Unendliches eine Einheit, da in jedem die Bestimmtheit des Anderen liegt, eine Einheit, die selbst das Unendliche ist, welches sich selbst und die Endlichkeit in sich begreift, — also das Unendliche in einem anderen Sinne als in dem, wonach das Endliche von ihm abgetrennt und auf die andere Seite gestellt ist[60]. Während der Verstand in dieser Einheit nichts als den Widerspruch zu sehen vermag, sieht die Vernunft in ihr die Auflösung des Widerspruchs durch die Negation der qualitativen Bestimmtheit beider[61]. Die Einheit des Endlichen und Unendlichen ist „nicht ein äußerliches Zusammenbringen derselben, noch eine ungehörige, ihrer Bestimmung zuwiderlaufende Verbindung, in welcher an sich getrennte und entgegengesetzte, gegeneinander Selbständige, Seiende, somit Unverträgliche verknüpft würden, sondern jedes ist an ihm selbst diese Einheit, und dies nur als A u f h e b e n seiner selbst, worin keines vor dem Andern einen Vorzug des Ansichseins und affirmativen Daseins hätte. Wie früher gezeigt, ist die Endlichkeit nur als Hinausgehen über sich; es ist also in ihr die Unendlichkeit, das Andere ihrer selbst, enthalten. Ebenso ist die Unendlichkeit nur als Hinausgehen über das Endliche; sie enthält also wesentlich ihr Anderes, und ist somit an ihr das Andere ihrer selbst. Das Endliche wird nicht vom Unendlichen als einer außer ihm vorhandenen Macht aufgehoben, sondern es ist seine Unendlichkeit, sich selbst aufzuheben."[62]

Endliches und Unendliches bilden einerseits eine Einheit, andererseits besteht deren Unterschiedenheit. Die Behauptung, das Endliche und Unendliche bildeten eine Einheit muß durch die entgegengesetzte berichtigt werden: sie sind schlechthin verschieden und sich entgegengesetzt. Die E i n h e i t des Unendlichen und Endlichen und deren U n t e r s c h e i d u n g sind dasselbe Untrennbare als die Endlichkeit und Unendlichkeit[63].

59 Log. I 131/4.164.
60 Log. I 133/4.167.
61 Log. I 133, 134/4.167.
62 Log. I 134, 135/4.169.
63 Log. I 145/4.181.

c Das „Fürsichsein"

Im unendlichen Sein ist das qualitative Sein vollendet. Hegel bezeichnet dieses Sein als Fürsichsein[64].

Der Begriff des unendlichen Seins, des Fürsichseins, hat sich als Ergebnis der mit der Endlichkeit des daseienden Etwas beginnenden Entwicklung ergeben, die über die schlechte Unendlichkeit zur wahrhaften Unendlichkeit führte. „Als Aufhebung der Endlichkeit, d. i. der Endlichkeit als solcher und ebensosehr der ihr nur gegenüberstehenden, nur negativen Unendlichkeit ist diese Rückkehr in sich, B e z i e h u n g a u f s i c h s e l b s t , S e i n . Da in diesem Sein Negation ist, ist es D a s e i n , aber da sie ferner wesentlich Negation der Negation, die sich auf sich beziehende Negation ist, ist sie das Dasein, welches F ü r s i c h s e i n genannt wird."[65]

H i e r h a b e n w i r e i n e d e r f ü r d i e b e g r i f f l i c h e E r f a s s u n g d e s S e i e n d e n b e d e u t s a m s t e n A u s s a g e n d e r H e g e l s c h e n L o g i k v o r u n s : E s g i b t z w e i A r t e n v o n D a s e i n , e b e n d a s „ D a s e i n " u n d d a s „ D a s e i n , w e l c h e s F ü r s i c h s e i n g e n a n n t w i r d " .

Im Dasein waren Sein und Negation in einfacher Einheit vereint, aber eben darum an sich einander noch u n g l e i c h und ihre Einheit noch nicht g e s e t z t . Im Fürsichsein ist der Unterschied zwischen dem Sein und der Negation gesetzt und ausgeglichen. Indem die Negation in die Unendlichkeit, in die g e s e t z t e Negation der Negation, übergegangen, ist sie einfache Beziehung auf sich, also an ihr selbst die Ausgleichung mit dem Sein, – absolute Bestimmtheit[66].

Es gibt zwei Arten von Bestimmtheit (Qualität), die relative und die absolute Bestimmtheit. W ä h r e n d d a s D a s e i n r e l a t i v b e s t i m m t e s S e i n i s t , i s t d a s F ü r s i c h s e i n a b s o l u t b e s t i m m t e s S e i n .

Hegel legt sodann dar, daß dem von ihm „Fürsichsein" benannten Begriff die Vorstellung entspricht, die wir mit dem Ausdruck Fürsichsein verbinden: „Wir sagen, daß etwas für sich ist, insofern als es das Anderssein, seine Beziehung und Gemeinschaft mit Anderem aufhebt, sie zurückgestoßen, davon abstrahiert hat. Das Andere ist ihm nur a l s ein Aufgehobenes, als s e i n M o m e n t ; das Fürsichsein besteht darin, über die Schranke, über sein Anderssein so hinausgegangen zu sein, daß es als diese Negation die unendliche R ü c k k e h r in sich ist. – Das Bewußtsein enthält schon als solches an sich die Be-

---

64 Log. I 147/4.183.
65 Log. I 140/4.175.
66 Log. I 147/4.183, 184.

stimmung des Fürsichseins, indem es einen Gegenstand, den es empfindet, anschaut usf., sich **vorstellt**, d. i. dessen Inhalt **in ihm** hat, der auf die Weise als **Ideelles** ist; es ist in seinem Anschauen selbst, überhaupt in seiner Verwicklung mit dem Negativen seiner, mit dem Anderen, **bei sich selbst**. Das Fürsichsein ist das polemische, negative Verhalten gegen das begrenzende Andere, und durch diese Negation desselben In-sich-reflektiertsein, ob schon **neben** dieser Rückkehr des Bewußtseins in sich und der Idealität des Gegenstandes **auch** noch die **Realität** desselben erhalten ist, indem er **zugleich** als ein äußeres Dasein gewußt wird. Das Bewußtsein ist so **erscheinend** oder der Dualismus, einerseits von einem ihm andern, äußerlichen Gegenstande zu wissen und andererseits für sich zu sein, denselben in ihm ideell zu haben, nicht nur bei solchem Andern, sondern darin auch bei sich selbst zu sein. Das **Selbstbewußtsein** dagegen ist das **Fürsichsein als vollbracht und gesetzt**; jene Seite der Beziehung auf ein **Anderes**, einen äußern Gegenstand ist entfernt. Das Selbstbewußtsein ist so das nächste Beispiel der Präsenz der Unendlichkeit; — einer freilich immer abstrakten Unendlichkeit, die jedoch zugleich von ganz anders konkreter Bestimmung ist als das Fürsichsein überhaupt, dessen Unendlichkeit noch ganz nur qualitative Bestimmtheit hat."[67]

Die Bestimmtheit, welche am Dasein als solchem ein **Anderes** und **Sein-für-Anderes** ist, ist in die unendliche Einheit des Fürsichseins zurückgebogen, und das Moment des Daseins ist im Fürsichsein als **Sein-für-Eines** vorhanden[68]. Im Unterschied zum Dasein hat das Fürsichsein die Negation nicht **an ihm** als eine Bestimmtheit oder Grenze, und damit auch nicht als Beziehung auf ein von ihm anderes Dasein[69].

Fürsichsein und Für-Eines-sein sind die wesentlichen, untrennbaren Momente des Fürsichseienden[70]. Hegel kann, wie so oft, auf den seinen Begriffsbezeichnungen entsprechenden Sprachgebrauch hinweisen, nämlich daß die Frage nach der Qualität lautet, **was für ein** Ding etwas ist. Wenn gefragt werde, was dies **für ein Mensch sei**, so sei das Sein-für-Eines zugleich zurückgekommen in dies Ding, in diesen Menschen selbst, so daß dasjenige, **welches** ist, und das, **für welches** es ist, ein und dasselbe sei[71].

Das Fürsichsein ist als Fürsichseiendes das Eins.

Das Sein des Eins, das kein Dasein, keine Bestimmtheit als Beziehung auf Anderes, keine Beschaffenheit ist, sondern diese Kategorien negiert hat, ist keines Anderswerdens fähig, es ist unveränderlich[72].

---

67 Log. I 147, 148/4.184, 185.
68 Log. I 149/4.186.
69 Log. I 149/4.186.

70 Log. I 150; 153, 154/4.187; 191, 192.
71 Log. I 150/4.187.
72 Log. I 155/4.193.

Dem Eins steht zunächst das Leere gegenüber. „Indem aber das Fürsichsein als Eins, als für sich S e i e n d e s , als u n m i t t e l b a r Vorhandenes fixiert ist, ist seine n e g a t i v e Beziehung a u f s i c h zugleich Beziehung auf ein S e i e n d e s ; und da sie ebensosehr negativ ist, bleibt das, worauf es sich bezieht, als ein D a s e i n und ein A n d e r e s bestimmt; als wesentliche Beziehung a u f s i c h s e l b s t ist das Andere nicht die unbestimmte Negation, als Leeres, sondern ist gleichfalls E i n s . Das Eins ist somit W e r d e n z u v i e l e n E i n s ."[73] „Die Produzierten sind Eins, nicht für Anderes, sondern beziehen sich unendlich auf sich selbst."[74] „Die Vielheit erscheint somit nicht als ein A n d e r s s e i n , sondern als eine dem Eins vollkommen äußere Bestimmung."[75]

Fürsichsein ist, wie gesagt, polemisches, negatives Verhalten gegen das Andere. Das Eins repelliert die vielen von ihm unerzeugten, nichtgesetzten Eins von sich. Es besteht eine gegenseitige Repulsion der vielen Eins. Das Fürsichsein der vielen Eins zeigt sich als ihre Selbsterhaltung durch die Vermittlung ihrer Repulsion gegeneinander[76].

Die Eins sind dasselbe, „jedes derselben E i n s ist wie das Andere. Dies ist nicht nur unser Beziehen, ein äußerliches Zusammenbringen; sondern die Repulsion ist selbst Beziehen; das die Eins ausschließende Eins bezieht sich selbst auf sie, die Eins, d. h. auf sich selbst. Das negative Verhalten der Eins zueinander ist somit nur ein M i t - s i c h - z u s a m m e n g e h e n . Diese Identität, in welche ihr Repellieren übergeht, ist das Aufheben ihrer Verschiedenheit und Äußerlichkeit, die sie vielmehr gegeneinander als Ausschließende behaupten sollten. Dies sich in-ein-Eins-setzen der vielen Eins ist die A t t r a k t i o n ."[77]

Es ist hierzu zunächst zu bemerken, daß Hegel unter Repulsion und Attraktion hier nicht oder nicht nur die als Repulsiv- und Attraktiv-Kraft bezeichneten Kräfte der sinnlichen Materie meint. Hegel handelt vielmehr von den „reinen Bestimmungen vom Eins und Vielen, und deren Beziehungen aufeinander".[78] Diese liegen a u c h der genannten Repulsiv- und Attraktiv-Kraft zugrunde[79]. Sie betreffen aber ebenso die Freiheit und Pflicht des Ich[80]. (Ähnlich spricht Hegel in diesem Abschnitt von dem atomistischen Prinzip sowohl bezüglich der Physik als auch bezüglich der Staatswissenschaft, die von dem einzelnen Willen der Individuen ausgeht[81].) Hier zeigt sich also wieder, wie die objektive Logik imstande ist, mit wenigen Begriffen die große Vielfalt des Seienden zu erfassen[82].

---

73 Log. I 158/4.197.
74 Log. I 159/4.197, 198.
75 Log. I 159/4.198.
76 Log. I 161/4.201.
77 Log. I 162, 163/4.202.

78 Log. I 171/4.212.
79 Log. I 171/4.212.
80 Log. I 163/4.202.
81 Log. I 157/4.196.
82 vgl. oben S. 43.

In einer Gegenüberstellung seiner Ansicht mit der Lehre Kants, der die Materie aus der Repulsiv- und Attraktiv-Kraft konstruiert, hebt Hegel nochmals deutlich die Sicht der objektiven Logik hervor: **Repulsion und Attraktion sind nicht als selbständig zu betrachten. Sie beziehen sich vielmehr durch ihre Natur aufeinander, d.h. jede ist nur ein in das ihr entgegengesetzte übergehendes Moment**[83]. **Es zeigt sich also, daß die Bezeichnung „Fürsichsein" irreführt, wenn sie abstrakt als Isolation genommen wird**[84]. **Das Fürsichseiende muß vielmehr zugleich in seinem Verhältnis zu Anderem als Einheit der Momente Repulsion und Attraktion begriffen werden.**

Nach Meinung des Verfassers ist Hegel bei der Auffassung des Fürsichseins als Eins und viele Eins sowie der zwischen ihnen bestehenden Repulsion und Attraktion auf Irrwege geraten.

Zunächst stellt man sich unter Repulsion und Attraktion Kräfte vor. Von Kräften kann aber in der Lehre vom „Sein", die vom noch nicht gesetzten Begriff handelt, noch keine Rede sein. Von Kräften ist erst später in der Lehre vom „Wesen" bei der Betrachtung der Substanz zu handeln (bzw. in der subjektiven Logik in der Lehre von Mechanismus, Chemismus und Teleologie als der Wahrheit der substantiellen Wirkverhältnisse). (Im übrigen hat die moderne Physik Kants und Hegels Ansichten von der Repulsivkraft und der Attraktionskraft als reine, mit der physikalischen Wirklichkeit nicht übereinstimmende Spekulation erwiesen. So hat die moderne Physik erkannt, daß es nicht nur eine Attraktionskraft, die Gravitation, gibt, sondern mehrere, schwache und starke, Wechselwirkungen.)

Vor allem aber steht das qualitativ fürsichseiende Etwas nicht zum Anderen in dem quantitativen Verhältnis eines Eins zu vielen Eins. Die Beziehung

---

83 Log. I 170 ff./4.211 ff.
84 „Die Selbständigkeit auf die Spitze des fürsichseienden Eins getrieben, ist die abstrakte, formelle Selbständigkeit, die sich selbst zerstört, der höchste, hartnäckigste Irrtum, der sich für die höchste Wahrheit nimmt, – in konkreteren Formen als abstrakte Freiheit, als reines Ich, und dann weiter als das Böse erscheinend. Es ist die Freiheit, die sich so vergreift, ihr Wesen in diese Abstraktion zu setzen, und in diesem Bei-sich-sein sich schmeichelt, sich rein zu gewinnen. Diese Selbständigkeit ist bestimmter der Irrtum, das als negativ anzusehen und sich gegen das als negativ zu verhalten, was ihr eigenes Wesen ist." Log. I 163/4.202, 203. – Diesem Standpunkt steht die vollkommene Auffassung gegenüber, die auf dem oben erwähnten Sachverhalt beruht, daß das negative Verhalten der Eins zueinander zu einem Mit-sich-zusammengehen führt, daß diese Identität, in welche ihr Repellieren übergeht, das Aufheben ihrer Verschiedenheit und Äußerlichkeit ist. In seiner Philosophischen Propädeutik (III 2. § 193) spricht Hegel es deutlich aus, daß sich die Moralität aus dem Prinzip der Identität der menschlichen Natur ergibt: „Das moralische Verhältnis zu **Anderen überhaupt** gründet sich auf die ursprüngliche Identität der menschlichen Natur."

des fürsichseienden Etwas zum Anderen, die in der Lehre von der Qualität behandelt wird, ist entsprechend eine qualitative Beziehung. Einerseits ist das fürsichseiende Etwas, wie Hegel dartut, durch sein Fürsichsein vom Anderen abgewendet und isoliert. Andererseits ist aber das fürsichseiende Etwas, wie wir sahen, Resultat einer Vereinigung des Etwas und des Anderen. Das fürsichseiende Etwas ist dadurch, daß es als Vereinigung des Etwas und des Anderen bestimmt ist, mit dem Anderen verbunden. Es wäre deshalb bei dieser Seinsstufe statt von „Fürsichsein" von „Fürsich- und Verbundensein" zu sprechen. Dieses qualitative Verbundensein ist etwas ganz anderes als Attraktion im Sinne der Hegelschen Darstellung.

* * *

Nachdem wir zum Ende der Lehre von der Qualität gekommen sind, wollen wir wieder die schon eingangs erwähnte Frage stellen: Handelt die Lehre vom „Dasein" wirklich schon vom Daseienden oder sind wir erst beim Fürsichseienden zu dem in unserer Welt Daseienden gekommen, da Hegel erst hier das in unserer Welt herrschende Verhältnis Eins und Viele behandelt? Ist Dasein nur eine gedankliche Zwischenstation auf dem Wege vom reinen Sein zum Fürsichsein? Wird in dieser Zwischenstation nur Etwas und Anderes gebildet und muß für unsere Welt hierzu noch das Verhältnis Eins und Viele vervollständigend treten? Gibt es in unserer Welt kein bloßes Dasein, da jedes materielle Ding schon ein Fürsichseiendes ist?

Die Antwort ist leicht und eindeutig zu geben. Da Hegel sagt, daß seine bei der Behandlung des Fürsichseins angestellten Betrachtungen über Repulsion und Attraktion auch für die als Repulsiv- und Attraktiv-Kraft bezeichneten Kräfte der sinnlichen Materie gelten, spricht Hegel jedem materiellen Körper Fürsichsein zu. Hegel spricht übrigens auch wiederholt ausdrücklich von dem Fürsichsein der Materie[85]. Die Natur beginnt also gleich mit dem – genauer: einem – Fürsichsein.

Diese Aussage ist jedoch nur bedingt richtig, denn in einer anderen Betrachtungsweise beginnt die Natur mit einem bloßen Dasein, auf das erst ein Fürsichsein folgt. Ein Stein und ein Organismus sind beide materielle Körper. Als materielle Körper haben beide, wie gesagt, ein Fürsichsein. In einer spezielleren Betrachtung hat jedoch der Stein nur ein bloßes Dasein, da er an sich selbst keine Grenze hat und nur relativ bestimmt ist, während das Sein des Organismus ein

---

85 z. B. Log. I 172/4.213, I 360/4.434, Enz. § 308.

Fürsichsein ist, weil er absolut bestimmt ist, indem er ein ontisches Zentrum ist, das sich selbst begrenzt[86]. Ebenso gibt es im Reich der – fürsichseienden – Organismen solche Organismen, die nur ein bloßes Dasein haben, und den Menschen, dessen Sein ein Fürsichsein ist[87].

B Die Begrifflichkeit der „Quantität"[88]

Wie schon bemerkt, handelt auch die Lehre von der Quantität von einer Bestimmtheit, ist die Quantität die Bestimmtheit, die dem Sein gleichgültig geworden ist. – Durch die Qualität ist etwas das, was es ist. Durch Veränderung der Qualität verändert sich nicht bloß eine Bestimmtheit am Etwas, sondern dieses selbst; dies wird ein Anderes. Die Quantität dagegen ist die Bestimmung, die nicht mehr die Natur der Sache selbst ausmacht, sondern ein gleichgültiger Unterschied, bei dessen Veränderung die Sache bleibt, was sie ist[89].

Die Quantität entwickelt sich nahe vergleichbar der Qualität in drei Stufen. **Wie die Entwicklung der Qualität ist die Entwicklung der Quantität eine Entwicklung der Bestimmt-**

---

86 In einem anderen, größeren Maßstab können wir unter direkter Bezugnahme auf Hegel sagen: Da die Natur nach Hegel nur ein bloßes Dasein darstellt (Enz. §§ 247, 248) – und erst das Sein des endlichen Geistes ein Fürsichsein ist (Enz. § 381-383) –, stellt das Sein jedes Dings der Natur nur ein Dasein dar. Stellten wir oben fest, daß ein materieller Körper, z. B. ein Stein, nach Hegel ein Fürsichsein habe, so sehen wir jetzt, daß er nach dieser Betrachtung Hegels nur ein bloßes Dasein hat.

87 Diese spezielle Stufung und Aufeinanderfolge von bloß Daseiendem und Fürsichseiendem ist in der erwähnten (S. 2, Anm. 7) Abhandlung des Verfassers über die Welt in der Sicht der wissenschaftlichen Vernunft eingehend dargestellt.

88 Die Übersicht über Hegels Lehre von der Quantität wird dadurch etwas beeinträchtigt, daß von den 158 Seiten, auf denen Hegel von der Quantität handelt, 127 Seiten von Anmerkungen eingenommen werden. Diese Anmerkungen stellen nur zum kleinen Teil Erläuterungen dar. Überwiegend sind es Exkurse, die zum Verständnis des Gedankengangs von untergeordneter Bedeutung sind (Auseinandersetzungen mit der Lehre Kants, eine – von Hegel selbst als unphilosophisch bezeichnete – Darstellung der Fortbestimmung der Rechnungsarten, historische Betrachtungen über die Entwicklung der Mathematik, welche Auseinandersetzungen mit Philosophen und Mathematikern enthalten, und eine Philosophie der Grundlagen der Infinitesimalrechnung – besonders der Differentialrechnung). – Da der eigentliche Teil der Abhandlung über die Quantität nur 31 Seiten umfaßt und diese Ausführungen nur kurzer Erläuterungen bedürfen, können wir unsere Betrachtungen der Hegelschen Lehre von der Quantität erheblich kürzer halten als die der Hegelschen Lehre von der Qualität. – Die Exkurse sind jedoch für sich genommen sehr lesenswert. Ihre Lektüre bereitet teilweise großen geistigen Genuß. Große Passagen erfordern ein besonderes mathematisches Interesse.

89 Dies gehört zur Definition der Quantität überhaupt. Bei der Begrifflichkeit des „Maßes", dieser Einheit von Qualität und Quantität, werden wir es jedoch u. a. mit quantitativen Änderungen zu tun haben, die zu einem Umschlagen der Qualität führen, spezifische Quantität („Knotenlinie der Maßverhältnisse").

h e i t . Hiermit kann der Inhalt der Hegelschen Lehre von der Quantität kurz angegeben werden: **E s i s t d i e E n t w i c k l u n g v o n d e r n o c h u n b e s t i m m t e n Q u a n t i t ä t ("reine Quantität") ü b e r d i e r e - l a t i v b e s t i m m t e Q u a n t i t ä t ("Quantum") z u r a b s o l u t b e - s t i m m t e n Q u a n t i t ä t ("Quantitatives Verhältnis").** (Die relativ bestimmte Quantität ist die **Z a h l**. Ihre Momente machen Anzahl und Einheit aus. — Die absolut bestimmte Quantität ist das **P o t e n z v e r h ä l t n i s**, in dem die Zahl durch Gleichsetzung ihrer Begriffsmomente, Anzahl und Einheit, als zu sich selbst zurückgekehrte gesetzt ist.)

a Die „reine Quantität"

War die erste Stufe der Qualität das noch unbestimmte oder reine Sein, so beginnt die Lehre von der Quantität entsprechend mit der reinen Quantität und ist die erste Stufe der Entwicklung der Quantität die Quantität, in der noch keine Bestimmtheit gegeben ist.

Das am Ende der Lehre von der Qualität gewonnene Verhältnis Eins und Viele bzw. von Repulsion und Attraktion führt zum Beginn der Lehre von der Quantität mit den Begriffen Kontinuität und Diskretion. **D i e A t t r a k t i o n i s t d a s M o m e n t d e r K o n t i n u i t ä t i n d e r Q u a n t i t ä t**[90]. **D i e R e p u l s i o n i s t d a s M o m e n t d e r D i s k r e t i o n i n d e r Q u a n t i t ä t**[91].

In der durch die Attraktion gesetzten Gleichheit ist die Quantiät kontinuierliche, in der anderen in ihr enthaltenen Bestimmung des Eins ist sie diskrete Größe. Jene Quantität ist aber ebensowohl diskret — denn sie ist nur Kontinuität des Vielen —, diese ebenso kontinuierlich: ihre Kontinuität ist das Eins als dasselbe der vielen Eins, die Einheit. Die kontinuierliche und diskrete Größe müssen aber nicht insofern als Arten angesehen werden, als ob die Bestimmung der einen der anderen nicht zukomme, sondern sie unterscheiden sich nur dadurch, daß **d a s s e l b e G a n z e** das eine Mal unter der einen, das andere Mal unter der anderen seiner Bestimmungen gesetzt ist. (Die Antinomie über die sogenannte unendliche Teilbarkeit der Materie ist die Behauptung der Quantität das eine Mal als kontinuierlicher, das andere Mal als konkreter. Das Eine ist so einseitig als das Andere. — Wir haben hier wiederum ein Beispiel dafür vor uns, daß der Verstand bei den Begriffen in ihrer Unterschiedenheit stehenbleibt, während die dialektische, spekulative Vernunft ihre Einheit in ihrer Entgegensetzung erfaßt.)

---

90 Log. I 179/4.222.
91 Log. I 180/4.222.

b Das „Quantum"

Wie in der Lehre von der Qualität auf das noch unbestimmte Sein als erste Stufe das Dasein als ein Sein folgt, das bestimmt ist, dessen Bestimmtheit aber bloß relativ ist, so folgt auch in der Lehre von der Quantität auf die Quantität, bei der noch keine Bestimmtheit gegeben ist, die Stufe des Quantums als der – nur – relativ bestimmten Quantität. (Hegel spricht übrigens vom Quantum manchmal als einem „Dasein".)

„Das Quantum – z u n ä c h s t Quantität mit einer Bestimmtheit oder Grenze überhaupt – ist in seiner vollkommenen Bestimmtheit die Z a h l."[92]

Das Quantum hat seine Bestimmtheit als Grenze in der Anzahl. Es ist ein in sich Diskretes, ein Vieles, das nicht ein Sein hat, welches verschieden wäre von seiner Grenze und sie außer ihm hätte[93].

Die Zahl enthält die vielen Eins, die ihr Dasein ausmachen, enthält sie aber nicht auf unbestimmte Weise, sondern die Bestimmtheit der Grenze fällt in sie; die Grenze schließt anderes Dasein, d. i. andere Viele aus, und die von ihr umschlossenen Eins sind eine bestimmte Menge, die Anzahl, zu welcher als der Diskretion, wie sie in der Zahl ist, das andere die Einheit, die Kontinuität derselben, ist. A n z a h l u n d E i n h e i t m a c h e n d i e M o m e n t e d e r Z a h l a u s[94].

Die Zahl unterscheidet sich von anderen. Aber diese Unterscheidung fällt nur in die subjektive, in die vergleichende Reflexion. Die Zahl selbst ist als Eins gleichgültig gegen andere. Andererseits hat aber die Zahl als Eins insofern eine Beziehung auf Anderes als Moment an ihr selbst in dem Unterschied der Einheit und der Anzahl, wobei die Anzahl selbst Vielheit der Eins ist. „Dieser Widerspruch der Zahl oder des Quantums überhaupt in sich ist die Qualität des Quantums, in deren weitern Bestimmungen sich dieser Widerspruch entwickelt."[95]

Das Quantum hat, wie vorhin angegeben, seine Bestimmtheit als Grenze in der Anzahl. „Das Quantum so mit seiner Grenze, die ein Vielfaches an ihr selbst ist, ist e x t e n s i v e G r ö ß e."[96]

„Die Anzahl ist nur Moment der Zahl, aber m a c h t n i c h t a l s e i n e M e n g e v o n n u m e r i s c h e n E i n s die Bestimmtheit der Zahl aus, son-

---

92 Log. I 196/4.242.
93 Hegel bemerkt zu der Vorstellung von der Grenze des Quantums: „So stellt man im Quantitativen der Zahl etwa hundert so vor, daß das hundertste Eins allein die Vielen so begrenze, daß sie hundert seien. Einerseits ist dies richtig; andererseits aber hat unter den hundert Eins keines den Vorzug, da sie nur gleich sind; jedes ist ebenso das Hundertste; sie gehören also alle der Grenze an, wodurch die Zahl hundert ist." Log. I 198/4.244.
94 Log. I 197/4.243, 244.
95 Log. I 199/4.245.
96 Log. I 213/4.262.

dern diese Eins als gleichgültige, sich äußerliche, sind im Zurückgekehrtsein der Zahl in sich aufgehoben; die Äußerlichkeit, welche die Eins der Vielheit ausmachte, verschwindet in dem Eins als Beziehung der Zahl auf sich selbst.

Die Grenze des Quantums, das als Extensives seine daseiende Bestimmtheit als die sich selbst äußerliche Anzahl hatte, geht also in e i n f a c h e   B e s t i m m t h e i t über. In dieser einfachen Bestimmung der Grenze ist es i n t e n s i v e   G r ö ß e ; und die Grenze der Bestimmtheit, die mit dem Quantum identisch ist, ist nun auch so als Einfaches gesetzt — d e r   G r a d ."[97]

„Seine Bestimmtheit muß zwar durch eine Z a h l ausgedrückt werden als des vollkommenen Bestimmtseins des Quantums, aber ist nicht als A n z a h l , sondern einfach, nur ein Grad. Wenn von 10, 20 Graden gesprochen wird, ist das Quantum, das so viele Grade hat, der zehnte, zwanzigste Grad, nicht die Anzahl und Summe derselben; so wäre es ein extensives; sondern es ist nur Einer, der zehnte, zwanzigste Grad. Er enthält die Bestimmtheit, welche in der Anzahl zehn, zwanzig liegt, aber enthält sie nicht als Mehrere, sondern ist die Zahl als a u f g e h o b e n e Anzahl, als e i n f a c h e Bestimmtheit."[98]

„Sonach ist der Grad einfache Größenbestimmtheit u n t e r einer M e h r h e i t solcher Intensitäten, die verschieden, jede nur einfache Beziehung auf sich selbst, zugleich aber in wesentlicher Beziehung aufeinander sind, so daß jede in dieser Kontinuität mit der andern ihre Bestimmtheit hat."[99] „Als sich auf sich beziehende Größenbestimmung ist jeder der Grade gleichgültig gegen die andern."[100]

„Extensive und intensive Größe sind also eine und dieselbe Bestimmtheit des Quantums; sie sind nur dadurch unterschieden, daß die eine die Anzahl als innerhalb ihrer, die andere dasselbe, die Anzahl als außer ihr hat ... Mit dieser Identität tritt das q u a l i t a t i v e   E t w a s ein, denn sie ist sich durch die N e g a t i o n   i h r e r   U n t e r s c h i e d e auf sich beziehende Einheit; diese Unterschiede aber machen die daseiende Größenbestimmtheit aus; diese negative Identität ist also E t w a s , und zwar das gegen seine quantitative Bestimmtheit gleichgültig ist."[101],[102]

* *
*

---

97 Log. I 214/4.263, 264.
98 Log. I 214, 215/4.264.
99 Log. I 215/4.265.
100 Log. I 216/4.265.
101 Log. I 217/4.266, 267.
102 Der Grad stellt einen eigenartigen Übergang von der relativen Bestimmtheit des Quantums zur absoluten Bestimmtheit des Quantums, dem quantitativen Fürsichsein, dar. Hegel sagt über den Grad (Enz. § 104): „Er ist die Größe als gleichgültig f ü r   s i c h und einfach, so daß sie aber die Be-

Wir erinnern uns daran, was wir oben in der Lehre von der Qualität vom Dasein gehört haben, von der Unruhe des Etwas in seiner Grenze, von dem Widerspruch, der es über sich hinausschickt, daß es die Natur des Endlichen ist, über sich hinauszugehen und unendlich zu werden. Analog der weiteren Entwicklung der Qualität kommen wir jetzt bei der Entwicklung der Quantität zur quantitativen Unendlichkeit, zunächst zur schlechten quantitativen Unendlichkeit oder dem quantitativen unendlichen Progreß. (Es besteht jedoch auch ein Unterschied zwischen der Begrifflichkeit der Qualität und der Begrifflichkeit der Quantität. Das qualitative Endliche und Unendliche stehen sich absolut, d. i. abstrakt gegeneinander über; ihre Einheit ist die zugrunde liegende i n n e r l i c h e Beziehung; das Endliche kontinuiert sich daher nur a n s i c h , aber nicht a n i h m , in sein Anderes. Hingegen das quantitative Endliche b e z i e h t s i c h a n i h m s e l b s t in sein Unendliches, an dem es seine absolute Bestimmtheit habe[103].

„Ein Quantum ist also seiner Qualität nach in absolute Kontinuität mit seiner Äußerlichkeit, mit seinem Anderssein, gesetzt. Es k a n n daher nicht nur über jede Größebestimmtheit hinausgegangen, sie k a n n nicht nur verändert werden, sondern es ist dies g e s e t z t , daß sie sich verändern m u ß . Die Größenbestimmung kontinuiert sich so in ihr Anderssein, daß sie ihr Sein nur in dieser Kontinuität mit einem Andern hat; sie ist nicht eine s e i e n d e , sondern eine w e r d e n d e Grenze.

Das Eins ist unendlich oder die sich auf sich beziehende Negation, daher die Repulsion seiner von sich selbst. Das Quantum ist gleichfalls unendlich, gesetzt a l s die sich auf sich beziehende Negativität; es repelliert sich von sich selbst. Aber es ist ein b e s t i m m t e s Eins, das Eins, welches in Dasein und in die Grenze übergegangen ist, also die Repulsion der Bestimmtheit von sich selbst, nicht das Erzeugen des sich selbst Gleichen wie die Repulsion des Eins, sondern seines Andersseins; es ist nun an ihm selbst gesetzt, über s i c h h i n a u s z u s c h i c k e n und ein Anderes zu werden. Es besteht darin, sich zu vermehren und zu vermindern; es ist die Äußerlichkeit der Bestimmtheit an ihm selbst.

stimmtheit, wodurch sie Quantum ist, schlechthin a u ß e r i h r in anderen Größen hat. In diesem Widerspruch, daß die f ü r s i c h s e i e n d e gleichgültige Grenze die absolute Ä u ß e r l i c h k e i t ist, ist der u n e n d l i c h e quantitative P r o g r e ß gesetzt." Denken wir an den Grad eines Kreises. Die Größe des Grades eines Kreises ist einerseits für sich und einfach; andererseits hängt sie aber von der Größe des Kreises ab, welche ein relativ bestimmtes Quantum ist. Gibt man den Wärmegrad einer Flamme (ihre intensive Größe) an, so ist ihre Größe hiermit erst einseitig angegeben worden. Es bedarf zur Bestimmung der Größe der Flamme auch der Angabe ihres Ausmaßes (ihrer extensiven Größe). Diese Beispiele ließen sich beliebig vermehren. Hegel wendet diese Begriffe sogar auf geistige Verhältnisse an und spricht von der Intensität des Charakters, Talents, Genies (womit noch nichts über den Umfang der Begabungen dieses Menschen, die extensive Größe seines Geistes, gesagt ist).

103 Log. I 223/4.274.

Das Quantum schickt sich also selbst über sich hinaus; dies Andre, zu dem es wird, ist zunächst selbst ein Quantum, aber ebenso als eine nicht seiende, sondern sich über sich selbst hinaustreibende Grenze. Die in diesem Hinausgehen wieder entstandene Grenze ist also schlechthin nur eine solche, die sich wieder aufhebt und zu einer fernern schickt, u n d s o f o r t i n s U n e n d l i c h e ."[104]

Der quantitative Progreß ins Unendliche ist der Ausdruck des Widerspruchs, den das quantitative Endliche oder das Quantum überhaupt als die Wechselbeziehung des quantitativ Endlichen und des quantitativ Unendlichen enthält. G e s e t z t ist dieser Widerspruch im Grad, einfach in sich bestimmt zu sein und seine Bestimmtheit außer sich an einem Anderen zu haben und für sie außer sich zu weisen[105]. „In diesem Widerspruch, daß die f ü r s i c h s e i e n d e gleichgültige Grenze die absolute Ä u ß e r l i c h k e i t ist, ist der u n e n d l i c h e quantitative P r o g r e ß gesetzt."[106]

„Diese Unendlichkeit, welche als das Jenseits des Endlichen beharrlich bestimmt ist, ist als die s c h l e c h t e q u a n t i t a t i v e U n e n d l i c h k e i t zu bezeichnen. Sie ist wie die qualitative schlechte Unendlichkeit das perennierende Herüber- und Hinübergehen von dem einen Gliede des bleibenden Widerspruchs zum andern, von der Grenze zu ihrem Nichtsein, von diesem aufs neue zurück zu ebenderselben, zur Grenze. Im Progresse des Quantitativen ist das, zu dem fortgegangen wird, zwar nicht ein abstrakt Anderes überhaupt, sondern ein als verschieden gesetztes Quantum; aber es bleibt auf gleiche Weise im Gegensatze gegen seine Negation. Der Progreß ist daher gleichfalls nicht ein Fortgehen und Weiterkommen, sondern ein Wiederholen von einem und eben demselben, Setzen, Aufheben, und Wiedersetzen und Wiederaufheben, eine Ohnmacht des Negativen, dem das, was es aufhebt, durch sein Aufheben selbst als ein Kontinuierliches wiederkehrt. Es sind zwei so zusammengeknüpft, daß sie sich schlechthin fliehen; und indem sie sich fliehen, können sie sich nicht trennen, sondern sind in ihrer gegenseitigen Flucht verknüpft."[107]

In einer Anmerkung betrachtet Hegel hierauf die schlechte quantitative Unendlichkeit in der Form des Progresses des Quantitativen ins Unendliche im Hinblick darauf, daß sie von Philosophen und Astronomen fälschlich für etwas Erhabenes und für eine Art von Gottesdienst gehalten werde.

Hegel setzt sich sodann in einer weiteren Anmerkung mit der ersten kosmologischen Antinomie Kants auseinander, welche die These hat „Die Welt hat einen Anfang in der Zeit und ist dem Raume nach auch in Grenzen eingeschlos-

---

104 Log. I 221, 222/4.272.
105 vgl. Log. I 196/4.242.
106 Enz. § 104.
107 Log. I 225/4.276, 277.

sen" sowie die Antithese „Die Welt hat keinen Anfang und keine Grenzen im Raume, sondern ist sowohl in Ansehung der Zeit als des Raumes unendlich". Er bemerkt hierzu, daß dieser Gegensatz ebensogut auch in Rücksicht auf Zeit und Raum selbst betrachtet werden könne, denn ob Zeit und Raum Verhältnisse der Dinge selbst, oder aber nur Formen der Anschauung seien, ändere nichts für das Antinomische der Begrenztheit oder Unbegrenztheit an ihnen[108]. Hegels Stellungnahme ist also, daß es sich hier nicht um eine Frage des Verhältnisses der Dinge selbst handelt, sondern um eine Frage der Begrifflichkeit. Zu dieser hat er aber bereits ausgeführt, daß die Quantität sich die Grenze an ihr selbst in ihr Jenseits fortschickt und fortsetzt. — Hegel stellt an dieser Stelle nochmals anmerkend den Unterschied zwischen dem Denken Kants und seinem Denken heraus. Er weist darauf hin, daß Kant den von ihm dargestellten Widerspruch nicht als in der Welt vorhanden sieht, sondern in das Bewußtsein verlegt und fährt dann fort: „Es ist dies eine zu große Zärtlichkeit für die Welt, von ihr den Widerspruch zu entfernen, ihn dagegen in den Geist, in die Vernunft zu verlegen und darin unaufgelöst bestehen zu lassen. In der Tat ist es der Geist, der so stark ist, den Widerspruch ertragen zu können, aber er ist es auch, der ihn aufzulösen weiß. Die sogenannte Welt aber (sie heiße objektive, reale Welt, oder nach dem transzendentalen Idealismus subjektives Anschauen und durch die Verstandes-Kategorie bestimmte Sinnlichkeit) entbehrt darum des Widerspruchs nicht und nirgends, vermag ihn aber nicht zu ertragen und ist darum dem Entstehen und Vergehen preisgegeben."[109] Hegel gibt also hier — zu allen anderen Antinomien Kants sind seine Aussagen gleichartig — keine Antwort, ob die These oder die Antithese richtig ist, sondern er sagt ein drittes[110]. Er sagt nicht, ob die Welt in Zeit und Raum begrenzt oder unbegrenzt ist, sondern daß die Welt dem Entstehen und Vergehen preisgegeben ist. Hegel widerlegt nicht etwa die Antinomien in ihrer eigenen Ebene des subjektiven Denkens, des Verstandesdenkens, sondern löst den Widerspruch in einer anderen Dimension, in der Vernunft, auf. Die Antinomien gehören der „leeren Metaphysik des Verstandes" an[111]. Nur die Vernunft vermag Aussagen darüber zu machen, was allein den Begriff selbst angeht. Hegel kommt zu folgendem Resultat seiner Erörterung der Antinomien: „Ihre wahrhafte Auflösung kann nur darin bestehen, daß zwei Bestimmungen, indem sie entgegengesetzt und einem und demselben

---

108 Log. I 232/4.284.
109 Log. I 236/4.289.
110 Beispielhaft deutlich kommt diese Stellungnahme Hegels zu den Antinomien bei der Behandlung der Antinomie über den Gegensatz der Kausalität nach Naturgesetzen und der Freiheit zum Ausdruck, wozu Hegel bemerkt, daß diese in der „Wechselwirkung" ihre wahrhafte Auflösung findet (Prop. II 2. § 84).
111 Rel. III 87.

Begriffe notwendig sind, nicht in ihrer Einseitigkeit, jede für sich, gelten können, sondern daß sie ihre Wahrheit nur in ihrem Aufgehobensein, in der Einheit ihres Begriffes haben."[112] „Indem jede der beiden entgegengesetzten Seiten an ihr selbst ihre andere enthält und keine ohne die andere gedacht werden kann, so folgt daraus, daß keine dieser Bestimmungen, allein genommen, Wahrheit hat, sondern nur ihre Einheit. Dies ist die wahrhaft dialektische Betrachtung derselben, sowie das wahrhafte Resultat."[113]

Kehren wir nun zur Entwicklung der Quantität zurück und kommen wir nach der schlechten Unendlichkeit zur wahrhaften Unendlichkeit.

„Das Quantum geht als gleichgültige Grenze über sich hinaus ins Unendliche; es sucht damit nichts anderes als das Fürsichbestimmtsein, das qualitative Moment, das aber so nur ein Sollen ist. Seine Gleichgültigkeit gegen die Grenze, damit sein Mangel an fürsichseiender Bestimmtheit und sein Hinausgehen über sich ist, was das Quantum zum Quantum macht; jenes sein Hinausgehen soll negiert werden und im Unendlichen sich seine absolute Bestimmtheit finden.

Ganz überhaupt: das Quantum ist die aufgehobene Qualität; aber das Quantum ist unendlich, geht über sich hinaus, es ist die Negation seiner; dies sein Hinausgehen ist also **an sich** die Negation der negierten Qualität, die Wiederherstellung derselben; und gesetzt ist dies, daß die Äußerlichkeit, welche als Jenseits erschien, als das **eigene Moment** des Qunatums bestimmt ist.

Das Quantum ist hiermit gesetzt als von sich repelliert, womit also zwei Quanta sind, die jedoch aufgehoben, nur als Momente **einer Einheit** sind, und diese Einheit ist die Bestimmtheit des Quantums. – Dieses so in seiner Äußerlichkeit als gleichgültige Grenze **auf sich bezogen**, hiermit qualitativ gesetzt, ist das **quantitative Verhältnis**. – Im Verhältnisse ist das Quantum sich äußerlich, von sich selbst verschieden; diese seine Äußerlichkeit ist die Beziehung eines Quantums auf ein anderes Quantum, deren jedes nur gilt in dieser seiner Beziehung auf sein Anderes; und diese Beziehung macht die Bestimmtheit des Quantums aus, das als solche Einheit ist. Es hat darin nicht eine gleichgültige, sondern qualitative Bestimmung, ist in dieser seiner Äußerlichkeit in sich zurückgekehrt, ist in derselben das, was es ist."[114]

---

112 Log. I 184/4.228.
113 Log. I 191/4.236.
114 Log. I 238, 239/4.292, 293.

c Das „quantitative Verhältnis"

Innerhalb des quantitativen Verhältnisses überhaupt ist es das Potenzverhältnis, in dem die Bestimmtheit der Quantität als absolute Bestimmtheit, als quantitatives Fürsichsein, vollendet ist.

Im Potenzverhältnis ist die Zahl durch Gleichsetzung ihrer Begriffsmomente, der Einheit und der Anzahl, als zu sich selbst zurückgekehrte gesetzt und erhält sie an ihr das Moment der Unendlichkeit, des Fürsichseins, d.i. des Bestimmtseins durch sich selbst[115].

Die Potenz ist die Zahl, insofern sie dazu gekommen ist, daß ihre Veränderung durch sie selbst bestimmt ist[116]. Im Potenzverhältnis macht sich die in ihrem Unterschiede – der Einheit und der Anzahl – auf sich beziehende Einheit als einfache Selbstproduktion des Quantums geltend[117].

„Das Quantum in seinem Anderssein sich identisch mit sich setzend, sein Hinausgehen über sich selbst bestimmend, ist zum Fürsichsein gekommen."[118] Im Potenzverhältnis ist die Einheit, welche Anzahl an ihr selbst ist, zugleich die Anzahl gegen sich als Einheit. „Das Quantum als gleichgültige Bestimmtheit verändert sich; aber insofern diese Veränderung ein Erheben in die Potenz ist, ist dies sein Anderssein rein durch sich selbst begrenzt. – Das Quantum ist so in der Potenz als in sich selbst zurückgekehrt gesetzt; es ist unmittelbar es selbst und auch sein Anderssein."[119]

„Vergleichen wir den Fortgang dieser Realisierung in den bisherigen Verhältnissen, so ist die Qualität des Quantums, als Unterschied seiner von sich selbst gesetzt zu sein, überhaupt dies, Verhältnis zu sein."[120]

C Die Begrifflichkeit des „Maßes"

Zum Begriff und zur Bedeutung des Maßes führt Hegel einleitend u. a. durch Bezugnahme auf die griechische Antike hin. Er bemerkt, daß die Griechen das Bewußtsein hatten, daß **alles ein Maß habe**. Das Schicksal,

---

115 Log. I 280/4.340.
116 Log. I 284/4.345.
117 Log. I 324/4.391.
118 Log. I 331/4.399.
119 Log. I 331/4.400.
120 Log. I 332/4.401.

die Nemesis, habe sich im allgemeinen auf die Bestimmtheit des Maßes eingeschränkt, daß, was sich v e r m e s s e , zu groß, zu hoch mache, auf das andere Extrem der Herabsetzung zur Nichtigkeit reduziert, und damit die Mitte des Maßes hergestellt werde. ,, ,Das Absolute, Gott ist das M a ß aller Dinge', ist nicht stärker pantheistisch als die Definition: , das Absolute, Gott ist das S e i n ', aber unendlich wahrhafter. — Das Maß ist zwar äußerliche Art und Weise, ein Mehr oder Weniger, welches aber zugleich ebenso in sich reflektiert, nicht bloß gleichgültige und äußerliche, sondern an sich seiende Bestimmtheit ist; es ist so d i e k o n k r e t e W a h r h e i t d e s S e i n s ; in dem Maße haben darum die Völker etwas Unantastbares, Heiliges verehrt."[121],[122]

Wie schon ausgeführt, sind in dem Maß Qualität und Quantität vereinigt.

Auch bei der Begrifflichkeit des Maßes haben wir es mit einer Entwicklung zu tun. Hegel bemerkt, die Entwicklung des Maßes sei eine der schwierigsten Materien und bezeichnet seine Darlegung hierzu nur als einen Versuch[123].

Während die Entwicklung der Qualität und die Entwicklung der Quantität eine Höherentwicklung war, ist die Entwicklung des Maßes andersartig. Sie ist einesteils eine realisierende Fortbestimmung des Maßes, andererseits das Herabsetzen desselben zu einem Momente[124].

a Das Maß überhaupt

Den Beginn der Entwicklung der Begrifflichkeit des Maßes stellt die „spezifische Quantität" dar, d. h. ein Quantum, das als Maß ist, das „Maß überhaupt".

Bisher hatten wir die Quantität als unspezifisch, das Quantum als gleichgültige Grenze betrachtet. In dem spezifischen Quantum ist diese Gleichgültigkeit aufgehoben: Die Quantität steht in Beziehung zu den anderen Bestimmtheiten des Etwas. So ist das Maß zuerst ein Quantum, das qualitative Bedeutung hat.

Die hier in der Lehre vom Maß zunächst betrachteten Maßverhältnisse gehören abstrakten Qualitäten wie dem Raume und der Zeit an.

Die Fortbestimmung dieses anfänglichen Quantums, das als Maß ist, ist, daß a n i h m , dem a n s i c h Bestimmten, der Unterschied seiner Momente —

---

121 Log. I 339/4.408, 409.
122 Es zeigt sich hier (und an weiteren Hinweisen und Beispielen Hegels) mit aller Deutlichkeit, daß es ein Mißverständnis ist, wenn gesagt wird, Hegels Lehre vom „Maß" sei eine Mathematik der Natur. Hegel sagt vielmehr umgekehrt — und nur in Rücksicht auf die a b s o l u t e n Maßverhältnisse —, daß die Mathematik der Natur, wenn sie des Namens von Wissenschaft würdig sein wolle, wesentlich Wissenschaft der Maße sein müsse — eine Wissenschaft, für welche empirisch wohl viel, aber eigentlich wissenschaftlich d. i. philosophisch, noch wenig getan sei. (Log. I 353/4.425.)
123 Log. I 340/4.410.
124 Log. I 387/4.465.

nämlich des qualitativen und quantitativen Bestimmtseins — hervortritt. Diese Momente bestimmen sich weiter selbst zu Ganzen des Maßes, welche insofern als S e l b s t ä n d i g e sind[125]. Es ergibt sich als das „Fürsichsein im Maße", „daß das Maß nun auf diese Weise r e a l i s i e r t ist, daß seine beiden Seiten Maße, unterschieden als unmittelbares, äußerliches, und als in sich spezifiziertes sind und es die Einheit derselben ist"[126].

b Das reale Maß

Die zweite Stufe ist das „reale Maß". „Die Maße heißen nun nicht mehr bloß unmittelbare, sondern selbständige, insofern sie an ihnen selbst zu Verhältnissen von Maßen werden, welche spezifiziert sind, so in diesem Fürsichsein etwas, physikalische, zunächst materielle Dinge sind."[127] Gegenstand ist in der zweiten Stufe die Beziehung von Maßen, welche die Qualität unterschiedener selbständiger Dinge ausmachen. Beispiele für solche Bestimmungen materieller Existenzen sind die spezifische Schwere oder die chemischen Eigenschaften von Körpern. (Raum und Zeit sind auch Momente solcher Maße, nun jedoch weiteren Bestimmungen untergeordnet.) Indem die Seiten, welche nun das Maßverhältnis ausmachen, selbst Maße, aber zugleich reelle Etwas sind, sind ihre Maße unmittelbare Maße und, als Verhältnisse an ihnen, direkte Verhältnisse.

Das reale Maß ist zunächst ein selbständiges Maß einer Körperlichkeit, das sich zu anderen verhält und in diesem Verhalten dieselben, sowie damit die selbständige Materialität spezifiziert. (Man denke z. B. wieder an die bestimmte spezifische Schwere, das Verhältnis des Gewichts zum Volumen.) Diese Spezifikation, als ein äußerliches Beziehen zu vielen Anderen überhaupt, ist das Hervorbringen anderer Verhältnisse. Es entsteht eine Reihe von Maßen (also, um in unserem Beispiel zu bleiben, eine Reihe der unterschiedlichen spezifischen Schweren der verschiedenen Materialien). Hier in der Reihe von Maßverhältnissen kehrt die Art und Weise wieder, wie das Quantum als fürsichseiend, nämlich als Grad, gesetzt ist, einfach zu sein, aber die Größebestimmtheit an einem außer ihm seienden Quantum, das ein Kreis von Quantis ist, zu haben. Im Maße aber ist dies Äußerliche nicht bloß ein Quantum und ein Kreis von Quantis, sondern eine Reihe von Verhältniszahlen, und das Ganze derselben ist es, worin das Fürsichbestimmtsein des Maßes liegt[128].

---

125 Log. I 340/4.410.
126 Log. I 357/4.430, 431.
127 Log. I 359/4.433.
128 Log. I 364/4.439.

Die entstehenden direkten Verhältnisse sind **an sich bestimmte und ausschließliche Maße**. Die Verwandtschaft eines Selbständigen zu den Mehreren der anderen Seite ist nicht mehr eine indifferente Beziehung, sondern eine Wahlverwandtschaft. Der Ausdruck Wahlverwandtschaft bezieht sich in erster Linie auf das chemische Verhältnis. „Denn in der chemischen Sphäre hat wesentlich das Materielle seine spezifische Bestimmtheit in der Beziehung auf sein Anderes; es existiert nur als diese Differenz. Diese spezifische Beziehung ist ferner an die Quantität gebunden und ist zugleich nicht nur die Beziehung auf ein einzelnes Anderes, sondern auf eine Reihe solcher ihm gegenüberstehenden Differenten."[129] „Es ist aber nicht nur im Chemischen, daß sich das Spezifische in einem Kreise von Verbindungen darstellt; auch der einzelne Ton hat erst seinen Sinn in dem Verhalten und der Verbindung mit einem andern und mit der Reihe von andern; die Harmonie oder Disharmonie in solchem Kreise von Verbindungen macht seine qualitative Natur aus, welche zugleich auf quantitativen Verhältnissen beruht."[130]

Worin das Prinzip eines Maßes für diejenigen Verwandtschaften liege, welche (chemische oder musikalische oder andere) Wahlverwandtschaften unter und gegen die anderen sind, diese höhere Frage hängt mit dem Spezifischen des eigentlichen Qualitativen aufs engste zusammen und gehört in die besonderen Teile der konkreten Naturwissenschaft[131].

In den Maßverhältnissen tritt als Besonderheit die Knotenlinie auf. Ein reelles Etwas, ein Ding, hat eine Weite der Äußerlichkeit, innerhalb deren es gegen eine Veränderung des Quantums gleichgültig bleibt und seine Qualität nicht ändert. Aber es tritt ein Punkt dieser Änderung des Quantitativen ein, auf welchem die Qualität geändert wird, das Quantum sich als spezifizierend erweist, so daß das veränderte quantitative Verhältnis in ein Maß und damit in eine neue Qualität, ein neues Etwas, umgeschlagen ist. Die neue Qualität oder das neue Etwas ist demselben Fortgange seiner Veränderung unterworfen und so fort ins Unendliche. Wir haben einen **Progreß ins Unendliche** in der Begrifflichkeit des Maßes vor uns.

Hegel führt als Beispiele für solche Knotenlinien von qualitativen Momenten an: das natürliche Zahlensystem, musikalische Verhältnisse, chemische Verbindungen, die Aggregatzustände, Geburt und Tod, moralische Verhältnisse (Umschlagen durch ein Mehr oder Weniger: von Leichtsinn in Verbrechen, von Recht in Unrecht, von Tugend in Laster), Staatsverhältnisse. („Gesetze und Verfassung werden zu etwas anderem, wenn der Umfang des Staats und die Anzahl der Bürger sich erweitert. Der Staat hat ein Maß seiner Größe, über welches

---

129 Log. I 365, 366/4.440.
130 Log. I 366/4.440, 441.
131 Log. I 366/4.441.

hinausgetrieben er haltungslos in sich zerfällt unter derselben Verfassung, welche bei nur anderem Umfange sein Glück und seine Stärke ausmachte."[132]

Das ausschließende Maß — welches die Wahlverwandtschaft aus der Verwandtschaft heraushebt — bleibt selbst mit dem Momente quantitativen Daseins behaftet, darum des Auf- und Absteigens an der Skala des Quantums fähig, auf welcher die Verhältnisse sich ändern. Etwas oder eine Qualität als auf solchem Verhältnisse beruhend, wird über sich hinaus in das M a ß l o s e getrieben und geht durch die bloße Änderung seiner Größe zugrunde[132].

Hegel klärt diesen Begriff des Maßlosen durch dessen Unterschied vom abstrakten Maßlosen. „Das abstrakte Maßlose ist das Quantum überhaupt als in sich besinnungslos und als nur gleichgültige Bestimmtheit, durch welche das Maß nicht verändert wird. In der Knotenlinie der Maße ist sie zugleich als spezifizierend gesetzt; jenes abstrakte Maßlose hebt sich zur qualitativen Bestimmtheit auf; das neue Maßverhältnis, in welches das zuerst vorhandene übergeht, ist ein Maßloses in Rücksicht auf dieses, an ihm selbst aber ebenso eine für sich seiende Qualität; so ist die Abwechslung von spezifischen Existenzen miteinander und derselben ebenso mit bloß quantitativ bleibenden Verhältnissen gesetzt — und so fort ins U n e n d l i c h e . Was also in diesem Übergehen vorhanden ist, ist sowohl die Negation der spezifischen Verhältnisse als die Negation des quantitativen Fortgangs selbst, das fürsichseiende U n e n d l i c h e ."[133]

Diese Unendlichkeit der Spezifikation des Maßes setzt ebensowohl das Qualitative wie das Quantitative als sich ineinander aufhebend, und damit die erste, unmittelbare Einheit derselben, welche das Maß überhaupt ist, als in sich zurückgekehrt und damit selbst als gesetzt[134].

D i e i n i h r e m W e c h s e l d e r M a ß e i n s i c h s e l b s t k o n t i n u i e r e n d e E i n h e i t i s t d i e w a h r h a f t b e s t e h e n b l e i b e n d e , s e l b s t ä n d i g e M a t e r i e , S a c h e [135]. D i e V e r ä n d e r u n g i s t n u r Ä n d e r u n g e i n e s Z u s t a n d e s , u n d d a s Ü b e r g e h e n d e i s t a l s d a r i n d a s s e l b e b l e i b e n d g e s e t z t [136]. D a s M a ß i s t z u e i n e m M o m e n t e h e r a b g e s e t z t [137].

---

132 Log. I 384/4.462.
133 Log. I 384, 385/4.462.
134 Log. I 385/4.463.
135 Log. I 385/4.463.
136 Log. I 386/4.464.

c Die „absolute Indifferenz"

Anschließend an die Lehre von der Begrifflichkeit des Maßes und damit die ganze Lehre von der Begrifflichkeit des „Seins" abschließend, leitet Hegel zum „Werden des Wesens" über.

Hegel handelt hier von der „absoluten Indifferenz". Unter absoluter Indifferenz ist die Negation aller Bestimmtheiten des Seins, also der Qualität, der Quantität und deren zunächst unmittelbarer Einheit, des Maßes, zu verstehen[138]. (Für die abstrakte Gleichgültigkeit wird der Ausdruck Indifferenz gebraucht, da sie für sich als Sein gedacht werden soll[139].) Die Lehre vom Maße endete damit, daß die Maßverhältnisse nur als Knoten eines und desselben Substrates bestimmt und die Maße damit zu Zuständen herabgesetzt waren. Nun ist die B e s t i m m t h e i t a n i h r nur noch als Zustand, d. i. als ein qualitatives Äußerliches, das die Indifferenz zum Substrate hat[140].

Der Abschnitt über das Werden des Wesens handelt von der Entwicklung des Gesetztseins der Indifferenz, davon, wie diese Bestimmung der Indifferenz an ihr selbst und sie damit als fürsichseiend gesetzt ist[141]. In der Entwicklung der Indifferenz ergibt sich, daß der Unterschied von quantitativer oder qualitativer Bestimmung auseinanderfällt. Beide Bestimmungen standen früher bei dem Maß in einem formellen Verhältnis. Nun stehen beide in einem Verhältnis von Faktoren zueinander, welches sich von dem formellen dadurch unterscheidet, daß hier das Ganze ein reales Substrat ist, und jede der beiden Seiten gesetzt ist, selbst a n s i c h dies Ganze sein zu sollen[142].

Das Substrat ist die Einheit beider Faktoren. „Diese Einheit so gesetzt als die Totalität des Bestimmens, wie sie selbst darin als Indifferenz bestimmt ist, ist der allseitige Widerspruch; sie ist somit so zu s e t z e n , als dieser sich selbst aufhebende Widerspruch zur fürsichseienden Selbständigkeit bestimmt zu sein, welche die nicht mehr nur indifferente, sondern die in ihr selbst immanent negative absolute Einheit zum Resultate und Wahrheit hat, welche das W e s e n ist."[143]

---

137 Log. I 387/4.465.
138 Log. I 388/4.466.
139 Log. I 387/4.466.
140 Log. I 388/4.466.
141 Log. I 388/4.467.
142 Log. I 389/4.468.
143 Log. I 392/4.471.

II DER GESETZTE BEGRIFF
(Die Logik des „Wesens")

„Das Wesen ist der Begriff als
ge s e t z t e r Begriff"
Enz. § 112

Hegel hat das erste, 1812 erschienene, Buch seiner „Logik", welches die Lehre vom „Sein" enthält, im Jahre 1831 überarbeitet erscheinen lassen, während er zu einer Überarbeitung des zweiten, 1813 erschienenen, Buches, der Lehre vom „Wesen" und der Lehre vom „Begriff", nicht mehr gekommen ist. Es ist deshalb angebracht, bei dem Studium der Lehre Hegels vom „Wesen" und der Lehre vom „Begriff", die betreffenden Abschnitte seiner im Jahre 1830 in der dritten Ausgabe erschienenen „Enzyklopädie der philosophischen Wissenschaften" zu vergleichen. Die „Enzyklopädie" wird aus diesem Grunde folgend öfter als bei der Betrachtung der Lehre vom „Sein" zitiert.

* * *

Hegel bemerkt über den Gegenstand der Lehre von der Entwicklung des Wesens: „Dieser (der schwerste) Teil der Logik enthält vornehmlich die Kategorien der Metaphysik und der Wissenschaften überhaupt."[1] Er handelt nämlich von dem, was über die sinnliche Natur hinausgeht.

Wie wir schon ausgeführt haben, stellt die objektive Logik zwar einerseits eine fortlaufende, aufsteigende Entwicklung der Begrifflichkeit dar, hat jedoch andererseits die Entwicklung des „Seins" und die Entwicklung des „Wesens" je einen Anfang und stehen insoweit beide Entwicklungen parallel nebeneinander.

In dieser letzteren Hinsicht ist über die folgend zu behandelnde Lehre Hegels von der Begrifflichkeit des „Wesens" vorweg zu sagen, **daß sich die in der Lehre vom „Sein" betrachtete Entwicklung der Begrifflichkeit hier wiederholt — mit dem Unterschied, daß es sich hier nicht um die Entwicklung des nur an sich seienden Begriffs, sondern um die Entwicklung des gesetzten Begriffes handelt**[2]. **Auch der Widerspruch, der in der Sphäre des „Seins" nur**

---

[1] Enz. § 114.

[2] Dies zeigt sich auch in einer Parallelität der einzelnen Begriffe. „Es kommen in der Entwicklung des Wesens, weil der e i n e Begriff in allem das Substantielle ist, dieselben Bestimmungen vor als in der Entwicklung des Seins, aber in r e f l e k t i e r t e r Form. Also statt des S e i n s und N i c h t s treten jetzt die Formen des P o s i t i v e n und N e g a t i v e n ein, jenes zunächst dem gegensatzlosen Sein als I d e n t i t ä t entsprechend, dieses entwickelt (in sich scheinend) als der U n t e r s c h i e d ; — so ferner das W e r d e n als G r u n d sogleich selbst des D a s e i n s, das als auf den Grund reflektiert, E x i s t e n z ist usf." Enz. § 114.

an sich war, ist in der Sphäre des „Wesens" gesetzter Widerspruch³.

Neben diesem Unterschied zwischen der Lehre vom „Sein" und der Lehre vom „Wesen" besteht ein zweiter Unterschied. **Die Lehre vom „Sein" handelt von einer Beziehung auf anderes, die Lehre vom „Wesen" handelt von einer Beziehung auf sich**⁴. Die Bestimmtheit des Seins ist unmittelbare Beziehung auf anderes überhaupt. Das Wesen ist sich auf sich Beziehendes. Die Lehre vom „Sein" handelt vom Sein im engeren Sinne und Nichts. Die Lehre vom „Wesen" handelt vom Wesen im engeren Sinne und Schein – „Allein der Schein ist das eigene Setzen des Wesens"⁵. „In dem Werden des Seins liegt der Bestimmtheit das Sein zugrunde, und sie ist Beziehung auf **anderes**."⁶ „Das Wesen ist Reflexion, die Bewegung des Werdens und Übergehens, das in sich selbst bleibt."⁷ Wie in der Lehre vom „Sein" gibt es auch in der Lehre vom „Wesen" ein Anderssein, aber das Andere des Wesens, der Schein, ist, wie bemerkt, sein **eigener** Schein, **sein eigenes Anderes**. „Der Schein im Wesen ist nicht der Schein eines Andern, sondern er ist **der Schein an sich, der Schein des Wesens selbst**."⁸ „Das Anderssein ist hier nicht mehr das **qualitative**, die Bestimmtheit, Grenze; sondern als im Wesen, dem sich auf sich beziehenden, ist die Negation zugleich als Beziehung: **Unterschied, Gesetztsein, Vermitteltsein**."⁹ Entsprechend ist die Bewegung des Wesens **Abstoßen seiner von sich selbst**¹⁰. Diese Beziehung

---

3 Log. II 58/4.546; Enz. § 114.
4 Enz. § 115.
5 Log. II 7/4.485.
6 Log. II 13/4.493.
7 Log. II 13/4.492.
8 Log. II 11/4.490.
9 Enz. § 116.
10 „Das absolute Wesen ... muß zum Dasein übergehen; denn es ist **An-und-Fürsichsein**, d. h. es **unterscheidet** die Bestimmungen, welches es **an sich** enthält; weil es Abstoßen seiner von sich oder Gleichgültigkeit gegen sich, **negative** Beziehung auf sich ist, setzt es sich somit sich selbst gegenüber und ist nur insofern unendliches Fürsichsein, als es die Einheit mit sich in diesem seinem Unterschiede von sich ist." Log. II 4, 5/4.483. „Die reflektierende Bewegung ist ... als **absoluter Gegenstoß** in sich selbst zu nehmen." Log. II 16/4.496. „Die Reflexionsbestimmung ... erhält ihre wahrhafte Bedeutung, der absolute Gegenstoß ihrer in sich selbst zu sein ..." Log. II 63/4.552. „Das Ding-an-sich steht in Beziehung auf eine ihm äußerliche Reflexion, worin es mannigfaltige Bestimmungen hat; es ist dies das Abstoßen seiner von sich selbst in ein anderes Ding-an-sich; dies Abstoßen ist der Gegenstoß seiner in sich selbst, indem jedes nur ein Anderes ist als sich aus dem Andern wiederscheinend." Log. II 108/4.606. „Die an und für sich seiende Welt ist die Totalität der Existenz; ... Sie enthält den Gegensatz und stößt sich ab in sich als die wesentliche Welt und in sich als die Welt des Andersseins oder die Welt der Erscheinung." Log. II 132/4.634. „Die Kraft ist so der sich von sich selbst abstoßende Widerspruch; sie ist **tätig**." Log. II 146/4.-650. – Auch in der subjektiven Logik gibt es ein Abstoßen, so beim Zweck: Der Begriff stößt sich von sich selbst ab. Log. II 393/5.220.

des Wesens zu seinem eigenen Anderen, dieses Sich-selbst-Gegenübersetzen des Wesens zieht sich durch die ganze Lehre vom Wesen hin, z. B. als Wesen — Schein, Ding-an-sich — äußerliche Existenz, wesentliche Welt — Welt der Erscheinung, Kraft — ihre Äußerung, Substanz — Akzidenzien, aktive Substanz — passive Substanz, Ursache — Wirkung. Hegel kommt hierbei schließlich zu der Aussage: Die Substanz ist „das S e i n , das ist, w e i l es ist, das Sein als die absolute Vermittlung seiner mit sich selbst".[11]

* *
*

In der Lehre vom „Wesen" behandelt Hegel die aufsteigende Begriffsfolge: In sich scheinendes Wesen — erscheinendes Wesen — wirklichseiendes Wesen. Das in sich scheinende Wesen ist noch Nichts. Das erscheinende Wesen existiert, jedoch ist das Wesen hier von seiner Erscheinung — noch — getrennt. Das wirklichseiende Wesen ist existierendes Wesen, bei dem das Wesen seine Erscheinung durchdringt und mit ihr eine Einheit bildet.

A Das „in sich scheinende Wesen"

Der Schein

Es ist zunächst davon zu sprechen, daß die Lehre vom „Wesen" im Unterschied zur Lehre vom „Sein" nicht vom Begriff an sich, sondern vom g e - s e t z t e n Begriff handelt; d. h. es ist von diesem S e t z e n zu sprechen.

Was unter diesem Unterschied und diesem Setzen zu verstehen ist, ergibt sich bereits aus einem kurzen Satz Hegels: „Das Scheinen ist die Bestimmung, wodurch das Wesen nicht Sein, sondern Wesen ist."[12] D i e L e h r e v o m „W e s e n " h a n d e l t a l s o v o m S c h e i n e n.

Hegel spricht jedoch vornehmlich statt von Scheinen von Reflexion. „Der Schein ist dasselbe, was die R e f l e x i o n ist; aber er ist die Reflexion als u n m i t t e l b a r e ; für den in sich gegangenen, hiemit seiner Unmittelbarkeit entfremdeten Schein haben wir das Wort der fremden Sprache, die R e - f l e x i o n . Das Wesen ist Reflexion, die Bewegung des Werdens und Übergehens, das in sich selbst bleibt, worin das Unterschiedene schlechthin nur als das an sich Negative, als Schein bestimmt ist."[13]

11 Log. II 185/4.697.
12 Enz § 131.
13 Log. II 13/4.492, 493.

Es kommt deshalb für das Verständnis der Hegelschen Lehre vom „Wesen" vor allem darauf an, darüber Klarheit zu gewinnen, was Hegel hier unter Reflexion versteht.

„Die Reflexion wird gewöhnlicherweise im subjektiven Sinne genommen als die Bewegung der Urteilskraft, die über eine gegebene unmittelbare Vorstellung hinausgeht und allgemeine Bestimmungen für dieselbe sucht oder damit vergleicht."[14] „Es ist aber hier nicht weder von der Reflexion des Bewußtseins, noch von der bestimmteren Reflexion des Verstandes, die das Besondere und Allgemeine zu ihren Bestimmungen hat, sondern von der Reflexion überhaupt die Rede."[15]

Was ist nun diese Reflexion?

Das Wort Reflexion = Rückbeugung sagt als solches nichts darüber aus, was zurückgebeugt wird. In erster Linie denken wir bei dem Wort Reflexion wohl daran, daß ein von einer Lichtquelle ausgehender Lichtschein zurückgeworfen wird. In vergleichbarem Sinne kann zum Verständnis des Hegelschen Begriffs der Reflexion zunächst an die Zurückbeugung eines von einer Lichtquelle ausgehenden Lichtscheins als Beispiel einer Reflexion gedacht werden. – Das Beispiel des Lichtscheins ist jedoch sehr unvollkommen. Die Kerze verzehrt ihre Materie, indem sie scheint. Bei der Hegelschen Reflexion handelt es sich hingegen um ein Scheinen, welches der Materie selbst gleichzusetzen ist. D e r S c h e i n , u m d e s s e n Z u r ü c k b e u g u n g e s b e i d e r H e g e l s c h e n R e f l e x i o n g e h t , i s t i n d e m S i n n e z u b e g r e i f e n , i n d e m d a s W o r t „ S c h e i n " i n d e m W o r t „ E r s c h e i n u n g " (die „Erscheinung" einer Pflanze im Unterschied zu ihrer Idee, ihrem Wesen) e n t h a l t e n i s t . – Zum weiteren Verständnis des Begriffs der Reflexion in der Hegelschen Lehre vom „Wesen" ist an den allgemeinen philosophischen Begriff der Reflexion zu denken, nämlich an die Zurücklenkung der Aufmerksamkeit von den Gegenständen der Außenwelt auf die Bewußtseinstätigkeit, auf das denkende Subjekt. Handelt es sich bei der physikalischen Reflexion um die Zurückbeugung von Etwas durch ein Anderes, so haben wir hier eine R ü c k b e u g u n g e i n e s E t w a s i n s i c h vor uns. Hierbei ist weiter an folgendes zu denken: Bei der Zuwendung des Bewußtseins auf die äußeren Gegenstände erfährt das Subjekt deren unmittelbares, äußeres Sein. Bei der logischen Reflexion erfaßt das Subjekt hingegen in den bei ihr gebildeten Begriffen das Wesen der Gegenstände. Ebenso ist die objektive Reflexion R ü c k b e u g u n g d e s W e s e n s i n s i c h .

Das Setzen dessen, was an sich ist – der Gegenstand der Lehre vom „Wesen" – ist kein statisches Setzen, sondern als Reflexion B e w e g u n g . Die

---

14 Log. II 18/4.499.
15 Log. II 19/4.499.

84

Reflexion in sich ist nur die Bewegung des Nichts durch nichts zu sich selbst zurück[16]. Der Grund ist – hingegen – das durch s e i n N i c h t s e i n in sich zurückkehrende Wesen[17]. – ,,Die Reflexion ist also die Bewegung, die, indem sie die Rückkehr ist, erst darin das ist, das anfängt oder das zurückkehrt."[18] Hegel bildet im Hinblick auf dieses Anfangen und dieses Zurückkehren die Begriffe ,,setzende Reflexion" und ,,äußere Reflexion". Die Reflexion ist Setzen, insofern sie die Unmittelbarkeit als ein Rückkehren ist. So ist sie Voraussetzen[19]. Die Reflexion ist äußere als daß sie eine Voraussetzung hat, das Unmittelbare, daß sie von dem Unmittelbaren als ihrem Anderen anfängt[20]. Diese Bewegung vollzieht sich im Wesen selbst. Wir zitierten bereits: ,,Das Wesen ist Reflexion, die Bewegung des Werdens und Übergehens, das in sich selbst bleibt."[21] – Die Reflexion ist V e r m i t t l u n g des Wesens mit sich selbst. Die Reflexion ist die r e i n e Vermittlung überhaupt, der Grund ist die r e a l e Vermittlung des Wesens mit sich[22]. – Dieser Bewegung des Wesens in sich selbst oder dieser Vermittlung des Wesens mit sich selbst begegnen wir in der ganzen Lehre vom ,,Wesen", im Bereich der ,,Erscheinung" im Rahmen des ,,wesentlichen Verhältnisses" und im Bereich der ,,Wirklichkeit" im Rahmen des ,,absoluten Verhältnisses". Wir kommen auf den Satz aus der Einleitung der Lehre vom ,,Wesen" zurück: ,,Das Wesen . . . ist das, was es ist, . . . durch seine eigene, die unendliche Bewegung des Seins."[23]

Dem weiteren Verständnis der Reflexion mag ein vorausschauender Blick auf die Entwicklung des ,,Wesens" dienlich sein:

Im Verlaufe der Entwicklung des ,,Wesens" entsteht dadurch, daß die Reflexion sich selbst aufhebt, die in das Anderssein reflektierte Welt[24],[25]. ,,Die Reflexionsbestimmung, indem sie zugrunde geht, erhält ihre wahrhafte Bedeutung, der absolute Gegenstoß ihrer in sich selbst zu sein, nämlich daß das Ge-

---

16 Log. II 13/4.493; 64/4.553.
17 Log. II 64/4.553.
18 Log. II 15/4.495.
19 Log. II 15/4.495.
20 Log. II 14, 16/4.493, 494, 497.
21 Log. II 13/4.492, 493.
22 Log. II 64/4.553.
23 Log. II 4/4.482.
24 vgl. Log. II 101/4.597.
25 Der Ausdruck ,,in das Anderssein reflektierte Welt" wird verwundern, da diese Welt ja durch die Aufhebung der Reflexion entstanden ist, so daß man meinen könnte, von Reflexion könne jetzt nicht mehr die Rede sein. Es ist aber eine Reflexion als Bestimmung des Ganzen gegeben, da das Wesen, wie wir gleich sehen werden, als Grund durch sein Nichtsein in sich zurückkehrt. Da neben der Reflexion in das Anderssein auch die Reflexion in sich fortbesteht, haben wir hier in der Lehre vom ,,Wesen" in reflektierter Form ein entsprechendes Verhältnis, wie wir es in der Lehre vom ,,Sein" beim ,,Dasein" wie folgt vor uns hatten: ,,Dies Resultat ist das Verschwundensein, aber nicht als N i c h t s ; so wäre es nur ein Rückfall in die eine der schon aufgehobenen Bestimmungen, nicht Resultat des Nichts u n d d e s S e i n s . Es ist die zur ruhigen Einfachheit gewordene Einheit des Seins und Nichts. Die ruhige Einfachheit aber ist S e i n , jedoch ebenso, nicht mehr für sich, sondern als Bestimmung des Ganzen." Log. I 93/4.119, 120.

setztsein, das dem Wesen zukommt, nur als aufgehobenes Gesetztsein ist, und umgekehrt, daß nur das sich aufhebende Gesetztsein das Gesetztsein des Wesen ist."[26] „Als **Grund** also **setzt es sich als Wesen**, und daß es sich als Wesen setzt, darin besteht sein Bestimmen. Dies Setzen ist die Reflexion des Wesens, die in ihrem **Bestimmen** sich selbst **aufhebt**, nach jener Seite **Setzen**, nach dieser **das Setzen des Wesens**."[27] „Der Grund dagegen ist die reale Vermittlung, weil er die Reflexion als aufgehobene Reflexion enthält; er ist das **durch sein Nichtsein in sich zurückkehrende und sich setzende Wesen**. Nach diesem Momente der aufgehobenen Reflexion erhält das Gesetzte die Bestimmung der **Unmittelbarkeit**..."[28]

Der in das Anderssein reflektierten Welt der Erscheinung steht zunächst, in der Stufe der „Erscheinung", die in sich reflektierte, an sich seiende, Welt gegenüber. In der anschließenden Stufe der „Wirklichkeit" ist dann eine vollkommene Vereinigung und Durchdringung der Reflexion in das Anderssein und der Reflexion in sich gegeben.

* *
*

In der ersten Stufe der Entwicklung der Begrifflichkeit des „Wesens" ist das Wesen „reine Reflexion"[29].

Hegel sagt: „Das Wesen **scheint** zuerst **in sich selbst** oder ist **Reflexion**; zweitens **erscheint** es."[30] **Unter dem Wesen, das in sich selbst scheint**, ist also das **noch nicht erscheinende Wesen zu verstehen** (und nicht etwa die dem gesetzten Begriff im Unterschied zum an sich seienden Begriff eigentümliche Beziehung auf sich, daß der Schein das eigene Setzen des Wesens ist, in welchem Sinne Hegel sagt: „Das Wesen ist hiermit das Sein als **Scheinen in sich selbst**." Enz. § 117).

Dieses in sich scheinende Wesen, das „Wesen" in der ersten Stufe seiner begrifflichen Entwicklung, ist noch Nichts[31]. „ ... man kann eigentlich nicht

---

26 Log. II 63/4.552.
27 Log. II 64/4.552, 553.
28 Log. II 64/4.553.
29 Enz. § 115.
30 Log. II 6/4.484.
31 Außer diesem am Beginn der begrifflichen Entwicklung des „Wesens" stehenden in sich scheinenden Wesens, welches Nichts ist, gibt es auch den Begriff eines in sich scheinenden Wesens, welches real ist. Hegel weist an anderer Stelle auf die orientalischen Emanationslehren hin, die das Absolute als sich selbst erleuchtendes Licht auffassen, ferner als besonderes Beispiel einer Reflexion in sich auf die leibnizische Monade. Log. II 167, 168/4.675, 676.

sagen, ... das W e s e n scheint in sich, weil es nicht v o r oder i n seiner Bewegung ist und diese keine Grundlage hat, an der sie sich verläuft. Ein Bezogenes tritt erst im Grund nach dem Momente der aufgehobenen Reflexion hervor."[32] Erst das Wesen, das e r s c h e i n t , ist r e a l e r Schein[33]. In einer Gegenüberstellung von r e i n e r Vermittlung und r e a l e r Vermittlung sagt Hegel: „Jene die Bewegung des Nichts durch nichts zu sich selbst zurück, ist das Scheinen s e i n e r in einem A n d e r e n ; aber weil der Gegensatz in dieser Reflexion noch keine Selbständigkeit hat, so ist weder jenes Erste, das Scheinende, ein Positives, noch das A n d e r e , indem es scheint, ein Negatives. Beide sind Substrate, eigentlich nur der Einbildungskraft; sie sind noch nicht auf sich selbst Beziehende. Die reine Vermittlung ist nur r e i n e B e - z i e h u n g , ohne Bezogene ... Der Grund dagegen ist die reale Vermittlung ..."[34] Das Wesen bestimmt sich erst als Grund real[35].

Dieses in sich scheinende Wesen, welches am Anfang der Lehre vom „Wesen" steht, ist, wie wir in Anlehnung an die vorstehenden Ausführungen Hegels sagen können, ein „Substrat eigentlich nur der Einbildungskraft", ist nicht real. Dem „ r e i n e n Sein" in der Lehre vom an sich seienden Begriff entspricht in der Lehre vom gesetzten Begriff die „ r e i n e Reflexion". Beides, das reine Sein und die reine Reflexion, ist Nichts, nicht mehr noch weniger als Nichts[36].

Die Wesenheiten oder die Reflexionsbestimmungen

Das Wesen ist bestimmtes Wesen[37]. Wir haben gesehen, daß Hegel in der Lehre vom „Sein" von der Bestimmtheit handelt. Hier in der Lehre vom „Wesen" haben wir es mit Bestimmtheiten zu tun, welche Beziehungen an sich selbst sind, Reflexionsbestimmungen[38]. Die Bestimmungen des Wesens, die Reflexionsbestimmungen oder Wesenheiten, unterscheiden sich von der Bestimmtheit des Seins dadurch, daß diese unmittelbare Beziehung auf anderes überhaupt ist, während sie sich auf sich beziehen und damit der Bestimmtheit gegen anderes zugleich entnommene Bestimmungen sind[39].

---

32 Log. II 67/4.557.
33 Log. II 123/4.623.
34 Log. II 64/4.552, 553.
35 Log. II 101/4.597.
36 Es sei hier daran erinnert, daß auch die Lehre vom für sich seienden Begriff mit einer nicht realen Stufe beginnt, dem formellen Begriff, auf welche erst die Stufe des reellen Begriffes folgt. Log. II 236/5.33.
37 Log. II 23/4.504.
38 Log. II 24/4.506.
39 Log. II 24/4.506.

(Hegels Ausführungen dazu, was er unter „Reflexionsbestimmungen" versteht, betreffen jedoch weniger diesen Unterschied der Reflexionsbestimmungen zur Bestimmtheit des Seins als die Unterschiedenheit seiner Vernunftbegriffe der Reflexionsbestimmungen von den üblichen Verstandesbegriffen der Reflexionsbestimmungen.)

Die Reflexionsbestimmungen — worunter also die jeweiligen Vernunftbegriffe zu verstehen sind — sind die Identität, die Verschiedenheit, die Entgegensetzung und der Widerspruch. Hegel spricht aber statt von Verschiedenheit und Gegensatz hauptsächlich von Unterschied. Der äußere oder gleichgültige Unterschied ist die Verschiedenheit überhaupt. Als entgegengesetzte Verschiedenheit oder Gegensatz ist der Unterschied vollendet[40]. **Die ersten beiden Reflexionsbestimmungen sind hiernach die Identität und der Unterschied. Die Identität ist die Bestimmung des Wesens, nach der es vielmehr Bestimmungslosigkeit ist. Die eigentliche Bestimmung des Wesens ist der Unterschied**[41].

Hegel sagt in einer Zusammenfassung der Folge der Reflexionsbestimmungen: die Identität, die Verschiedenheit und die Entgegensetzung **gehen in eine Reflexionsbestimmung über, die ihre Wahrheit ist: den Widerspruch**[42].

Dieser Weg der Reflexionsbestimmungen zum Widerspruch ist eine Entwicklung des Verhältnisses von Identität und Unterschied. Identität und Unterschied sind die Momente des „Unterschiedes überhaupt", des „ganzen an und für sich seienden Unterschiedes", denn der Unterschied als einfacher ist kein Unterschied; er ist dies erst in Beziehung auf die Identität[43]. In der Verschiedenheit fallen diese Momente gleichgültig auseinander[44]. Im Gegensatz sind sie selbständige Reflexionsbestimmungen[44]. Die eine ist das Positive, die andere das Negative. „Das Positive und Negative aber sind der **gesetzte** Widerspruch"[45], weil sie als negative Einheiten selbst das Setzen ihrer, und darin jedes

---

40 Log. II 40/4.525.
41 Log. II 23/4.505.
42 Log. II 58/4.545.
43 Log. II 33/4.516; Enz. § 120.
44 Log. II 48, 49/4.535, 536.
45 Es sei hier auf die Lehre vom „Sein" Bezug genommen und daran erinnert, daß das Positive das gesetzte, reflektierte **Sein**, das Negative das gesetzte, reflektierte **Nichts** ist. (Log. I 69, 70/4.-91.) Wir haben bei einer Vergleichung des an sich seienden Widerspruchs und des gesetzten Widerspruchs also ein Beispiel dafür vor uns, daß, weil in allem der **eine** Begriff das Substantielle ist, in der Entwicklung des „Wesens" dieselben Bestimmungen vorkommen wie in der Entwicklung des „Seins", aber in reflektierter Form (Enz. § 114). Kennzeichnend für die Auffassung Hegels ist, daß er beispielsweise von dem Widerspruch spricht, „wie er in der Sphäre des Seins sich zeigt" (Log. II 59/4.546).

das Aufheben seiner und das Setzen seines Gegenteils ist."⁴⁴ Hegel bezeichnet es als eine der wichtigsten Erkenntnisse, die Natur der betrachteten Reflexionsbestimmungen, des Positiven und des Negativen, einzusehen und festzuhalten, daß ihre Wahrheit nur in ihrer Beziehung aufeinander und damit darin besteht, daß jede in ihrem Begriffe selbst die andere enthält; ohne diese Erkenntnis lasse sich eigentlich kein Schritt in der Philosophie tun[46].

Der gesetzte Widerspruch kann in einem Satz gefaßt werden: „**A l l e D i n g e s i n d a n s i c h s e l b s t w i d e r s p r e c h e n d .**"[47] Dieser Satz drückt die Wahrheit und das Wesen der Dinge aus[47].

„Es ist aber eines der Grundvorurteile der bisherigen Logik und des gewöhnlichen Vorstellens, als ob der Widerspruch nicht eine so wesenhafte und immanente Bestimmung sei als die Identität; ja wenn von Rangordnung die Rede und beide Bestimmungen als getrennte festzuhalten wären, so wäre der Widerspruch für das Tiefere und Wesenhaftere zu nehmen. Denn die Identität ihm gegenüber ist nur die Bestimmung des einfachen Unmittelbaren des toten Seins; er aber ist die Wurzel aller Bewegung und Lebendigkeit; nur insofern etwas in sich selbst einen Widerspruch hat, bewegt es sich, hat Trieb und Tätigkeit."[48]

„Die gemeine Erfahrung aber spricht es selbst aus, daß es wenigstens **e i n e M e n g e** widersprechender Dinge, widersprechender Einrichtungen usf. **g e b e**, deren Widerspruch nicht bloß in einer äußerlichen Reflexion, sondern in ihnen selbst vorhanden ist. Er ist aber ferner nicht bloß als eine Abnormität zu nehmen, die nur hier und da vorkäme, sondern ist das Negative in seiner wesenhaften Bestimmung, das Prinzip aller Selbstbewegung, die in nichts weiter besteht, als in einer Darstellung desselben. Die äußerliche sinnliche Bewegung selbst ist sein unmittelbares Dasein. Es bewegt sich etwas nur, nicht indem es in diesem Jetzt hier ist und in einem andern Jetzt dort, sondern indem es in einem und demselben Jetzt hier und nicht hier, indem es in in diesem Hier zugleich ist und nicht ist. Man muß den alten Dialektikern die Widersprüche zugeben, die sie in der Bewegung aufzeigen; aber daraus folgt nicht, daß darum die Bewegung nicht ist, sondern vielmehr, daß die Bewegung der **d a s e i e n d e** Widerspruch selbst ist.

Ebenso ist die innere, die eigentliche Selbstbewegung, **d e r T r i e b** überhaupt (Appetit oder Nisus der Monade, die Entelechie des absolut einfachen Wesens) nichts anderes, als daß etwas **i n s i c h s e l b s t , u n d d e r M a n g e l , d a s N e g a t i v e s e i n e r s e l b s t** , in einer und derselben Rücksicht ist. Die abstrakte Identität mit sich ist noch keine Lebendigkeit, sondern daß das Positive an sich selbst die Negativität ist, dadurch geht es außer sich und setzt

---

46 Log. II 56/4.544.
47 Log. II 58/4.545.
48 Log. II 58/4.546.

sich in Veränderung. Etwas ist also lebendig, nur insofern es den Widerspruch in sich enthält, und zwar diese Kraft ist, den Widerspruch in sich zu fassen und auszuhalten. Wenn aber ein Existierendes nicht in seiner positiven Bestimmung zugleich über seine negative überzugreifen und eine in der andern festzuhalten, den Widerspruch nicht in ihm selbst zu haben vermag, so ist es nicht die lebendige Einheit selbst, nicht Grund, sondern geht in dem Widerspruche zugrunde."[49]

„Es ist überhaupt aus der Betrachtung der Natur des Widerspruchs hervorgegangen, daß es für sich noch, sozusagen, kein Schaden, Mangel oder Fehler einer Sache ist, wenn an ihr ein Widerspruch aufgezeigt werden kann. Vielmehr jede Bestimmung, jedes Konkrete, jeder Begriff ist wesentlich eine Einheit unterschiedener und unterscheidbarer Momente, die durch den b e s t i m m t e n , w e s e n t l i c h e n U n t e r s c h i e d in widersprechende übergehen. Dieses Widersprechende löst sich allerdings in nichts auf, es geht in seine negative Einheit zurück. Das Ding, das Subjekt, der Begriff ist nun eben diese negative Einheit selbst; es ist ein an sich selbst Widersprechendes, aber ebensosehr der a u f g e l ö s t e W i d e r s p r u c h : es ist der G r u n d , der seine Bestimmungen enthält und trägt. Das Ding, das Subjekt, oder der Begriff ist als in seiner Sphäre in sich reflektiert sein aufgelöster Widerspruch, aber seine ganze Sphäre ist auch wieder eine b e s t i m m t e , v e r s c h i e d e n e ; so ist sie eine endliche, und dies heißt eine w i d e r s p r e c h e n d e . Von diesem höheren Widerspruche ist nicht sie selbst die Auflösung, sondern hat eine höhere Sphäre zu ihrer negativen Einheit, zu ihrem Grunde. Die endlichen Dinge in ihrer gleich gültigen Mannigfaltigkeit sind daher überhaupt dies, widersprechend an sich selbst, i n s i c h g e b r o c h e n z u s e i n u n d i n i h r e n G r u n d z u r ü c k z u g e h e n ."[50]

Der Widerspruch löst sich auf. — „Das Positive und Negative machen das G e s e t z t s e i n der Selbständigkeit aus; die Negation ihrer durch sie selbst hebt das G e s e t z t s e i n der Selbständigkeit auf. Dies ist es, was in Wahrheit im Widerspruche zugrund geht."[51] Der Gegensatz geht hierbei nicht nur z u g r u n d e , sondern i n s e i n e n G r u n d zurück[52]. Die zunächst selbständigen B e s t i m m u n g e n , das Positive und Negative, werden zu solchen herabgesetzt, welche n u r B e s t i m m u n g e n sind; und indem so das Gesetztsein zum Gesetztsein gemacht wird, ist es überhaupt in seine Einheit mit sich zurückgekehrt; es ist das e i n f a c h e W e s e n , aber das Wesen als G r u n d [52]. „Der aufgelöste Widerspruch ist also der Grund, das Wesen als Einheit des Positiven und Negativen."[53],[54]

49 Log. II 59/4.546, 547.   52 Log. II 52/4.539.
50 Log. II 61, 62/4.550.   53 Log. II 53/4.540.
51 Log. II 51/4.537, 538.
54 Während Hegel dem g e s e t z t e n Widerspruch hier in seiner „Logik" eine sehr große Bedeutung

Der Grund

„ D a s   W e s e n   b e s t i m m t   s i c h   s e l b s t   a l s   G r u n d ."[55] Das Wesen ist selbst nur als Grund seines Daseins[56].

Der Grund ist selbst eine der Reflexionsbestimmungen des Wesens, aber die letzte, vielmehr nur die Bestimmung, daß sie aufgehobene Bestimmung ist. Wir zitierten bereits: „Die Reflexionsbestimmung, indem sie zugrunde geht, erhält ihre wahrhafte Bedeutung, der absolute Gegenstoß ihrer in sich selbst zu sein, nämlich daß das Gesetztsein, das dem Wesen zukommt, nur als aufgehobenes Gesetztsein ist, und umgekehrt, daß nur das sich aufhebende Gesetztsein das Gesetztsein des Wesens ist."[57] „ A l s   G r u n d   also   s e t z t   es sich   a l s   W e s e n , und daß es sich als Wesen setzt, darin besteht sein Bestimmen."[58]

Die Reflexion, mit der wir es bei dem in sich scheinenden Wesen zu tun hatten, war die r e i n e Vermittlung überhaupt, der Grund, den wir nun betrachten, ist hingegen die r e a l e Vermittlung des Wesens mit sich[59]. Der Grund ist die reale Vermittlung, weil er die Reflexion als aufgehobene Reflexion enthält. Er ist das durch sein Nichtsein in sich zurückkehrende und sich setzende Wesen. (War die Reflexion in sich Rückkehr durch N i c h t s , so handelt es sich hier um eine Rückkehr durch N i c h t s e i n .) Nach diesem Momente der aufgehobenen Reflexion erhält das Gesetzte die Bestimmung der U n m i t t e l b a r k e i t , eines solchen, daß außer der Beziehung oder seinem Scheine identisch mit sich ist[59].

Hegel weist demgegenüber auf das völlig andersartige Angeben von Gründen durch die Wissenschaften, vornehmlich die physikalischen, hin, bei dem es sich um bloße Tautologien handele. Wenn z. B. als Grund dafür, daß sich die Planeten um die Sonne bewegen, die anziehende Kraft der Erde und Sonne gegeneinander angegeben werde, so sei damit dem Inhalt nach nichts anderes ausgesprochen, als was das Phänomen, nämlich die Beziehung dieser Körper aufeinander in ihrer Bewegung, enthalte, nur in der Form von in sich reflektierter Bestimmung, von Kraft. „Im gewöhnlichen Leben gelten diese Ätiologien, auf welche die Wissenschaften das Privilegium haben, für das, was sie sind, für ein tautologisches, leeres Gerede. Wenn auf die Frage, warum dieser Mensch in die

---

beimißt, erwähnt er ihn in der dritten Auflage seiner „Enzyklopädie" nur beiläufig. In der Tat ist ja auch der g e s e t z t e Widerspruch ebenso wie der a n   s i c h   s e i e n d e Widerspruch nur ein reiner Begriff des Seienden, ein Gegenstand der objektiven Logik. Wenn die Logik auch sagt, daß alle Dinge sich selbst widersprechend sind, so führt dieser Widerspruch bei einem Stein weder dazu, daß er zugrunde geht, noch daß er zum Grunde wird.

55 Log. II 63/4.551.
56 Prop. III 2.§ 42.
57 Log. II 63/4.552.
58 Log. II 64/4.552.
59 Log. II 64/4.553.

Stadt reise, der Grund angegeben wird, weil in der Stadt sich eine anziehende Kraft befinde, die ihn dahin treibe, so gilt diese Art des Antwortens für abgeschmackt, die in den Wissenschaften sanktioniert ist."⁶⁰ Die Newtonische anziehende Kraft habe keinen anderen Inhalt, als die Erscheinung selbst. Der Grund müsse aber einen anderen Inhalt haben als das zu Erklärende. Durch diesen Formalismus werde so wenig etwas erklärt, als die Natur einer Pflanze erkannt werde, wenn man sage, daß sie ihren Grund in einer Pflanzen hervorbringenden Kraft habe. — „Der Grund ist einesteils Grund als die in sich reflektierte Inhaltsbestimmung des Daseins, das er begründet; andernteils ist er das Gesetzte. Er ist das, woraus das Dasein begriffen werden soll; u m g e k e h r t aber wird v o n d i e s e m a u f i h n g e s c h l o s s e n und er aus dem Dasein begriffen. Das Hauptgeschäfte dieser Reflexion besteht nämlich darin, aus dem Dasein die Gründe zu finden, d. h. das unmittelbare Dasein in die Form des Reflektiertseins umzusetzen; der Grund, statt an und für sich und selbständig zu sein, ist somit vielmehr das Gesetzte und Abgeleitete. Weil er nun durch dies Verfahren nach dem Phänomen eingerichtet ist und seine Bestimmungen auf diesem beruhen, so fließt dieses freilich ganz glatt und mit günstigem Winde aus seinem Grunde aus. Aber die Erkenntnis ist hierdurch nicht vom Flecke gekommen; sie treibt sich in einem Unterschiede der Form herum, den dies Verfahren selbst umkehrt und aufhebt."⁶¹ Hegel weist darauf hin, daß die Wissenschaft mit ihren Erklärungen selbst nicht volle Befriedigung findet. „Bei dem formellen Geschäfte dieser Erklärungsweise aus Gründen hört man zugleich auch wieder, alles Erklärens aus den wohlbekannten Kräften und Materien ungeachtet, sagen, daß wir d a s i n n e r e W e s e n dieser Kräfte und Materien selbst n i c h t k e n n e n. Es ist hierin nur das Geständnis zu sehen, daß dieses Begründen sich selbst völlig ungenügend ist, daß es selbst etwas ganz anderes fordere als solche Gründe. Es ist dann nur nicht abzusehen, wozu sich denn diese Bemühung mit diesem Erklären gemacht, warum nicht das Andere gesucht oder jenes Erklären wenigstens beiseite getan und bei den einfachen Tatsachen stehen geblieben wird."⁶²

In längeren Ausführungen, denen wir keine nähere Betrachtung widmen müssen, behandelt Hegel eingehend den „absoluten" Grund mit den Beziehungen von Form und Wesen, Form und Materie sowie Form und Inhalt, und dann den „bestimmten" Grund als formellen Grund, realen Grund und vollständigen Grund. Dann kommt Hegel zu der Bedingung und dem Ganzen, welches Bedingung und Grund bilden. „Die Bewegung der Sache, durch ihre B e d i n g u n g e n e i n e r s e i t s und andererseits durch ihren Grund gesetzt zu werden, ist nur das V e r s c h w i n d e n d e s S c h e i n s d e r V e r m i t t-

---

60 Log. II 79/4 570, 571.
61 Log. II 80/4 572.
62 Log. II 82/4 574.

l u n g . Das Gesetztwerden der Sache ist hiermit ein H e r v o r t r e t e n , das einfache sind Herausstellen i n d i e E x i s t e n z , reine Bewegung der Sache zu sich selbst. W e n n a l l e B e d i n g u n g e n e i n e r S a c h e v o r h a n d e n s i n d , so tritt sie in die Existenz."[63] „ D i e S a c h e g e h t a u s d e m G r u n d e h e r v o r . Sie wird nicht durch ihn so begründet oder gesetzt, daß er noch unten bliebe; sondern das Setzen ist die Herausbewegung des Grundes zu sich selbst und das einfache Verschwinden desselben. Er erhält durch die V e r e i n i g u n g mit den Bedingungen die äußerliche Unmittelbarkeit und das Moment des Seins."[64] „Dies durch Grund und Bedingung vermittelte und durch das Aufheben der Vermittlung mit sich identische Unmittelbarkeit ist die E x i s t e n z ."[65]

B Das „erscheinende Wesen"

In dem zweiten Abschnitt der Lehre vom „Wesen", „Die Erscheinung", behandelt Hegel die „zur Unmittelbarkeit fortgegangene Wesenheit"[66].

War das insichscheinende Wesen noch Nichts, so ist das erscheinende Wesen „ r e a l e r S c h e i n "[67]. In diesem Abschnitt handelt es sich um Existierendes, um Dinge, Kräfte, Materie. Es ist die Rede von sinnlicher Welt[68] und Universum[69].

Hauptgegenstand der Betrachtung ist die Beziehung von Wesentlichem und Erscheinendem. Wesentliches und Erscheinendes sind nämlich hier nur unvollkommen vereinigt[70]. (Die „vollkommene Durchdringung" von Wesentlichem und Erscheinendem ist erst bei der im dritten Abschnitt behandelten „Wirklichkeit" gegeben[70].)

Wesentliches und Erscheinendes werden betrachtet als Ding-an-sich und äußerliche Existenz, an sich seiende Welt und erscheinende Welt, Kraft und ihre Äußerung (auch als Ganzes und Teile, Inneres und Äußeres).

*　*
*

Die Lehre vom Grund schloß damit, daß die Sache aus dem Grunde hervorgeht oder in Existenz tritt. Das Sein, von dem die Lehre vom „Wesen" handelt, ist „d a s w e s e n t l i c h e S e i n , d i e E x i s t e n z ; ein Herausgegangensein aus der Negativität und Innerlichkeit".[71]

63 Log. II 99/4.594.
64 Log. II 100/4.595, 596.
65 Log. II 100/4.596.
66 Log. II 101/4.598.
67 Log. II 123/4.623.
68 Log. II 132/4.633.
69 Log. II 128, 136/4.628, 638.
70 Log. II 102/4.598.
71 Log. II 101/4.597.

„Die zur Unmittelbarkeit fortgegangene Wesenheit ist zunächst Existenz, und Existierendes oder Ding."[72]

Existenz ist im wörtlichen Sinne des Ausdrucks als „Hervorgegangenes" zu verstehen. „Die Wahrheit des Seins ist, nicht ein erstes Unmittelbares, sondern das in die Unmittelbarkeit hervorgegangene Wesen zu sein."[73] Alles Daseiende ist Hervorgegangenes. „Alles, was ist, existiert."[73]

Die Existenz ist also nicht als ein Prädikat oder als Bestimmung des Wesens zu nehmen, daß ein Satz davon hieße: Das Wesen hat Existenz — sondern das Wesen ist in die Existenz übergegangen. Die Existenz ist die absolute Entäußerung des Wesens, jenseits deren es nicht zurückgeblieben ist[74].

In der Lehre vom „Sein" hatten wir es mit dem Etwas zu tun. In der Lehre vom „Wesen" kommen, wie bemerkt, dieselben Bestimmungen vor wie in der Lehre vom „Sein", jedoch in reflektierter Form. „Das existierende Etwas ist aber unterschieden von dem seienden Etwas. Jenes ist wesentlich eine solche Unmittelbarkeit, die durch die Reflexion der Vermittlung in sich selbst entstanden ist. So ist das existierende Etwas ein Ding."[75]

„Das Ding und das Existierende ist unmittelbar eins und dasselbe. Aber weil die Existenz nicht die erste Unmittelbarkeit des Seins ist, sondern das Moment der Vermittlung an ihr selbst hat, so ist ihre Bestimmung zum Dinge und die Unterscheidung beider nicht ein Übergang, sondern eigentlich eine Analyse, und die Existenz als solche enthält diese Unterscheidung selbst in dem Momente ihrer Vermittlung, — den Unterschied von Ding-an-sich und von äußerlicher Existenz."[76]

„Das Ding an sich ist das Existierende als das durch die aufgehobene Vermittlung vorhandene, wesentliche Unmittelbare."[77] Das Ding-an-sich existiert und ist die wesentliche, das vermittelte Sein aber die unwesentliche Existenz des Dinges. Das Ding-an-sich steht in Beziehung auf eine ihm äußerliche Reflexion, worin es mannigfaltige Bestimmungen hat; es ist dies das Abstoßen seiner von sich selbst in ein anderes Ding-an-sich. Die beiden Dinge-an-sich, welche die Extreme der Beziehung ausmachen, fallen jedoch in eins zusammen. „Es ist nur Ein Ding-an-sich, das in der äußerlichen Reflexion sich zu sich selbst verhält, und es ist dessen eigene Beziehung auf sich als auf ein anderes, was dessen Bestimmtheit ausmacht."[78]

Die Bestimmtheit des Dings-an-sich ist die Eigenschaft des Dings. — Die Lehre vom „Sein" handelt von der Qualität als der nicht reflektierten Be-

---

72 Log. II 101/4.598.
73 Log. II 102/4.598.
74 Log. II 105/4.602.
75 Log. II 105, 106/4.602.
76 Log. II 106/4.603.
77 Log. II 106/4.603.
78 Log. II 108, 109/4.606, 607.

stimmtheit. Die Eigenschaft, von der die Lehre vom „Wesen" handelt, ist die reflektierte Qualität. Während die Qualität in der Lehre vom „Sein" Beziehung auf ein Anderes überhaupt war, ist die Qualität in der Lehre vom „Wesen" wesentlich selbst Vermittlung und Beziehung. Beziehung **auf sich** als auf ein Anderes oder **Vermittlung**, die unmittelbar **ebensosehr Identität mit sich ist**[79].

Ein Ding hat Eigenschaften; sie sind erstlich seine bestimmten Beziehungen auf **anderes**. Aber zweitens ist das Ding in diesem Gesetztsein **an sich**; es erhält sich in der Beziehung auf anderes; es ist also allerdings nur eine Oberfläche, mit der die Existenz sich dem Werden des Seins und der Veränderung preisgibt; die Eigenschaft verliert sich darin nicht. „Das Ding wird durch seine Eigenschaften Ursache, und die Ursache ist dies, als Wirkung sich zu erhalten. Jedoch ist hier das Ding nur erst das ruhige Ding von vielen Eigenschaften, noch nicht als wirkliche Ursache bestimmt; es ist nur erst die ansichseiende, noch nicht selbst setzende Reflexion seiner Bestimmungen."[80],[81]

„Das **Ding-an-sich** ist also, wie sich ergeben hat, wesentlich nicht nur so Ding-an-sich, daß seine Eigenschaften Gesetztsein einer äußerlichen Reflexion sind, sondern sie sind seine eigenen Bestimmungen, durch die es sich auf bestimmte Weise verhält; es ist nicht eine jenseits seiner äußerlichen Existenz befindliche bestimmungslose Grundlage, sondern ist in seinen Eigenschaften, als Grund vorhanden, d. h. die Identität mit sich in seinem Gesetztsein, — aber zugleich als **bedingter** Grund, d. h. sein Gesetztsein ist ebensosehr sich äußerliche Reflexion; es ist nur insofern in sich reflektiert und an sich, insofern es äußerlich ist."[82]

Von den Eigenschaften geht Hegel zu den „Materien" über. Die Eigenschaften sind in Wahrheit Materien, da sie das Wesentliche und damit das wahrhaft Selbständige der Dinge sind. „Das Ding besteht aus selbständigen Materien, die gegen ihre Beziehung im Dinge gleichgültig sind. Diese Beziehung ist daher nur eine unwesentliche Verknüpfung derselben, und der Unterschied eines Dinges von anderen beruht darauf, ob mehrere der besondern Materien und in welcher Menge sie sich in ihm befinden."[83]

* *
*

---

79 Log. II 109/4.607.
80 Log. II 110/4.607, 608.
81 Man denke etwa an ein Ding der Natur im Unterschied zum menschlichen Geiste.
82 Log. II 110/4.608.
83 Log. II 116/4.615.

Weil der Grund des Dings wesentlich die Reflexion ist, hebt sich seine Unmittelbarkeit auf; es macht sich zu einem Gesetztsein. So ist es E r s c h e i n u n g . Die Erscheinung ist das, was das Ding an sich ist, oder seine Wahrheit[84]. Die Erscheinung ist zunächst das Wesen in seiner Existenz; das Wesen ist unmittelbar an ihr vorhanden. Daß sie nicht als mittelbare, sondern die r e f l e k t i e r t e Existenz ist, dies macht das Moment des Wesens an ihr aus; oder die Existenz als w e s e n t l i c h e Existenz ist Erscheinung[85].

„Das Wesen s c h e i n t zunächst in ihm selbst, in seiner einfachen Identität; so ist es die abstrakte Reflexion, die reine Bewegung von nichts durch nichts zu sich selbst zurück. Das Wesen e r s c h e i n t , so ist es nunmehr r e a l e r Schein, indem die Momente des Scheins[86] Existenz haben."[87] Die Erscheinung ist Einheit des Scheins und der Existenz[87].

Die Erscheinung ist zuerst einfache Identität mit sich, die zugleich verschiedene Inhaltsbestimmungen enthält, welche sowohl selbst als deren Beziehung das im Wechsel der Erscheinung sich gleich Bleibende ist, — das G e s e t z d e r E r s c h e i n u n g . Das Gesetz ist nicht jenseits der Erscheinung, sondern in ihr unmittelbar g e g e n w ä r t i g ; das Reich der Gesetze ist das ruhige Abbild der existierenden oder erscheinenden Welt. Aber vielmehr ist beides Eine Totalität, und die existierende Welt ist selbst das Reich der Gesetze, das sich als das einfache Identische, zugleich als in dem Gesetztsein oder in der sich selbst auflösenden Selbständigkeit der Existenz identisch mit sich ist. Die Existenz geht in das Gesetz als in seinen Grund zurück; die Erscheinung enthält dies beides, den einfachen Grund und die auflösende Bewegung des erscheinenden Universums, deren Wesentlichkeit er ist[88].

Das Gesetz ist die w e s e n t l i c h e Erscheinung. Die Erscheinung hat noch einen anderen Inhalt gegen den Inhalt des Gesetzes, den u n w e s e n t l i c h e n Inhalt. „Das Reich der Gesetze ist der r u h i g e Inhalt der Erscheinung; diese ist derselbe, aber sich im unruhigen Wechsel und als die Reflexion in anderes darstellend ... Diese Seite der unruhigen Form oder der Negativität enthält das Gesetz nicht; die Erscheinung ist daher gegen das Gesetz die Totalität, denn sie enthält das Gesetz, aber auch noch mehr, nämlich das Moment der sich selbst bewegenden Form."[89] „Das Gesetz ist daher wohl die wesentliche Form, aber noch nicht die in ihre Seiten als Inhalt reflektierte, reale Form."[90]

---

84 Log. II 101, 102/4.598.
85 Log. II 122/4.622.
86 Die beiden Momente des Scheins sind die Nichtigkeit, aber als Bestehen, und das Sein, aber als Moment, oder die an sich seiende Negativität und die reflektierte Unmittelbarkeit. Log. II 11/4.490.
87 Log. II 123/4.623.   89 Log. II 128/4.629.
88 Log. II 127, 128/4.628.   90 Log. II 129/4.630.

„Die existierende Welt erhebt sich ruhig zu einem Reiche von Gesetzen; der nichtige Inhalt ihres mannigfaltigen Daseins hat in einem Andern sein Bestehen; sein Bestehen ist daher seine Auflösung. Aber in diesem Andern geht das Erscheinende auch **mit sich selbst** zusammen; so ist die Erscheinung in ihrem Wandel auch ein Bleiben, und ihr Gesetztsein ist Gesetz."[91]

Das, was vorher Gesetz war, ist nicht mehr nur Eine Seite des Ganzen, dessen andere die Erscheinung als solche war, sondern ist selbst das Ganze. Sie ist die wesentliche Totalität der Erscheinung, **so daß sie nun auch das Moment der Unwesentlichkeit enthält**, aber als die reflektierte, an sich seiende Unwesentlichkeit, d. h. als die wesentliche Negativität. „Das Reich der Gesetze enthält nur den einfachen, wandellosen, aber verschiedenen Inhalt der existierenden Welt. Indem es nun aber die totale Reflexion von dieser ist, enthält es auch das Moment ihrer wesenlosen Mannigfaltigkeit."[92] „Diese an und für sich seiende Welt heißt auch die **übersinnliche Welt**; insofern die existierende Welt als **sinnliche**, nämlich als solche bestimmt wird, die für die Anschauung, für das unmittelbare Verhalten des Bewußtseins, ist. — Die übersinnliche Welt hat gleichfalls Unmittelbarkeit, Existenz, aber reflektierte, wesentliche Existenz."[93]

Hegel wirft hier einen kurzen Blick zurück auf die Entwicklung vom in sich scheinenden Wesen bis hierher: „**Das Wesen** hat noch kein Dasein ... das **Ding** ist der Beginn der reflektierten Existenz; es ist eine Unmittelbarkeit, die noch nicht **gesetzt** ist als wesentliche oder reflektierte ... Die Dinge erst, als Dinge einer andern, übersinnlichen Welt sind gesetzt erstens als wahrhafte Existenzen und zweitens als das Wahre gegen das Seiende."[94]

„Die an und für sich seiende Welt ist die Totalität der Existenz; es ist nichts anderes außer ihr. Indem sie aber an ihr selbst die absolute Negativität oder Form ist, so ist ihre Reflexion-in-sich **negative Beziehung** auf sich. Sie enthält den Gegensatz und stößt sich ab in sich als die wesentliche Welt und in sich als die Welt des Andersseins oder die Welt der Erscheinung."[95] Das Reich der Gesetze ist nun die Totalität des Inhalts der erscheinenden Welt und der Grund aller ihrer Mannigfaltigkeit[96].

Das Reich der Gesetze ist nicht nur dies, daß das Gesetztsein eines Inhalts das Gesetztsein eines Andern ist, sondern diese Identität ist wesentlich auch negative Einheit; jede der beiden Seiten des Gesetzes ist in der negativen Einheit **an ihr selbst ihr anderer Inhalt**. Indem das Reich der Gesetze sich, als die Totalität, von sich selbst in eine an und für sich seiende und eine

---

91 Log. II 129, 130/4.631.
92 Log. II 131/4.633.
93 Log. II 132/4.633.
94 Log. II 132/4.633, 634.
95 Log. II 132/4.634.
96 Log. II 133/4.635.

erscheinende Welt abstößt, so ist die Identität beider die w e s e n t l i c h e B e z i e h u n g d e r E n t g e g e n s e t z u n g [97].

In diesem Gegensatz beider Welten aber ist ihr Unterschied verschwunden; was an und für sich seiende Welt sein sollte, ist selbst erscheinende Welt, und diese umgekehrt an ihr selbst wesentliche Welt[98]. Es wurde vom G e s e t z d e r E r s c h e i n u n g ausgegangen; dieses ist die Identität eines verschiedenen Inhalts mit einem anderen Inhalt, so daß das Gesetztsein des einen das Gesetztsein des anderen ist. Nunmehr ist das G e s e t z r e a l i s i e r t ; seine innere Identität ist zugleich daseiende, und umgekehrt ist der Inhalt des Gesetzes in die Idealität erhoben. So ist das Gesetz wesentliches Verhältnis[99].

Die Welt als formlose Totalität der Mannigfaltigkeit, sowohl als wesentliche wie als erscheinende ist zugrunde gegangen, indem die Mannigfaltigkeit aufgehört hat, eine bloß verschiedene zu sein; so ist sie noch Totalität oder Universum, aber als wesentliches Verhältnis. Es sind zwei Totalitäten des Inhalts in der Erscheinung entstanden; zunächst sind sie als gleichgültige Selbständige gegeneinander bestimmt und haben zwar die Form jede an ihr selbst, aber nicht gegeneinander; diese aber hat sich auch als ihre Beziehung gezeigt, und das wesentliche Verhältnis ist die Vollendung ihrer Formeinheit[100].

* *
*

Nach „Existenz" und „Erscheinung" behandelt die Lehre von der Erscheinung im weiteren Sinne nun das „wesentliche Verhältnis", also genauer die Totalität von wesentlicher und erscheinender Welt, das Universum, als wesentliches Verhältnis.

„Die Wahrheit der Erscheinung ist das w e s e n t l i c h e Verhältnis. Sein Inhalt hat unmittelbare Selbständigkeit und zwar die s e i e n d e Unmittelbarkeit und die r e f l e k t i e r t e Unmittelbarkeit oder die mit sich identische Reflexion ... Das Verhältnis hat Seiten, weil es Reflexion in anderes ist; so hat es den Unterschied seiner selbst an ihm, und die Seiten sind selbständiges Bestehen, indem sie in ihrer gleichgültigen Verschiedenheit gegeneinander in sich selbst gebrochen sind, so daß das Bestehen einer jeden ebensosehr nur seine Bedeutung in der Beziehung auf die andere oder in ihrer negativen Einheit hat."[101]

Die Identität, welche das Verhältnis enthält, ist nur eine B e z i e h u n g , außerhalb welcher ihre Selbständigkeit fällt, nämlich in die Seiten; es ist noch nicht die reflektierte Einheit jener Identität und der selbständigen Existenzen vorhanden, noch nicht die S u b s t a n z [102].

97 Log. II 133, 134/4.635.
98 Log. II 134, 135/4.636, 637.
99 Log. II 135, 136/4. 638.

100 Log. II 136/4.638, 639.
101 Log. II 136, 137/4.639.
102 Log. II 138/4.640.

Der Begriff des wesentlichen Verhältnisses ist, Einheit der reflektierten und der unmittelbaren Selbständigkeit zu sein. Dieser Begriff ist zuerst selber noch unmittelbar.

Das wesentliche Verhältnis ist unmittelbar das Verhältnis des G a n z e n und der T e i l e , – die Beziehung der reflektierten und der unmittelbaren Selbständigkeit, so daß beide zugleich nur sind als sich gegenseitig bedingend und voraussetzend[103]. Das G a n z e ist die Selbständigkeit, welche die an und für sich seiende Welt ausmacht. Die andere Seite, die T e i l e , ist die unmittelbare Existenz, welche die erscheinende Welt ist. Beide Seiten sind zwar als Momente gesetzt, aber ebensosehr als existierende Selbständigkeiten. Das Ganze ist nur äußerliche Beziehung[104]. Weil die Teile selbständig sind, sind sie gegen diese Beziehung an und für sich gleichgültig. Zugleich aber fallen die Teile als mannigfaltige Existenz in sich zusammen, denn diese ist das reflexionslose Sein; sie haben ihre Selbständigkeit nur in der reflektierten Einheit, welche sowohl diese Einheit als auch die existierende Mannigfaltigkeit ist; das heißt, sie haben Selbständigkeit nur im Ganzen, das aber zugleich die den Teilen andere Selbständigkeit ist[105].

„In diesem Verhältnisse ist noch keine der Seiten als Moment der andern gesetzt, ihre Identität ist daher selbst eine Seite; oder sie ist nicht ihre negative Einheit. Es geht darum z w e i t e n s darein über, daß die eine Moment der andern und in ihr als in ihrem Grunde, dem wahrhaft Selbständigen von beiden ist. – Verhältnis d e r K r a f t u n d i h r e r Ä u ß e r u n g ."[106]

„Die K r a f t ist die negative Einheit, in welche sich der Widerspruch des Ganzen und der Teile aufgelöst hat, die Wahrheit jenes ersten Verhältnisses. Das Ganze und die Teile ist das gedankenlose Verhältnis, auf welches die Vorstellung zunächst verfällt; oder objektiv ist es das tote, mechanische Aggregat, das zwar Formbestimmungen hat, wodurch die Mannigfaltigkeit seiner selbständigen Materie in einer Einheit bezogen wird, welche aber derselben äußerlich ist. – Das Verhältnis der K r a f t aber ist die höhere Rückkehr in sich, worin die Einheit des Ganzen, welche die Beziehung des selbständigen Anderssein ausmachte, aufhört, dieser Mannigfaltigkeit ein Äußerliches und Gleichgültiges zu sein."[107]

Das wesentliche Verhältnis, welches vorher dahin bestimmt war, daß die unmittelbare und die reflektierte Selbständigkeit für sich bestehende Seiten oder Extreme waren, ist nunmehr so bestimmt, daß die unmittelbare und die reflektierte Selbständigkeit als aufgehobene oder als Momente gesetzt sind.

Die Kraft hat das Moment der seienden Unmittelbarkeit an ihr; sie selbst ist dagegen bestimmt als die negative Einheit. Aber diese in der Bestimmung des

---

103 Log. II 138/4.641.
104 Log. II 139/4.642.   106 Log. II 138/4.641.
105 Log. II 140/4.643.   107 Log. II 144/4.648.

unmittelbaren Seins ist ein existierendes Etwas. Als dies unmittelbare Bestehen ist die Kraft eine ruhige Bestimmtheit des Dings überhaupt, nicht ein sich Äußerndes, sondern unmittelbar ein Äußerliches. So wird die Kraft auch als Materie bezeichnet[108]. — Wenn gefragt wird, wie das Ding oder die Materie dazu komme, eine Kraft zu h a b e n , so erscheint diese als äußerlich damit verbunden. Hier hat sich nun gezeigt, daß das Ding, an dem die Kraft sein sollte, keine Bedeutung hat; sie selbst ist vielmehr „Setzen der Äußerlichkeit, welche als Existenz erscheint"[109].

Die Kraft ist die Einheit des reflektierten und des unmittelbaren Bestehens, oder der Formeinheit und der äußerlichen Selbständigkeit. Sie ist beides in einem. D i e K r a f t i s t s o d e r s i c h v o n s i c h s e l b s t a b s t o ß e n d e W i d e r s p r u c h ; s i e i s t t ä t i g[110]. D i e T ä t i g k e i t d e r K r a f t i s t d u r c h s i c h s e l b s t a l s d a s d u r c h s i c h A n d e r e , d u r c h e i n e K r a f t b e d i n g t . Die Kraft ist auf diese Weise Verhältnis, in welchem jede Seite dasselbe ist als die andere. Es sind Kräfte, die im Verhältnis stehen, und zwar wesentlich sich aufeinander beziehen. Das Bedingtsein durch eine andere Kraft ist an sich das Tun der Kraft selbst. Die Kraft ist bedingt, weil das Moment der unmittelbaren Existenz, das sie enthält, nur als ein Gesetztes, — aber weil es zugleich Unmittelbares ist, ein Vorausgesetztes ist, in welchem die Kraft sich selbst negiert. Die für die Kraft vorhandene Äußerlichkeit ist daher ihre eigene voraussetzende Tätigkeit selbst, welche zunächst als eine andere Kraft gesetzt ist[111]. Beide Kräfte stehen in Wechselbeziehung des Sollizitierens und des Sollizitiertwerdens, wobei jedoch keine Bestimmung vorhanden ist, welche die sollizitierende oder die sollizitiertwerdende sei. „So ist also dies, daß auf die Kraft ein Anstoß durch eine andere Kraft geschieht, daß sie sich insofern passiv verhält, aber hinwieder von dieser Passivität in die Aktivität übergeht - der Rückgang der Kraft in sich selbst. Sie äußert sich. Die Äußerung ist Reaktion in dem Sinne, daß sie die Äußerlichkeit als ihr eigenes Moment setzt und somit es aufhebt, daß sie durch eine andere Kraft sollizitiert worden sei. Beides ist daher eines, die Äußerung der Kraft, wodurch sie sich durch ihre negative Tätigkeit auf sich selbst ein Dasein-für-Anderes gibt, und die unendliche Rückkehr in dieser Äußerlichkeit auf sich selbst, so daß sie darin sich nur auf sich bezieht."[112]

Was die Kraft in Wahrheit äußert, ist dies, daß ihre Beziehung auf anderes ihre Beziehung auf sich selbst ist, daß ihre Passivität in ihrer Aktivität selbst besteht. Die Kraft äußert dies, daß ihre Äußerlichkeit identisch ist mit ihrer Innerlichkeit[113].

108 Log. II 145/4.649, 650.
109 Log. II 146/4.650.
110 Log. II 146/4.650.

111 Log. II 147/4.651.
112 Log. II 149/4.654.
113 Log. II 150/4.655.

Die Ungleichheit der Beziehung des Verhältnisses der Kraft und ihrer Äußerung hebt sich in dem letzten Verhältnis, dem des Innern und Äußern, auf. Das Äußere und Innere sind die Bestimmtheit so gesetzt, daß jede dieser beiden Bestimmungen nicht nur die andere voraussetzt und in sie als in ihre Wahrheit übergeht, sondern daß sie, insofern sie diese Wahrheit der anderen ist, als Bestimmtheit gesetzt bleibt und auf die Totalität beider hinweist[114].

C Das „wirklichseiende Wesen"

Die Lehre von der „Erscheinung" handelte von dem „in das Dasein herausgetretenen" Wesen. Zwischen der Reflexion in das Anderssein und der Reflexion in sich bestand das „wesentliche Verhältnis" als eine „noch unvollkommene Vereinigung" beider.

Die Lehre von der „Wirklichkeit" handelt von dem in das Dasein herausgetretenen Wesen, bei dem eine „vollkommene Durchdringung" der Reflexion in das Anderssein und der Reflexion in sich gegeben ist.

Das Wesen schien in der ersten Stufe seiner Entwicklung in sich selbst. In der zweiten Stufe erschien es. Jetzt, in der dritten Stufe, „offenbart" es sich[115].

„Die Wirklichkeit ist die **Einheit des Wesens und der Existenz**; in ihr hat das **gestaltlose** Wesen und die **haltlose** Erscheinung oder das bestimmungslose Bestehen und die bestandlose Mannigfaltigkeit ihre Wahrheit."[116]

In der Stufe der „Erscheinung" waren zwei Welten, zwei Totalitäten des Inhalts, deren die eine als in sich, die andere als in anderes reflektierte bestimmt war. Das „wesentliche" Verhältnis stellte ihre Formbeziehung dar, deren Vollendung das Verhältnis des Innern und Äußern war. In der Stufe der „Wirklichkeit" ist es nun g e s e t z t, daß beide Welten E i n e absolute Totalität sind. „Diese Einheit des Innern und Äußern ist die **absolute Wirklichkeit**."[117]

* *
*

---

114 Log. II 152/4.657, 658.
115 Log. II 6/4.484. Vgl. über dies „Offenbaren" S. 103 ff., daß das Absolute Äußerung ist, nicht eines Innern, nicht gegen ein Anderes, sondern daß es nur als absolutes sich für sich selbst Manifestieren ist, daß es so Wirklichkeit ist.
116 Log. II 156/4.662.
117 Log. II 156/4.662.

Hegel führt hier den Begriff des Absoluten in die Begrifflichkeit der „Wirklichkeit" ein[118]. Dieses Absolute entspricht der spinozistischen Substanz. Entsprechend handelt Hegel auch von Attribut und von Modus. Hegels Ausführungen hierüber sind jedoch nicht ein Bestimmen, auch keine äußere Reflexion, sondern stellen dar, **wie das Absolute** – anfangend von seiner absoluten Identität übergehend zu dem Attribut und von da zum Modus seine Momente durchlaufend – **sich selbst auslegt**[119].

„Diese Wirklichkeit aber ist **zunächst das Absolute** als solches, – insofern sie als Einheit gesetzt ist, in der sich die Form aufgehoben und zu dem **leeren oder äußeren Unterschiede** eines Äußern und Innern gemacht hat."[120] Das Absolute ist nur das Absolute, weil es nicht die abstrakte Identität, sondern die Identität des Innern und Äußern ist[121].

---

118 Unter dem Gesichtspunkt des „Absoluten" gliedert sich der Abschnitt „Die Wirklichkeit" in die Betrachtungen des Absoluten als solchen, der Reflexion des Absoluten und der Einheit des Absoluten und seiner Reflexion. Bei der Behandlung der „Wirklichkeit" in der „Enzyklopädie" kommt das Absolute nicht – mehr – vor. Es zeigt sich hierbei jedenfalls, daß der Begriff des „Absoluten" kein wesentlicher Bestandteil der Begrifflichkeit der „Wirklichkeit" ist. Die Verbindung des Begriffs des „Absoluten" mit der Begrifflichkeit der „Wirklichkeit" erschwert etwas das Verständnis dessen, was nach der objektiven Logik unter „Wirklichkeit" zu verstehen ist. – Da der Begriff des „Absoluten" kein wesentlicher Bestandteil der objektiven Logik selbst ist – sondern erst im größeren Zusammenhang der Hegelschen Philosophie seine Rolle spielt –, wird insoweit durch seine Einbeziehung in die „Logik" deren Indifferenz gegen den Hegelschen Idealismus, ihre „Überstandpunktlichkeit" (vgl. oben S. 5 f.), nicht betroffen.

119 Hegel weist in einer Anmerkung – Log. II 164 ff./4.672 ff. – auf vergleichbare andere Philosophien hin, nämlich auf den Begriff der spinozistischen Substanz, die orientalischen Vorstellungen des Absoluten als eines sich selbst erleuchtenden Lichts und auf die leibnizische Monadenlehre. – Dem Begriff des Absoluten und dem Verhältnisse der Reflexion zu demselben, wie er sich in der objektiven Logik darstelle, entspreche der Begriff der spinozistischen Substanz. Die spinozistische Auslegung des Absoluten sei insofern wohl **vollständig**, als sie von dem Absoluten anfange, hierauf das Attribut folgen lasse und mit dem Modus endige. Aber diese drei würden nur **nacheinander** ohne innere Folge der Entwicklung aufgezählt. Es sei dies darauf zurückzuführen, daß das spinozistische Denken nur als äußerlicher Verstand tätig werde. – In den orientalischen Vorstellungen der Emanation sei das Absolute das sich selbst erleuchtende Licht; allein es erleuchte sich nicht nur, sondern ströme auch aus. Das Werden sei als ein fortgehender Verlust. So verdunkle sich das Sein immer mehr. – Der Mangel an Reflexion in sich, den die spinozistische Auslegung des Absoluten wie die Emanationslehre an ihr habe, sei in dem Begriff der leibnizischen Monade ergänzt. Aber auch in deren Bestimmungen zeigten sich nur die gewöhnlichen Vorstellungen, die ohne philosophische Entwicklung gelassen und nicht zu spekulativen Begriffen erhoben seien. Die hier dargelegten Begriffe entsprängen nicht aus dem Wesen selbst oder nicht auf absolute Weise, sondern gehörten der räsonierenden, dogmatischen Reflexion an und seien daher zu keiner inneren Kohärenz gediehen. – Hegel hebt hier also nochmals deutlich die Art seines Denkens der Logik, der Vernunftphilosophie, von der vorangehenden Verstandesphilosophie ab.

120 Log. II 156/4.662, 663.
121 Log. II 160/4.667.

Die Identität des Innern und Äußern hat das Absolute zum Grunde. Das, was dem Schein ein Bestehen gibt, ist das Absolute selbst. Der Schein ist nicht das N i c h t s , sondern er ist Reflexion, B e z i e h u n g auf das Absolute; oder er i s t Schein, insofern d a s A b s o l u t e i n i h m s c h e i n t . Das Endliche ist so Ausdruck und Abbild des Absoluten. Das Endliche ist durchsichtig und läßt das Absolute durch sich hindurchblicken. „Es ist nichts am Endlichen, was ihm einen Unterschied gegen das Absolute erhalten könnte; es ist ein Medium, das von dem, was durch es scheint, absorbiert wird."[122]

Hegel spricht von dem Absoluten hier auch als von dem Absolut-Absoluten, um damit das in s e i n e r F o r m i n s i c h z u r ü c k g e k e h r t e Absolute zu kennzeichnen, dessen Form seinem Inhalt gleich ist. Demgegenüber ist das Attribut das nur r e l a t i v e A b s o l u t e , eine Verknüpfung, welche nichts anderes bedeutet als das Absolute in einer F o r m b e s t i m m u n g . Das Attribut ist der ganze Inhalt des Absoluten. Die Totalität, welche das Attribut ist, ist gesetzt als das wahre und einzige Bestehen des Absoluten, die Bestimmung aber, in der es ist, ist als das u n w e s e n t l i c h e gesetzt[123].

„Das Attribut ist e r s t l i c h das Absolute als in der einfachen I d e n t i t ä t mit sich. Z w e i t e n s ist es N e g a t i o n , und diese a l s Negation ist die formelle Reflexion-in-sich. Diese beiden Seiten machen zunächst die zwei E x t r e m e des Attributs aus, deren M i t t e es selbst ist, indem es sowohl das Absolute als die Bestimmtheit ist. Das zweite dieser Extreme ist das N e g a t i v e als N e g a t i v e s , die dem Absoluten ä u ß e r l i c h e Reflexion."[124]

Die Äußerlichkeit des Absoluten ist der Modus, die als Äußerlichkeit g e s e t z t e Äußerlichkeit, eine bloße A r t u n d W e i s e , somit der Schein als Schein oder die R e f l e x i o n d e r F o r m i n s i c h , — somit d i e I d e n t i t ä t m i t s i c h , w e l c h e d a s A b s o l u t e i s t . Erst im Modus ist das Absolute als absolute Identität gesetzt; es ist nur, was es i s t , nämlich Identität mit sich, als sich auf sich beziehende Negativität, als S c h e i n e n , das a l s S c h e i n e n gesetzt ist[125]. — „Die wahrhafte Bedeutung des Modus ist daher, daß er die reflektierende eigene Bewegung des Absoluten ist, ein B e s t i m m e n , aber nicht, wodurch es ein A n d e r e s würde, sondern nur dessen, was schon i s t , die durchsichtige Äußerlichkeit, welche das Z e i g e n seiner selbst ist, eine Bewegung aus sich h e r a u s , aber so, daß dies Sein-nach-Außen ebensosehr die Innerlichkeit selbst ist und damit ebensosehr ein Setzen, das nicht bloß Gesetztsein, sondern absolutes Sein ist."[126]

---

122 Log. II 159, 160/4.666.
123 Log. II 160, 161/4.668.
124 Log. II 162/4.669, 670.
125 Log. II 162, 163/4.670.
126 Log. II 163/4.671.

„Das Absolute als diese sich selbst tragende Bewegung der Auslegung, als A r t und W e i s e , welche eine absolute Identität mit sich selbst ist, ist Äußerung, nicht eines Innern, nicht gegen ein Anderes, sondern ist nur als absolutes für sich selbst Manifestieren; es ist so W i r k l i c h k e i t ."[127]

* ** *

Die bisherige Betrachtung Hegels betraf das Absolute als solches. Hegel befaßt sich nun mit der Reflexion des Absoluten, zunächst mit der Reflexion des Absoluten überhaupt (noch nicht mit der – im folgenden Kapitel behandelten – Einheit des Absoluten und seiner Reflexion).

Die Betrachtung der Reflexion des Absoluten behandelt Möglichkeit, Wirklichkeit und deren Beziehung.

Als die Manifestation, daß es sonst nichts ist und keinen Inhalt hat, als die Manifestation seiner zu sein, ist das Absolute die a b s o l u t e F o r m . Das Wirkliche wird durch seine Äußerlichkeit nicht in die Sphäre der V e r ä n d e r u n g gezogen, noch ist es S c h e i n e n seiner in e i n e m A n d e r e n , sondern es manifestiert sich, d. h. es ist in seiner Äußerlichkeit es s e l b s t , und es ist nur in i h r , nämlich nur als sich von sich unterscheidende und bestimmende Bewegung es s e l b s t[128].

Wirklichkeit, Möglichkeit und Notwendigkeit machen die f o r m e l l e n Momente des Absoluten aus. Die Wirklichkeit als selbst u n m i t t e l b a r e Formeinheit des Innern und Äußern ist eine W i r k l i c h k e i t g e g e n e i n e M ö g l i c h k e i t . – Zunächst, indem Wirkliches und Mögliches f o r m e l l e U n t e r s c h i e d e sind, ist ihre Beziehung gleichfalls nur f o r m e l l und besteht nur darin, daß das Eine wie das Andere ein G e s e t z t s e i n ist oder in der Z u f ä l l i g k e i t . – Damit nun, daß in der Zufälligkeit das Wirkliche wie das Mögliche das G e s e t z t s e i n ist, haben sie die Bestimmungen an ihnen erhalten; es wird dadurch zweitens die r e a l e W i r k l i c h k e i t , womit ebenso reale M ö g l i c h k e i t und die r e l a t i v e N o t w e n d i g k e i t hervorgeht. – Die Reflexion der relativen Notwendigkeit in sich gibt drittens die a b s o l u t e N o t w e n d i g k e i t , welche absolute M ö g l i c h k e i t und absolute W i r k l i c h k e i t ist[129].

* ** *

---

127 Log. II 164/4.671, 672.
128 Log. II 170/4.679.
129 Log. II 170/4.679, 680.

Das dritte Kapitel der Hegelschen Lehre von der „Wirklichkeit", das letzte Kapitel der objektiven Logik, behandelt die Einheit des Absoluten und seiner Reflexion. Die Einheit des Absoluten und seiner Reflexion ist das **absolute Verhältnis** oder vielmehr das Absolute als Verhältnis zu sich selbst, — **Substanz**[130].

Das absolute Verhältnis ist zunächst Verhältnis der Substantialität, dann Verhältnis der Kausalität und schließlich als Wechselwirkung gesetzt[131].

Wir haben in der Lehre vom „Wesen" immer wieder gesehen, daß das Andere des Wesens — der Schein, die Erscheinung (äußerliche Existenz des Dings, erscheinende Welt, Äußerung der Kraft) — **sein eigenes Anderes ist**, da das Wesen Abstoßen seiner von sich selbst ist. **So stellen auch das Verhältnis der Substantialität, das Verhältnis der Kausalität und die Wechselwirkung Verhältnisse des Wesens zu seinem eigenen Andern** — den Akzidenzien, der Wirkung, der passiven Substanz — **dar**.

Die letzte Einheit des Wesens und Seins ist die Substanz. Sie ist das Sein, das ist, **weil** es ist, das Sein als die absolute Vermittlung seiner mit sich selbst. Die Substanz ist das Sein in **allem** Sein, weder das unreflektierte Unmittelbare, noch auch ein abstraktes, hinter der Existenz und Erscheinung stehendes, sondern die unmittelbare Wirklichkeit selbst, und diese als absolutes Reflektiertsein in sich, als an und fürsichseiendes **Bestehen**[132]. — Die Substanz ist wesentlich das **Scheinen** und **Gesetztsein** ihrer. Das Scheinen ist das sich **auf sich beziehende Scheinen, so ist es**; dies Sein ist die Substanz als solche. Umgekehrt ist dieses Sein nur das mit sich identische **Gesetztsein, so ist es scheinende Totalität, die Akzidentalität**[133]. Das Verhältnis der Substanz und der Akzi-

---

130 Log. II 157/4.663.
131 Der Stoff, den Hegel hier im Zusammenhang als Dreischritt behandelt, gehört nur mit seinem letzten Teil der Stufe der „Wirklichkeit" an. Zum besseren Verständnis können wir diesen Dreischritt: Verhältnis der Substantialität-Verhältnis der Kausalität-Wechselwirkung neben den Dreischritt in sich scheinendes Wesen-erscheinendes Wesen-wirklichseiendes Wesen stellen. In dem Verhältnis der Substantialität ist die Substanz in der Form nur ihrer Identität, dem in sich scheinenden Wesen vergleichbar. Erst in der Stufe der Kausalität bestimmt sich das absolute Verhältnis als reales. Es besteht hier die Parallelität zur Stufe der Existenz und Erscheinung. (Genauer entspricht die „bestimmte Kausalität", d. h. das „Kausalitätsverhältnis in seiner Realität und Endlichkeit", m. a. W. die „endliche Kausalität oder der Mechanismus" dieser Stufe.) In der Wechselwirkung hat sich der Unterschied der Substanz als aktive Substanz und passive Substanz aufgehoben; er ist ein völlig durchsichtiger Schein; es besteht eine Identität des Aktiven und Passiven. Wir sehen die gleiche Einheit vor uns wie die Einheit des Innern und Äußern, welche die absolute Wirklichkeit ist. In der Stufe der „Wirklichkeit" besteht die „Wechselwirkung".
132 Log. II 185/4.697, 698.
133 Log. II 185, 186/4.698.

dentien, das Verhältnis der Substantialität, ist das unmittelbare Verschwinden und Werden des absoluten Scheins in sich selbst. Die Akzidentalität des Substantialitätsverhältnisses ist die Substanz als Gesetztsein.

In dieser ersten Bestimmung des absoluten Verhältnisses, eben dem Verhältnis der Substantialität, ist die Substanz noch nicht nach ihrem ganzen Begriffe manifestiert. Die Substantialität ist in der Form nur ihrer Identität. Die Substanz hat nur die Akzidentalität zu ihrer Gestalt oder Gesetztsein, nicht sich selbst, ist nicht Substanz a l s Substanz[134].

In der folgenden Bestimmung des absoluten Verhältnisses bestimmt sich die Substanz zum F ü r s i c h s e i n gegen ein Anderes oder das absolute Verhältnis als reales, als Verhältnis der Kausalität[135]. Wie in der ganzen Begrifflichkeit des „Wesens" das Andere des Wesens sein eigenes Anderes ist, ist das Andere gegen das sich die Substanz zum Fürsichsein bestimmt, ihr eigenes Anderes. Das reale Verhältnis ist das Verhältnis der Ursache zu ihrer Wirkung. „Die Substanz ist Macht, und i n s i c h r e f l e k t i e r t e , nicht bloß übergehende, sondern die B e s t i m m u n g e n setzende und v o n s i c h u n t e r s c h e i d e n d e Macht. Als in ihrem Bestimmen sich auf sich selbst beziehend, ist s i e s e l b s t das, was sie als Negatives setzt oder zum G e s e t z t s e i n macht. Dieses ist somit überhaupt die aufgehobene Substantialität, das nur Gesetzte, d i e W i r k u n g ; die für sich seiende Substanz aber ist die U r s a c h e ."[136]

Es zeigt sich, daß Hegel hier unter „Kausalität" etwas anderes versteht als üblicherweise unter „Kausalität" verstanden wird. Einerseits betreffen die Aussagen Hegels über die Kausalität das „absolute Verhältnis", d. h. das Sein als die absolute Vermittlung seiner mit sich selbst, m. a. W. die Substanz selbst. Andererseits unterscheiden sich die Darlegungen Hegels über die Kausalität dadurch von dem, was sonst über die „Kausalität" gesagt wird, daß die objektive Logik die Natur der Kausalität einsichtig macht und begreifen läßt. Bei der Darstellung der Hegelschen Lehre vom Grunde hatten wir angeführt[137], daß das Angeben von Gründen durch die Wissenschaften ganz anderer Art ist als die Aussagen der objektiven Logik über den Grund und daß es sich hierbei nach Hegel nur um Tautologien handelt. Hegel weist hier[138] bei der Behandlung der Kausalität entsprechend auf den Unterschied der Aussagen der objektiven Logik zu der tautologischen Betrachtung eines subjektiven Verstandes hin, eine Erscheinung als Wirkung zu bestimmen und davon zu ihrer Ursache aufzusteigen, um sie zu begreifen und zu erklären, wobei nur ein und derselbe Inhalt

---

134 Log. II 188/4.700, 701.
135 Log. II 185/4.697.
136 Log. II 189/4.701, 702.

137 oben S. 91 f.
138 Log. II 192 f./4.705 f.

wiederholt werde und man in der Ursache nichts anderes als in der Wirkung habe. (Diese Betrachtungsweise könne auch nicht auf die Verhältnisse des physisch-organischen und des geistigen Lebens angewandt werden, weil das, was auf das Lebendige wirke, von diesem selbständig bestimmt, verändert und verwandelt, d. h. als Ursache aufgehoben werde.)

Das Kausalitätsverhältnis in der Sicht der objektiven Logik ist zunächst nur das bereits angegebene Verhältnis von Ursache und Wirkung; so ist es das formelle Kausalitätsverhältnis. Es ist die Identität der Ursache in ihrer Wirkung mit sich.

Auf die formelle Kausalität bzw. aus dieser folgt das bestimmte Kausalitätsverhältnis. Es ist dies das Kausalitätsverhältnis in seiner Realität und Endlichkeit. Es hat einen g e g e b e n e n Inhalt und verläuft sich als ein äußerlicher Unterschied an diesem Identischen, das in seinen Bestimmungen eine und dieselbe Substanz ist[139]. Der Inhalt, da das Reflektiertsein hier auch unmittelbare Wirklichkeit ist, ist insofern w i r k l i c h e, aber die e n d l i c h e S u b s t a n z[140]. Die endliche Substanz ist die Substanz, die als unmittelbare g e g e n ihre Ursächlichkeit bestimmt ist[141]. — In der bestimmten Kausalität setzt die Substanz, auf welche gewirkt wird — m. a. W. die endliche Substanz —, ihre Wirkung wieder i n e i n e a n d e r e Substanz, wodurch der Progreß von Wirkungen ins Unendliche entsteht[142]. „In der endlichen Kausalität sind es Substanzen, die sich wirkend zueinander verhalten. Der M e c h a n i s m u s besteht in dieser Ä u ß e r l i c h k e i t der Kausalität, daß die R e f l e x i o n der Ursache in ihrer Wirkung i n s i c h zugleich ein abstoßendes S e i n ist, oder daß in der I d e n t i t ä t, welche die ursächliche Substanz in ihrer Wirkung m i t s i c h hat, sie sich ebenso unmittelbar Ä u ß e r l i c h e s bleibt und die Wirkung in eine a n d e r e S u b s t a n z ü b e r g e g a n g e n ist."[143]

Auf die (bloß) bestimmte Kausalität folgt die bedingte Kausalität. Die Ursache wirkt auf sich als auf ein anderes, auf die passive Substanz[144], welche ihrerseits nicht nur wie im „bestimmten" Kausalitätsverhältnis dagegen wirkt, daß eine Wirkung in ihr gesetzt wird, sondern gegen jene wirkende zurückwirkt. In der bedingten Kausalität bezieht die Ursache in der Wirkung sich auf sich selbst, weil sie ihr Anderes als Bedingung, als Vorausgesetztes ist, und ihr Wirken dadurch ebensosehr Werden, als Setzen und Aufheben des Anderen ist. Es leitet dies zum letzten Begriff der Begrifflichkeit der „Wirklichkeit" und damit zum letzten Begriff der objektiven Logik überhaupt über: der Wechselwirkung. In

---

139 Log. II 191/4.705. 142 Log. II 201/4.717.
140 Log. II 191/4.705. 143 Log. II 202/4.717.
141 Log. II 195/4.709. 144 Log. II 199/4.714.

der Wechselwirkung ist das absolute Verhältnis nach den Bestimmungen, welche es enthält, g e s e t z t [145].

In der Wechselwirkung ist der Mechanismus aufgehoben. Das in der endlichen Kausalität in den schlecht-unendlichen Progreß auslaufende Wirken ist umgebogen und zu einem in sich zurückkehrenden, einem unendlichen Wechselwirken geworden[146]. In der Wechselwirkung besteht eine gegenseitige Kausalität von vorausgesetzten, sich bedingenden Substanzen; jede ist gegen die andere z u g l e i c h aktive und z u g l e i c h passive Substanz. Indem beide hiermit sowohl passiv als aktiv sind, hat sich jeder Unterschied derselben aufgehoben; er ist ein völlig durchsichtiger Schein; sie sind Substanzen nur darin, daß sie die Identität des Aktiven und Passiven sind[147]. „Die Wechselwirkung ist daher nur die Kausalität selbst; die Ursache h a t nicht nur eine Wirkung, sondern in der Wirkung steht sie a l s U r s a c h e mit sich selbst in Beziehung."[148]

* *
*

Nachdem wir mit der Betrachtung der Lehre vom „Wesen" zu Ende gekommen sind, wollen wir auf die schon eingangs erwähnte Frage zurückkommen: Handelt die Lehre von der „Erscheinung" schon von tatsächlich Erscheinendem, oder sind wir dort erst bei der Lehre von der „Wirklichkeit", in der eben Hegel von Wirklichkeit spricht und von Substanz und Kausalität handelt? Ist „Erscheinung" nur eine gedankliche Zwischenstation auf dem Entwicklungsweg des Wesens vom Insichscheinen zur Wirklichkeit? Gibt es in unserer Welt keine bloßen Erscheinungen, indem jedes Ding schon ein Wirkliches ist?

Die Frage ist entsprechend zu beantworten wie oben[149] die Frage, ob es bloßes Dasein oder nur Fürsichsein gibt. Da Hegel erst in dem die „Wirklichkeit" behandelnden Abschnitt von Substanz und Kausalität handelt, ist die Lehre der objektiven Logik über das „Wesen" so zu verstehen, daß mit dem Wirklichsein — genauer: mit einem Wirklichsein — die Natur erst beginnt.

In weiterer Entsprechung zu den obigen Ausführungen ist auch diese Aussage nur bedingt richtig, da in einer anderen Betrachtungsweise die Natur mit einer bloßen Erscheinung beginnt, auf die erst eine Wirklichkeit folgt. Ein Stein und ein Organismus sind beide als materielle Körper Wirkliche. In einer spezielleren Betrachtung ist der Stein jedoch nur eine bloße Erscheinung, da hier We-

---

145 Log. II 185/4.697.
146 Man mag hier an die Parallele zum Fürsichsein denken — Fürsichsein und Wirklichkeit fallen ohnehin in der Realität zusammen —, daß die Bestimmtheit in die unendliche Einheit des Fürsichsein „zurückgebogen" ist. Log. I 149/4.186.
147 Log. II 202/4.718.
148 Log. II 203/4.718, 719.
149 S. 63.

sen und Erscheinung — noch — voneinander getrennt sind, während der Organismus ein Wirkliches ist, weil in ihm das Wesen seine Erscheinung durchdringt und mit ihm eine Einheit bildet[150]. Ebenso gibt es im Reich der — wirklichseienden — Organismen solche Organismen, die nur bloße Erscheinungen eines Wesens sind, und den Menschen, der ein wirklichseiendes Wesen ist[151].

Wir haben hier die für die begriffliche Erfassung des Seienden wohl bedeutsamste Aussage der Hegelschen Logik vor uns: Es gibt zwei Arten von tatsächlich Daseiendem — anders ausgedrückt: zwei Arten des „in das Dasein herausgetretenen Wesens" — nämlich solches tatsächlich Daseiende, welches bloße Erscheinung ist und solches tatsächlich Daseiende, welches Wirkliches ist[152].

* *
  *

Nachdem wir Hegels objektive Logik als „System der reinen Begriffe des Seienden" kennengelernt haben, sei die Frage gestellt, was uns damit gegeben ist.

---

150 In einem anderen, größeren Maßstab kann unter direkter Bezugnahme auf Hegel gesagt werden: Da die ganze Natur nach Hegel nur bloße Erscheinung der Idee ist und erst im menschlichen Geist die Wirklichkeit der Idee eintritt (vgl. Enz. §§ 247-251), ist jedes Ding der Natur nur eine bloße Erscheinung. Stellten wir vorhin fest, daß nach Hegel ein Stein ein Wirkliches ist, so sehen wir, daß ein Stein, ebenfalls nach Hegel, da er ein Teil der Natur ist, nur eine bloße Erscheinung ist.

151 Diese spezielle Stufung und Aufeinanderfolge von bloß Erscheinendem und Wirklichseiendem ist näher dargelegt in der auf Seite 2 in Anm. 7 bezeichneten Schrift des Verfassers über die Welt in der Sicht der wissenschaftlichen Vernunft, auf die hier verwiesen wird.

152 Es ist dies die vor allem aus anderen Werken Hegels bekannte Lehre, daß nicht alles Existierende schlechthin wirklich ist, daß das Zeitliche, Vergängliche wohl existiert, aber keine „wahrhafte Wirklichkeit" ist, daß im gemeinen Leben alles wirklich ist, in Wahrheit aber ein Unterschied zwischen Erscheinungswelt und Wirklichkeit ist (Hegel, Sämtliche Werke, „Jubiläumsausgabe", Bd. 18, 274, 275); daß nur das Wirklichkeit hat, was der Idee gemäß ist, daß das, was sonst Wirklichkeit heißt, als ein Faules zu betrachten ist, das wohl scheinen kann, aber nicht an und für sich wirklich ist („Vorlesungen über die Philosophie der Weltgeschichte", herausgegeben von Lasson, 2. Aufl. S. 55). „. . . daß überhaupt das Dasein zum Teil E r s c h e i n u n g , und nur zum Teil Wirklichkeit ist . . ." (Enz. § 6). Es ist auch auf Hegels subjektive Logik zu verweisen: „Der Gegenstand, die objektive und subjektive Welt überhaupt s o l l e n mit der Idee nicht bloß k o n g r u i e r e n , sondern sie sind selbst die Kongruenz des Begriffs und der Realität; diejenige Realität, welche dem Begriffe nicht entspricht, ist bloße E r s c h e i n u n g , das Subjektive, Zufällige, Willkürliche, das nicht die Wahrheit ist . . . Ganze, wie der Staat, die Kirche, wenn die Einheit ihres Begriffs und ihrer Realität aufgelöst ist, hören auf zu existieren; der Mensch, das Lebendige ist tot, wenn Seele und Leib sich in ihm trennen." (Log. II 409/5.238, 239.) (In diesem Zusammenhang steht die bekannte Aussage Hegels, und nur unter dieser Einschränkung ist sie zu verstehen, daß alles Wirkliche vernünftig sei.)

Einerseits ist dieses System der Seinsbegriffe ein Bild des Seienden, das uns das Seiende mit geistigem Genuß anschauen und die Welt tiefer, als es der Wissenschaft möglich ist, begreifen läßt.

Aber diesem Bild des Seienden haftet der Mangel an, daß in ihm nur das allgemeine, noch nicht besonderte und insoweit leere Sein der Welt erfaßt wird. „Das System der Logik ist das Reich der Schatten, die Welt der einfachen Wesenheiten, von aller sinnlichen Konkretion befreit."[153]

Die objektive Logik hat jedoch noch eine andere Bedeutung als Wissenschaft von den Kategorien:

Wie wir sahen, ist die übliche Wissenschaft subjektive Wissenschaft und handelt es sich bei ihren Angaben von Gründen und Ursachen in Wahrheit nur um Tautologien. Wir erinnern uns an die Konsequenz, die Hegel hieraus zieht[154]: Die Wissenschaft solle von ihrem Bemühen, derart zu erklären, Abstand nehmen und bei den einfachen Tatsachen stehen bleiben. — Aber eine solche begrifflose Anschauung der Mannigfaltigkeit unserer Welt befriedigt uns nicht. **Es muß vielmehr darauf ankommen, auf die von der Wissenschaft ermittelten „einfachen Tatsachen" statt der subjektiven Begriffe der üblichen Wissenschaft die objektiven Begriffe anzuwenden, die sich in der objektiven Logik Hegels ergeben haben. Auf diese Weise ist die Wissenschaft als objektive Wissenschaft[155] neu darzustellen, die erst begreifende Wissenschaft ist**[156]. **Die Begriffe der Logik werden dann nicht mehr leer, und die Anschauungen der Wissenschaft werden dann nicht mehr blind sein**[157]. Das Seiende

---

153 Log. I 41/4.57.
154 Vgl. oben S. 91 f.
155 Diese objektive Wissenschaft unterscheidet sich von der Naturphilosophie. Die Naturphilosophie geht von der Erfahrung aus, stellt dann einen notwendigen Begriff fest und weist zuletzt auf, daß die empirische Erscheinung in der Tat der Begriffsbestimmung entspricht (vgl. Enz. § 246). Die Herkunft der Begriffe der objektiven Wissenschaft ist hingegen, da sie aus der objektiven Logik stammen, eine höhere: Diese Begriffe bilden ein umfassendes System und sind „Begriff, der sich selbst bestimmt".
156 Diese Wissenschaft soll nicht etwa an die Stelle der üblichen Wissenschaft treten, sondern neben dieser bestehen und über ihr stehen. Zwischen beiden Wissenschaften, der Wissenschaft des Verstandes und der Wissenschaft der Vernunft, soll ein gegenseitig befruchtendes Verhältnis bestehen — wie es überhaupt zwischen Verstand und Vernunft herrschen soll.
157 Wir denken an das Wort Kants (Kr. d. r. V. S. 75, 76): Daher ist es ebenso notwendig, seinen Begriffen den Gegenstand in der Anschauung beizufügen als seine Anschauungen unter Begriffe zu bringen.

wird sich dann nicht mehr als Reich der Schatten, sondern als leuchtende Wirklichkeit darstellen[158].

---

158 Der Verfasser hat (in der auf Seite 2, in Anm. 7 bezeichneten Abhandlung) die objektive Logik Hegels auf unser heutiges Wissen von der Welt angewandt und hierbei überraschend gefunden, daß die Welt auf diese Weise wieder als Kosmos erscheint. Es ist dies dem Sichtbarwerden von Kraftlinien eines Magneten ähnlich, über den man ein Stück Papier legt, auf das man Eisenfeilspäne streut. Ebenso ordnen sich nämlich die Ergebnisse der Erfahrungswissenschaften von der Welt, wenn sie in das gedankliche Kraftfeld der objektiven Logik gebracht werden, zu einem periodischen System der Welt.
In diesem Weltbild erscheint der Hegelsche Dreischritt in einem kleinerem Maßstab als in der großen Folge: Logisches - Natur - Geist, indem nämlich in ihm drei Dreischritte aufeinander folgen: ein Dreischritt der Entwicklung und Stufung der Körperlichkeit, ein Dreischritt der Entwicklung und Stufung der Sinnlichkeit und ein Dreischritt der Entwicklung und Stufung der Geistigkeit. Es gibt hiernach bloß daseiende bzw. bloß erscheinende Körperlichkeit (unlebendiger Körper), Sinnlichkeit (unlebendiges sinnliches Bewußtsein) und Geistigkeit (unlebendiges geistiges Bewußtsein) und fürsichseiende und wirklichseiende Körperlichkeit (Organismus), Sinnlichkeit (sinnliches Ich) und Geistigkeit (geistige Person).
Der Verfasser glaubt, daß sich in dieser – nach seiner Meinung zwanglosen – Anwendbarkeit der Hegelschen Logik auf unser wissenschaftliches Wissen von der Welt zeigt, daß hier Gedanke – eben die objektive Logik – und Sein übereinstimmen, wobei man sogar mit Friedrich Engels („Ludwig Feuerbach und der Ausgang der klassischen Philosophie" in „Marx Engels Werke", Bd. 21, Berlin 1962, S. 293) der Meinung sein könnte, die Gesetze der äußeren Welt wie des Denkens seien der Sache nach deshalb identisch, weil die Begriffsdialektik selbst nur der bewußte Reflex der dialektischen Bewegung der wirklichen Welt sei.

DIE SUBJEKTIVE LOGIK
(Die Lehre von der ,,Wahrheit selbst'')

III DER FÜRSICHSEIENDE BEGRIFF
(Die Logik des "Begriffes")

> Der Begriff ist das F r e i e als die
> f ü r s i c h s e i e n d e s u b s t a n -
> t i e l l e M a c h t
>
> Enz. § 160

Hegel bemerkt im Vorbericht zum Dritten Teil seiner „Wissenschaft der Logik"[1], dieser Teil werde unter dem besonderen Titel: System der subjektiven Logik „zur Bequemlichkeit derjenigen Freunde dieser Wissenschaft ausgegeben, die für die hier abgehandelten, in dem Umfange der gewöhnlich sogenannten Logik befaßten Materie ein größeres Interesse zu haben gewohnt sind als für die weiteren logischen Gegenstände, die in den ersten beiden Teilen abgehandelt wurden."[2] Wenn Hegel die Bezeichnung „subjektive Logik" verwendet, um einer Bequemlichkeit entgegenzukommen, kommt nach seiner Meinung in dieser Bezeichnung nicht das eigentliche Wesen der Sache zum Ausdruck. **In der Tat verdeckt diese Bezeichnung, daß es sich auch bei der sogenannten „subjektiven Logik" Hegels — als dem dritten Teil der „Wissenschaft der Logik" — um objektives Denken handelt.**

Es ist weiter vorweg zu sagen, **daß Hegels „subjektive Logik" keine subjektive Logik im üblichen Sinne, nämlich keine Lehre vom richtigen Denken, sondern eine Lehre von der Wahrheit ist**[3]. Wir erinnern daran, daß Hegel in der Einleitung zur — ganzen (!) — „Wissenschaft der Logik" sagt, die Logik sei das Reich des reinen Gedankens, ihr Inhalt die Darstellung Gottes, wie er in seinem ewigen Wesen vor der Erschaffung der Natur und eines endlichen Geistes sei.

Auf dem Standpunkt der Hegelschen Wissenschaft der Logik ist der Unterschied zwischen dem Seienden und dem menschlichen Denken noch nicht vor-

---

1 Log. II 211/5.3.
2 Diese Begründung kann sich aber nur auf den ersten der drei Teile der subjektiven Logik beziehen, nämlich auf die Lehre von der Subjektivität oder von Begriff, Urteil und Schluß. (Hegel sagt in Enz. § 162 treffender: „Die gewöhnliche Logik faßt nur die Materien in sich, die hier als **Teil des dritten** Teils des Ganzen vorkommen ...")
3 Hegel (Log. II 211/5.3) bemerkt über seine Arbeit der Entwicklung seiner „subjektiven Logik": „Für diese früheren Teile konnte ich auf die Nachsicht billiger Beurteiler wegen der wenigen Vorarbeiten Anspruch machen, die mir einen Anhalt, Materialien und einen Faden des Fortgangs hätten gewähren können. Bei dem gegenwärtigen darf ich diese Nachsicht vielmehr aus dem entgegengesetzten Grunde ansprechen, indem sich für die Logik des B e g r i f f s ein völlig fertiges und festgewordenes, man kann sagen, verknöchertes Material vorfindet und die Aufgabe darin besteht, dasselbe in Flüssigkeit zu bringen und den lebendigen Begriff in solchem toten Stoffe wieder zu entzünden." Log. II 211/5.3.

h a n d e n . (So ist also auch die Lehre Hegels von Begriff, Urteil und Schluß im Ersten Abschnitt der „subjektiven Logik" keine Lehre vom selbstbewußten Denken, sondern von der logischen Natur des Seins. Wie wir sehen werden, werden hier Begriff, Urteil und Schluß ganz allgemein genommen: Jedes Ding ist ein Begriff (d. h. ein Allgemeines, ein Besonderes und ein Einzelnes), ein Urteil (d. h. ein Allgemeines, das vereinzelt ist) und ein Schluß (d. h. ein Allgemeines, das durch die Besonderheit mit der Einzelheit zusammengeschlossen ist)[4].

Andererseits gibt die Bezeichnung „subjektive Logik" in einem ganz anderen Sinn den Inhalt des dritten Teiles der „Wissenschaft der Logik" als Lehre vom Begriff richtig wieder, indem diese vom f ü r s i c h s e i e n d e n Begriff handelt. Die Vollendung der Substanz – des letzten Gegenstandes der „objektiven Logik" – ist nicht mehr die Substanz selbst, sondern „ein Höheres, der B e g r i f f , das S u b j e k t "[5]. Besonders ist die Bezeichnung „subjektive Logik" zutreffend, als die hier dargestellte Entwicklung des fürsichseienden Begriffs dazu führt, daß dieser zu einer solchen Existenz gedeiht, in welcher der Begriff nichts anderes ist als I c h oder das r e i n e S e l b s t b e w u ß t - s e i n[6].

* *
*

Die „Wissenschaft der Logik" handelt in ihrem Ganzen von der Wahrheit[7], aber die „subjektive Logik" handelt von der „W a h r h e i t s e l b s t"[8]. Sie handelt von dem „Begriff", der die W a h r h e i t v o n „S e i n" u n d „W e - s e n " ist[9], der die „Wahrheit der Substanz" ist[10]. (Innerhalb der „subjektiven Logik" handelt erst die Lehre von der „Idee" von dem „Wahren als solchen": „Die Idee ist . . . das objektive W a h r e oder das W a h r e a l s s o l - c h e s "[11].)

Wie die ganze „Wissenschaft der Logik" von der Wahrheit handelt, aber erst die „subjektive Logik" von der Wahrheit selbst, oder wie die ganze „Wissenschaft der Logik" den Begriff, aber erst die „subjektive Logik" den Begriff selbst behandelt[12], so stellt auch die ganze „Wissenschaft der Logik" eine Lo-

---

4 Entsprechendes gilt für die in der „objektiven Logik" dargestellten reinen Begriffe des Seienden, die Grundformen, Kategorien des Seins und des Denkens sind.
5 Log. II 216/5.9.
6 Log. II 220/5.13, 14.
7 Vgl. z. B. Log. I 31/4.45, 46.
8 Log. II 211/5.4.
9 Log. II 213/5.5.
10 Log. II 214/5.6.
11 Log. II 407/5.236.
12 Die Lehre der „objektiven Logik" vom „Sein" und vom „Wesen" macht nur die „genetische Exposition des Begriffes" aus. Log. II 213/5.6.

gik dar, ist jedoch erst und nur die „subjektive Logik" die L o g i k s e l b s t.

Während die „objektive Logik" von dem Verhältnis von Sein und Nichtsein („Nichtsein überhaupt" bzw. „eigenem Nichtsein") handelt, handelt die „subjektive Logik" vom Verhältnis von Denken und Außersichsein des Denkens.

Ist das Fortgehen des Begriffs in der „objektiven Logik" ein Ü b e r g e h e n bzw. e i n S c h e i n e n i n A n d e r e s , so ist das Fortgehen des Begriffs in der „subjektiven Logik" E n t w i c k l u n g [13].

Ist die „objektive Logik" d r a u f s i c h t i g e Erfassung des Werdens der einzelnen Seinsbegriffe als Werden des Systems der Begriffe des Seienden, so ist die „subjektive Logik" e i n s i c h t i g e Erfassung des Werdens des fürsichseienden Begriffs[14],[15].

Die „subjektive Logik" handelt von der Entwicklung des formellen Begriffs zum reellen Begriff und des reellen Begriffs zum realen Begriff[16],[17]. Der Begriff geht hierbei von der Subjektivität zur Objektivität über und wird schließlich Subjekt-Objekt[18]. (Wir sehen in der „subjektiven Logik" denselben Fortgang wie in den beiden Teilen der „objektiven Logik" von einer nicht realen Stufe zu einer Stufe der Realisierung überhaupt und von dort zu einer Stufe einer Realisierung als absolut.)

Wie schon oben[19] vorwegnehmend bemerkt worden ist, betrachtet die „subjektive Logik", die Lehre vom Begriff, das Sein nochmals — von unten bis oben — auf höherer Ebene als die Lehre vom „Sein" und die Lehre vom „Wesen".

13 Vgl. Enz. § 161.
14 Enz. § 161. „Die M e t a m o r p h o s e kommt nur dem Begriffe als solchem zu, da dessen Veränderung allein Entwicklung ist." Enz. § 249.
15 Der E i n s i c h t entspricht, daß die „subjektive Logik" von der zum Begriffe befreiten Substanz und s i c h s e l b s t d u r c h s i c h t i g e r K l a r h e i t handelt. „Die Dunkelheit der im Kausalitätsverhältnisse stehenden Substanzen füreinander ist verschwunden, denn die Ursprünglichkeit ihres Selbstbestehens ist in Gesetztsein übergegangen und dadurch zur sich selbst durchsichtigen K l a r h e i t geworden." Log. II 219/5.12. Die in der „subjektiven Logik" dargestellte Entwicklung des Begriffs wiederum gipfelt darin, daß die absolute Idee sich vollkommen durchsichtig ist. „ . . . das einfache Sein, zu dem sich die Idee bestimmt, bleibt ihr vollkommen durchsichtig und ist der in seiner Bestimmung bei sich selbst bleibende Begriff." Log. II 505/5.353, vgl. auch Log. II 485/5.328, 329.
16 Wir sagten oben von den reinen Begriffen des Seienden, daß in der „objektiven Logik" Hegels die Begriffe nicht einfach aufgezählt, sondern in ihrem lebendigen Zusammenhang aufgezeigt werden. Entsprechend ist es bei der „subjektiven Logik". Dies wird besonders in ihrem ersten Teil deutlich. Während in der üblichen subjektiven Logik die Arten der Begriffe, der Urteile und der Schlüsse aufgezählt werden, sind in der subjektiven Logik Hegels die Begriffe, Urteile und Schlüsse in ihrem lebendigen Zusammenhang dargestellt, in dem wir sie begreifen.
17 Vgl. z. B. Log. II 236/5.33; II 408/5.237.
18 Vgl. z. B. Log. II 236/5.33; II 411/5.241.
19 S. 34.

Die „subjektive Logik" enthält nicht, wie die „objektive Logik", Begriffe des Seienden, sondern den Begriff des Begriffes. (Sie stellt nicht d i e Begriffe, sondern d e n Begriff des Begriffes – in seiner Entwicklung – dar.) Sie handelt nicht mehr von der Substanz, sondern vom „Begriff" als der Wahrheit der Substanz; statt von der Kausalität handelt sie vom „Mechanismus" als der Wahrheit des Kausalitätsverhältnisses[20], statt von der Wechselwirkung von der „Teleologie"[21], statt von der Notwendigkeit von der „Freiheit" als der Wahrheit der Notwendigkeit; sie spricht statt von Substanzen von „Objekten", behandelt die Dinge als „Begriff", „Urteil" und „Schluß"[22].

Wenn wir sagen, daß die subjektive Logik das Sein nochmals – was die objektive Logik schon zweimal getan hat – von unten bis oben betrachtet, ist andererseits der fortlaufende Zusammenhang nicht zu übersehen, daß die subjektive Logik die dritte Stufe des großen Dreischritts der „Wissenschaft der Logik" Begriff an sich – gesetzter Begriff – fürsichseiender Begriff darstellt. Handelte die erste Stufe von der Bestimmtheit und die zweite Stufe von dem Setzen des in der ersten Stufe Bestimmten, so handelt die dritte Stufe vom Fürsichsein des in der ersten Stufe Bestimmten und in der zweiten Stufe Gesetzten. D e r f ü r s i c h s e i e n d e B e g r i f f h a t , was wir anschließend näher sehen werden, d a s G e s e t z t s e i n , d i e S u b s t a n z z u r V o r a u s s e t z u n g : D i e s u b j e k t i v e L o g i k h a n d e l t j a v o n d e r z u m B e g r i f f e b e f r e i t e n S u b s t a n z , v o n d e r f ü r s i c h s e i e n d e n s u b s t a n t i e l l e n M a c h t .

Auch bei der Lektüre der subjektiven Logik begegnen wir wieder der Schwierigkeit, daß ein Gegenstand unter verschiedene sich ausschließende Begriffe fällt, wenn er unter verschiedenen Größenordnungen betrachtet wird. So ist im Ersten Abschnitt der „subjektiven Logik", der von „Begriff", „Urteil" und „Schluß" handelt, ein Urteil und ein Schluß eben kein Begriff, während in übergeordneter Betrachtungsweise die ganze „subjektive Logik" – ja die ganze „Wissenschaft der Logik" – vom Begriff handelt und Urteil und Schluß Begriff sind (das Urteil der gesetzte formelle Begriff, der Schluß der vollständig gesetzte formelle Begriff). Ähnlich ist es mit der „Idee", indem der Dritte Abschnitt der „subjektiven Logik" von der „Idee" handelt, somit die vorangehenden Abschnitte noch nicht die Idee zum Gegenstand haben, während andererseits die ganze „Wissenschaft der Logik" von der „Idee an und für sich" handelt[23].

Während es eine Hauptschwierigkeit der Lektüre der „objektiven Logik" ist, den Anschluß an die Phänomene zu finden und zu erfassen, was den in der „ob-

---

20 Log. II 364/5.186.
21 als unendlicher Progreß der Vermittlung. Log. II 401/5.229; Log. II 404/5.233.
22 Enz. § 167; Log. II 314/5.126.
23 Enz. § 18.

jektiven Logik" dargestellten reinen Begriffen des Seienden konkret in der empirischen Welt entspricht, entfällt bei der „subjektiven Logik", weil hier der Begriff seinen Stoff an sich selbst hat, m.a.W. die subjektive Logik nicht abstrakt ist wie die objektive Logik[24], dieses weitgehende Fragen[25].

Der Verfasser ist allerdings der Ansicht, daß Hegel so wie in der „objektiven Logik" sich auch in der „subjektiven Logik" — also gleicherweise in der gesamten „Wissenschaft der Logik" — auf abstrakte Bezeichnungen hätte beschränken und nicht logische Gegenstände mit Gegenständen der Realität gleichsetzen hätte sollen. Für diese unterschiedliche Handhabung der Bezeichnung und der Darstellung besteht keine sachliche Begründung innerhalb der „Logik". Es kommt hinzu, daß Hegel hierbei schwerwiegende Fehler unterlaufen sind, wie wir später aufzeigen werden. **So wie die Lehre vom Sein als Entwicklung des Verhältnisses von Sein und Nichtsein und die Lehre vom Wesen als Entwicklung des Verhältnisses von Wesen und Schein dargestellt ist, hätte entsprechend auch die Lehre vom Begriff als Entwicklung des Verhältnisses von Denken und Aussersichsein des Denkens dargestellt werden können. Wie die Lehre vom Sein (als Qualität) im „Fürsichsein" und die Lehre vom Wesen in der „Wirklichkeit" gipfelt, würde dann die Lehre vom Begriff in der Einheit von Denken und Außersichsein des Denkens, im „Subjekt-Objekt", gipfeln und nicht in der „Idee",** welche nach der Auffassung des Verfassers nicht in der Wissenschaft der L o - g i k hineinpaßt.

* *
 *

Werfen wir noch, um einen Überblick zu gewinnen, einen kurzen Blick voraus auf die Entwicklung des Begriffs, welche in der subjektiven Logik dargestellt wird:

---

24 Man denke an die Hauptgegenstände der subjektiven Logik: „Begriff", „Urteil", „Schluß", „Mechanismus", „Chemismus", „Teleologie", „Leben", „Erkennen", „absolute Idee".

25 Es kommt hinzu: Während die Begriffe der objektiven Logik auf unterschiedliche Verhältnisse anzuwenden sind (etwa der Begriff „Erscheinung" auf die Körperlichkeit, die Sinnlichkeit wie auch auf die Geistigkeit), stellt die subjektive Logik den Entwicklungszusammenhang des Seins vom formellen Begriff bis zur absoluten Idee dar. (Es sind lediglich einige Ausnahmen hiervon eingestreut. So beziehen sich beispielsweise Hegels Ausführungen über den „Mechanismus", wie Hegel ausdrücklich bemerkt (Log. II 365/5.187), auch auf geistige Verhältnisse, z. B. die geistige Mitteilung, die Aussagen über den „Chemismus" (Log. II 377/5.201) auch auf das Geschlechtsverhältnis oder die geistigen Verhältnisse der Liebe, Freundschaft u. dgl.)

In der ersten Stufe ist der Begriff noch unrealisiert, formeller Begriff[26]. In der zweiten Stufe ist der Begriff aus seiner Innerlichkeit hervorgetreten und in das Dasein übergegangen, reeller Begriff[27]. In der dritten Stufe erreicht der Begriff die schlechthin ihm angemessene Realisation, ist er realer Begriff[28].

Vom „Begriff im allgemeinen"
(Von der Natur des Begriffes)

Die subjektive Logik handelt zunächst vom Begriff im allgemeinen oder der N a t u r d e s B e g r i f f e s.

Der Begriff ist die Einheit des Seins und Wesens. „Das Wesen ist die e r s t e N e g a t i o n des Seins, das dadurch zum S c h e i n geworden ist; der Begriff ist die z w e i t e oder die Negation dieser Negation, also das wiederhergestellte Sein, aber als die unendliche Vermittlung und Negativität desselben in sich selbst. — S e i n und W e s e n haben daher im Begriffe nicht mehr die Bestimmung, in welcher sie als S e i n und W e s e n sind, noch sind sie nur in solcher Einheit, daß jedes in dem anderen s c h e i n e. Der Begriff unterscheidet sich daher nicht in diese Bestimmungen. Er ist die Wahrheit des substantiellen Verhältnisses, in welcher Sein und Wesen ihre erfüllte Selbständigkeit und Bestimmung durcheinander erreichen."[29]

Der Begriff hat die Substanz zu seiner unmittelbaren Voraussetzung; sie ist das, was er als Manifestiertes ist. D e r B e g r i f f i s t d i e W a h r h e i t d e r S u b s t a n z. Indem die bestimmte Verhältnisweise der Substanz die Notwendigkeit ist, zeigt sich die F r e i h e i t als die Wahrheit der Notwendigkeit und als die Verhältnisweise des Begriffs[30]. Die Exposition der Substanz, welche zum Begriffe überführt, ist die E n t h ü l l u n g d e r S u b s t a n z[31].

„Im Begriffe hat sich daher das Reich der F r e i h e i t eröffnet. Er ist das freie, weil die a n u n d f ü r s i c h s e i e n d e I d e n t i t ä t, welche die Notwendigkeit der Substanz ausmacht, zugleich als aufgehoben oder als G e s e t z t s e i n ist, und dies Gesetztsein, als sich auf sich selbst beziehend, eben jene Identität ist. Die Dunkelheit der im Kausalitätsverhältnis stehenden Substanzen füreinander ist verschwunden, denn die Ursprünglichkeit ihres Selbstbestehens ist in Gesetztsein übergegangen und dadurch zur sich selbst durchsichtigen K l a r h e i t geworden; die u r s p r ü n g l i c h e S a c h e ist d i e s, indem sie nur die U r s a c h e i h r e r s e l b s t ist, und dies ist die z u m B e g r i f f e b e f r e i t e S u b s t a n z."[32]

---

26 Vgl. Prop. III 1. Überschrift vor § 56.
27 Log. II 236/5.33.
28 Log. II 237/5.33.
29 Log. II 235/5.31.

30 Log. II 213, 214/5.6.
31 Log. II 218/5.11.
32 Log. II 218, 219/5.12, 13.

Indem die Fortbestimmung des Begriffes vom gesetzten Begriff zum für sich seienden Begriff führt, der somit auch gesetzt ist, indem die Exposition der Substanz, welche zum Begriffe überführt, die Enthüllung der Substanz ist, indem hier die Sache die zum Begriffe befreite Substanz ist, zeigt sich mit aller Deutlichkeit, daß, was nicht verkannt werden darf, **der Begriff, von dessen Entwicklung die „subjektive Logik" Hegels handelt, ein Seiendes ist**: „Der Begriff ist das **Freie** als **die für sich seiende substantielle Macht**"[33]. **Die logischen Formen des Begriffes sind** nicht, wie die Logik des Begriffs gewöhnlich als nur formelle Wissenschaft verstanden wird, tote, unwirksame und gleichgültige Behälter von Gedanken, sondern umgekehrt **der lebendige Geist des Wirklichen, und von dem Wirklichen ist wahr nur, was kraft dieser Formen, durch sie und in ihnen wahr ist**[34].

„Weil das An- und Fürsichsein unmittelbar als **Gesetztsein** ist, ist der Begriff in seiner einfachen Beziehung auf sich selbst absolute **Bestimmtheit**; aber welche ebenso als sich nur auf sich beziehend unmittelbar einfache Identität ist. Aber diese **Beziehung der Bestimmtheit auf sich selbst**, als das **Zusammengehen** derselben mit sich, ist ebensosehr die **Negation der Bestimmtheit**, und der Begriff ist diese Gleichheit mit sich selbst das **Allgemeine**. Aber diese Identität hat so sehr die Bestimmung der Negativität; sie ist die Negation oder Bestimmtheit, welche sich auf sich bezieht; so ist der Begriff **Einzelnes**. Jedes von ihnen ist die Totalität, jedes enthält die Bestimmung des Andern in sich, und darum sind diese Totalitäten ebenso schlechthin nur **Eine**, als diese Einheit der Diremption ihrer selbst in den freien Schein dieser Zweiheit ist, — einer Zweiheit, welche in dem Unterschied des **Einzelnen** und **Allgemeinen** als vollkommener Gegensatz erscheint, der aber so sehr **Schein** ist, daß, indem das eine begriffen und ausgesprochen wird, darin das Andere unmittelbar begriffen und ausgesprochen ist.

Das soeben Vorgetragene ist als der **Begriff des Begriffes** zu betrachten."[35]

Wenn dieser Begriff des Begriffes von demjenigen abzuweichen scheinen könne, was man sonst unter Begriff verstehe, so könne verlangt werden, sagt Hegel, daß aufgezeigt werde, wie dasselbe, was sich hier als Begriff ergeben habe, in anderen Vorstellungen und Erklärungen enthalten sei. Hegel setzt sich deshalb hiermit näher auseinander[36].

---

33 Enz. § 160.
34 Enz. § 162.
35 Log; II 218, 219/5.12, 13.
36 Log. II 219 ff./5.13 ff.

A Die Subjektivität
(Die Logik des „formellen Begriffs")

Im ersten Abschnitt der subjektiven Logik handelt Hegel von Begriff, Urteil und Schluß. Liest man diese Überschriften, so drängt sich als erster Eindruck auf, Hegel stelle hier die gewöhnliche Logik als Lehre vom subjektiven Denken dar. Diese Meinung ist jedoch abzulegen. Die Lehre Hegels von Begriff, Urteil und Schluß stellt vielmehr in objektivem Denken den Begriffszusammenhang von Begriff, Urteil und Schluß, und zwar die Entwicklung vom Begriff zum Urteil und vom Urteil zum Schluß dar. Hegel zeigt hier den Begriff des Begriffes, den Begriff des Urteils und den Begriff des Schlusses auf. Auch die gewöhnliche Logik erläutert, was unter Begriff, Urteil und Schluß zu verstehen ist. Diese Erläuterungen der gewöhnlichen Logik stellen jedoch nur Definitionen dar. **Hegel hingegen entwickelt hier Begriff, Urteil und Schluß als objektive Begriffe in einem lebendigen Zusammenhang.**

„**Zuerst ist** ... der Begriff nur **an sich** die Wahrheit; weil er **nur ein Inneres** ist, so ist er ebensosehr **nur ein Äußeres**. Er ist **zuerst** überhaupt ein **Unmittelbares** und in dieser Gestalt haben seine Momente die Form von **unmittelbaren, festen Bestimmungen**. Er erscheint als der **bestimmte Begriff**, als die Sphäre des bloßen **Verstandes**. — Weil diese Form der Unmittelbarkeit ein seiner Natur noch nicht angemessenes Dasein ist, da er das sich nur auf sich selbst beziehende **Freie** ist, so ist sie eine **äußerliche** Form, in der der Begriff nicht als An- und Fürsichseiendes, sondern als **nur Gesetztes** oder ein **Subjektives** gelten kann. Die Gestalt des **unmittelbaren Begriffes** macht den Standpunkt aus, nach welchem der Begriff ein subjektives Denken, eine der **Sache** äußerliche Reflexion ist. Diese Stufe macht daher die **Subjektivität** oder den **formellen Begriff** aus. Die Äußerlichkeit desselben erscheint in dem **festen Sein seiner Bestimmungen**, wodurch jede für sich als ein Isoliertes, Qualitatives auftritt, das nur in äußerlicher Beziehung auf sein Anderes ist."[37]

Wie die Lehre vom „Sein" und die Lehre vom „Wesen" mit einem Nichts beginnt, beginnt auch die Lehre vom „Begriff" mit dem „formellen Begriff" mit einem Nichts, mit dem noch unrealisierten Begriff: Erst in der zweiten Stufe der Entwicklung des „Begriffs", in der Stufe der „Objektivität", haben wir „den aus seiner **Innerlichkeit hervorgetretenen** und in das Dasein übergegangenen reellen Begriff" vor uns[38].

---

37 Log. II 236/5.32, 33.
38 Log. II 236/5.33.

Im Anfang ist der Unterschied oder das Gesetztsein des Begriffes nur ein Schein, B e g r i f f a l s s o l c h e r . In der folgenden Stufe setzt sich der formelle Begriff als das Negative oder das Andere seiner selbst. Als Beziehung seiner als selbständig und gleichgültig gesetzten Momente ist er das U r t e i l . In der dritten Stufe der Entwicklung des formellen Begriffs ist die Einheit des in seinen selbständigen Momente verlorenen Begriffs gesetzt. Durch die dialektische Bewegung des Urteils ist dieses zum S c h l u ß geworden, zum vollständig gesetzten formellen Begriff, indem im Schluß ebensowohl die Momente desselben als selbständige Extreme, wie auch deren vermittelnde Einheit gesetzt ist. Wir sehen, daß die Entwicklung und Stufung des formellen Begriffs: Begriff-Urteil-Schluß wieder einen Dreischritt darstellt.

a D e r „B e g r i f f "
(der formelle Begriff als solcher)

Der Begriff enthält die drei Momente: A l l g e m e i n h e i t , B e s o n d e r h e i t , E i n z e l h e i t . Zuerst ist der Begriff reiner Begriff oder die Bestimmung der A l l g e m e i n h e i t . Zweitens ist der Begriff dadurch als dieser b e s o n d e r e oder als der bestimmte Begriff, welcher als gegen andere unterschieden gesetzt ist. Drittens, die E i n z e l h e i t ist der aus dem Unterschiede in die absolute Negativität sich reflektierende Begriff.

Der allgemeine Begriff

Der Begriff ist zuerst r e i n e B e z i e h u n g auf sich, die Allgemeinheit des Begriffes[39].

Das Allgemeine ist das Einfache, welches ebensosehr das Reichste in sich selbst ist.

Das Allgemeine ist nicht nur eine vorübergehende Stufe in der Entwicklung des Begriffs, sondern ein Dauerndes. Das Allgemeine ist die S e e l e des Konkreten, dem es inwohnt, ungehindert und sich selbst gleich in dessen Mannigfaltigkeit und Verschiedenheit. Es wird nicht mit in das Werden gerissen, sondern kontinuiert sich ungetrübt durch dasselbe und hat die Kraft unveränderlicher, unsterblicher Selbsterhaltung[40].

„Das Allgemeine ist daher die f r e i e Macht; es ist es selbst und greift über sein Anderes über; aber nicht als ein G e w a l t s a m e s , sondern das viel-

---

39 Log. II 240/5.37.
40 Log. II 242/5.38, 39.

mehr in demselben ruhig und b e i s i c h s e l b s t ist. Wie es die freie Macht genannt worden, so könnte es auch die f r e i e L i e b e und s c h r a n k e n - l o s e S e l i g k e i t genannt werden, denn es ist ein Verhalten seiner zu dem U n t e r s c h i e d e n e n nur als z u s i c h s e l b s t ; in demselben ist es zu sich selbst zurückgekehrt."[41],[42]

Obgleich der Begriff hier nur erst als das Allgemeine und nur mit sich I d e n t i s c h e ist und noch nicht zur B e s t i m m t h e i t fortgegangen ist, kann von dem Allgemeinen nicht ohne die Bestimmtheit, welche näher die Besonderheit und Einzelheit ist, gesprochen werden; „denn es enthält sie in seiner absoluten Negativität an und für sich; die Bestimmtheit wird also nicht von außen dazugenommen, wenn beim Allgemeinen von ihr gesprochen wird. Als Negativität überhaupt oder nach d e r e r s t e n, u n m i t t e l b a r e n Negation hat es die Bestimmtheit überhaupt als B e s o n d e r h e i t an ihm; als Z w e i t e s, als Negation der Negation ist es a b s o l u t e B e s t i m m t - h e i t oder E i n z e l h e i t und K o n k r e t i o n . — Das Allgemeine ist somit die Totalität des Begriffes; es ist Konkretes, ist nicht ein Leeres, sondern hat vielmehr durch seinen Begriff I n h a l t , — einen Inhalt, in dem es sich nicht nur erhält, sondern der ihm eigen und immanent ist. Es kann von dem Inhalte wohl abstrahiert werden; so erhält man aber nicht das Allgemeine des Begriffs, sondern das A b s t r a k t e ."[43]

„Leben, Ich, Geist, absoluter Begriff sind nicht Allgemeine nur als höhere Gattungen, sondern Konkrete, deren Bestimmtheiten auch nicht nur Arten oder niedrige Gattungen sind, sondern die in ihrer Realität schlechthin nur in sich und davon erfüllt sind. Insofern Leben, Ich, endlicher Geist wohl auch nur bestimmte Begriffe sind, so ist ihre absolute Auflösung in demjenigen Allgemeinen, welches als wahrhaft absoluter Begriff, als Idee des unendlichen Geistes zu fassen ist, dessen G e s e t z t s e i n die unendliche, durchsichtige Realität ist, worin er seine S c h ö p f u n g und in ihr sich selbst anschaut."[44]

Der besondere Begriff

„Das wahrhafte, unendliche Allgemeine, welches unmittelbar ebensosehr Besonderheit als Einzelheit in sich ist, ist nun zunächst näher als B e s o n d e r - h e i t zu betrachten. Es b e s t i m m t sich frei; seine Verendlichung ist kein

---

41 Log. II 242, 243/5.39, 40.
42 Diese und folgende Ausführungen, in denen Hegel nicht vom logischen Allgemeinen des reinen Begriffs, sondern vom Allgemeinen als dem trinitarischen Gott handelt, gehören nicht der Logik, sondern der Religionsphilosophie an.
43 Log. II 243/5.40.
44 Log. II 244, 245/5.41, 42.

Übergehen, das nur in der Sphäre des Seins statthat; es ist schöpferische Macht als die absolute Negativität, die sich auf sich selbst bezieht. Es ist als solche das Unterscheiden in sich, und dieses ist B e s t i m m e n dadurch, daß das Unterscheiden mit der Allgemeinheit eins ist. Somit ist es ein Setzen der Unterschiede selbst als allgemeiner, sich auf sich beziehender. Hierdurch werden die f i x i e r t e , isolierte Unterschiede. Das isolierte B e s t e h e n des Endlichen, das sich früher als sein Fürsichsein, auch als Dingheit, als Substanz bestimmte, ist in seiner Wahrheit die Allgemeinheit, mit welcher Form der unendliche Begriff seine Unterschiede bekleidet, — eine Form, die eben einer seiner Unterschiede selbst ist. Hierin besteht das S c h a f f e n des Begriffs, das nur in diesem Innersten desselben selbst zu begreifen ist."⁴⁴

Die Bestimmtheit des Begriffs, welche die B e s o n d e r h e i t ist, ist keine G r e n z e , so daß sie sich zu einem A n d e r e n als einem J e n s e i t s ihrer verhielte, vielmehr, wie sich soeben zeigte, das eigene immanente Moment des Allgemeinen; dieses ist daher in der Besonderheit nicht bei einem Andern, sondern schlechthin bei sich selbst.

Das Einzelne

Die Abstraktion kommt vom Wege des Begriffes ab und verläßt die Wahrheit, indem ihr höheres und höchstes Allgemeine, zu dem sie sich erhebt, nur die immer inhaltsloser werdende Oberfläche ist. Leben, Geist, Gott vermag die Abstraktion deswegen nicht zu fassen, weil sie von ihren Erzeugnissen die Einzelheit, das Prinzip der Individualität und Persönlichkeit, abhält und so zu nichts als leb- und geistlosen, farb- und gehaltlosen Allgemeinheiten kommt.

I n W a h r h e i t i s t d i e von dieser Abstraktion verschmähte E i n z e l h e i t d i e T i e f e , i n d e r d e r B e g r i f f s i c h s e l b s t e r f a ß t u n d a l s B e g r i f f g e s e t z t i s t ⁴⁵. Die Allgemeinheit und die Besonderheit erscheinen einerseits als Momente des Werdens der Einzelheit. Aber sie sind auch an ihm selbst der totale Begriff, gehen somit in der Einzelheit nicht in ein Anderes über, sondern in der Einzelheit ist nur gesetzt, was sie an und für sich sind.

Das Einzelne ist dasselbe, was das Wirkliche ist, nur daß jenes aus dem Begriffe hervorgegangen, somit als Allgemeines, als die negative Identität mit sich gesetzt ist. Die Einzelheit des Begriffes ist schlechthin das Wirkende, und zwar nicht mehr wie die Ursache mit dem Scheine, ein Anderes zu wirken, sondern d a s W i r k e n d e s e i n e r s e l b s t ⁴⁶.

---

45 Log. II 260/5.60.
46 Enz. § 163.

b Das „Urteil"
(Der als das Andere seiner selbst gesetzte formelle Begriff)

Hegel legt sodann dar, wie der formelle Begriff zum „gesetzten" formellen Begriff, d. h. zum Urteil, wird und welche Urteile und welche Unterarten von Urteilen es durch „Fortbestimmung des Urteils" notwendigerweise gibt.

Weil der Begriff als solcher die absolute Negativität ist, so dirimiert er sich und setzt sich als das **Negative** oder als das **Andere** seiner selbst. (Der Begriff leitet sich ja überhaupt weiter durch das Negative, das er an sich selbst hat.) Weil der Begriff erst der **unmittelbare** ist, hat dies Setzen oder Unterscheiden die Bestimmung, daß die Momente **gleichgültig gegeneinander** und jedes für sich wird; seine Einheit ist in dieser **Teilung** nur noch äußere **Beziehung**. So als **Beziehung** seiner **selbständig** und **gleichgültig** gesetzten Momente ist der Begriff das Urteil[47].

Das Urteil wird gewöhnlich in **subjektivem** Sinn genommen als eine **Operation** und **Form**, die bloß im **selbstbewußten Denken** vorkomme. „Dieser Unterschied ist aber im Logischen noch nicht vorhanden, das Urteil ist ganz allgemein zu nehmen: **alle Dinge sind ein Urteil**, - d. h. sie sind **einzelne**, welche eine **Allgemeinheit** oder innere Natur in sich sind; oder ein **Allgemeines, das vereinzelt ist**."[48]

Die Fortbestimmung des Urteils führt zu vier Urteilen: Urteil des Daseins (mit den Unterarten positives Urteil, negatives Urteil und unendliches Urteil), Urteil der Reflexion (mit den Unterarten singuläres Urteil, partikuläres Urteil, universelles Urteil), Urteil der Notwendigkeit (mit den Unterarten kategorisches Urteil, hypothetisches Urteil, disjunktives Urteil) und Urteil des Begriffes (mit den Unterarten assertorisches Urteil, problematisches Urteil, apodiktisches Urteil).

Zum Gesamtverständnis der Hegelschen „Wissenschaft der Logik" sind die von Hegel dargestellten Urteile im einzelnen ohne Bedeutung. Wir wollen sie deshalb hier nicht weiter betrachten und uns damit begnügen, sie im Anhang unter „Verwendung der Begriffe" näher zu bezeichnen.

c Der „Schluß"
(Der vollständig gesetzte formelle Begriff)

Schließlich legt Hegel dar, wie der „gesetzte" formelle Begriff zum „vollständig gesetzten" formellen Begriff, d. h. wie das Urteil zum Schluß wird und

47 Log. II 238/5.34.
48 Enz. § 167.

welche Schlüsse und welche Unterarten von Schlüssen es notwendigerweise durch „Fortbestimmung des Schlusses" gibt.

Das Urteil enthält wohl die Einheit des in seine selbständigen Momente verlorenen Begriffes, aber diese Einheit ist nicht g e s e t z t . Sie wird gesetzt durch die dialektische Bewegung des Urteils, das hierdurch zum S c h l u ß geworden ist, zum vollständig gesetzten formellen Begriff, indem im Schluß ebensowohl die Momente desselben als s e l b s t ä n d i g e Extreme, wie auch deren v e r m i t t e l n d e E i n h e i t g e s e t z t i s t[49].

Auf diesem Standpunkt der Entwicklung der Subjektivität ist die Sache selbst ein Schluß. „Alle Dinge sind der S c h l u ß , ein Allgemeines, das durch die Besonderheit mit der Einzelheit zusammengeschlossen ist."[50]

Die Fortbestimmung des Schlusses führt zu drei Schlüssen: dem Schluß des Daseins (mit den Unterarten oder Figuren E–B–A, B–E–A, E–A–B, A–A–A), dem Schluß der Reflexion (mit den Unterarten Schluß der Allheit, Schluß der Induktion, Schluß der Analogie) und dem Schluß der Notwendigkeit (mit den Unterarten kategorischer Schluß, hypothetischer Schluß, disjunktiver Schluß).

Da die genannten Schlüsse für das Verständnis der Hegelschen „Wissenschaft der Logik" nicht von Bedeutung sind, werden sie hier nicht dargestellt. Sie werden jedoch im Anhang unter „Verwendung der Begriffe" näher bezeichnet.

B D i e O b j e k t i v i t ä t
(Die Logik des „reellen Begriffs")

Im ersten Abschnitt der subjektiven Logik „Die Subjektivität" war der Begriff ein subjektives Denken, eine der Sache äußerliche Reflexion[51]. Der zweite Abschnitt handelt nun von der Sache, die an und für sich ist. Die Subjektivität, das Fürsichsein des Begriffes, ist in das Ansichsein desselben, die Objektivität, übergegangen. Als fürsichseiende Identität ist der Begriff von seiner ansichseienden Objektivität unterschieden und hat er dadurch Äußerlichkeit[52]. „Der Begriff in seiner O b j e k t i v i t ä t ist die a n - u n d f ü r s i c h s e i e n d e S a c h e s e l b s t ."[53] (Das Objektive bedeutet das An- und Fürsichseiende.) Der Begriff hat eine solche Realität gewonnen, welche Objektivität ist[54].

49 Log. II 238/5.34.
50 Log. II 314/5.126.
51 Log. II 236/5.32.
52 Log. II 405/5.235.
53 Log. II 236/5.33.
54 Log. II 351/5.170.

Hegel überschreibt in der Propädeutik diesen Abschnitt mit „Die Realisierung des Begriffes". Die Lehre Hegels von der Objektivität handelt nicht mehr vom formellen, sondern von dem reellen Begriff, d. h. von dem aus seiner Innerlichkeit hervorgetretenen und in das Dasein übergegangenen Begriff[55].

Wir weisen auf unsere späteren zusammenfassenden Ausführungen[56] hin, daß erst in der zweiten Dreischrittstufe allgemein die Realisierung beginnt. Wir können hier auch nochmals einen Blick auf das obige Schema[57] werfen. Aus ihm sehen wir, wie diese Stufe der Objektivität der Stufe des „Daseins" bzw. des „erscheinenden Wesens" entspricht. — Wie hier in der Entwicklung des „Seins" Sein und Nichts und in der Entwicklung des „Wesens" Wesen und Erscheinung noch getrennt sind, so sind in der Entwicklung des „Begriffs" subjektiver Begriff und Objektivität noch getrennt.

Weil die Identität mit der Objektivität, die der Begriff an und für sich als subjektiver Begriff mit ihr hat, hier noch nicht gesetzt ist, besteht in der Stufe der „Objektivität" neben der Begrifflichkeit die begriffliche Mannigfaltigkeit.

Hegels Lehre von der Objektivität handelt von den Objekten und gliedert sich in die Stufen der Entwicklung des Verhältnisses der Objekte: Die Objekte sind zunächst auseinander (Mechanismus). Dann ist, indem die Einheit des Begriffs sich als immanentes Gesetz der Objekte selbst zeigt, ihre Selbständigkeit aufgehoben (Chemismus). Schließlich ist die wesentliche Einheit der Objekte als unterschieden von ihrer Selbständigkeit gesetzt (Teleologie).

Wie schon bemerkt[58], beziehen sich die Ausführungen Hegels über den Mechanismus und den Chemismus nicht nur auf materielle, sondern auch auf geistige Objekte und Prozesse; sie beziehen sich ferner auf das Schicksal[59].

a Der Mechanismus

Im Mechanismus „sind die Unterschiedenen v o l l s t ä n d i g e und s e l b s t ä n d i g e O b j e k t e , die sich daher auch in ihrer Beziehung nur als s e l b s t ä n d i g e zueinander verhalten und sich in jeder Verbindung ä u ß e r l i c h bleiben. — Dies macht den Charakter des M e c h a n i s m u s aus, daß, welche Beziehung zwischen den Verbundenen stattfindet, diese Beziehung ihnen eine f r e m d e ist, welche ihre Natur nichts angeht und, wenn sie auch mit dem Schein eines Eins verknüpft ist, nicht weiter als Z u s a m m e n s e t z u n g , V e r m i s c h u n g , Haufen usw. bleibt. Wie der m a t e r i e l l e

---

55 Log. II 236/5.33.
56 S. 146 ff.
57 S. 34 ff.
58 S. 121, Anm. 25.
59 Log. II 370/5.192.

Mechanismus, so besteht auch der g e i s t i g e darin, daß die im Geiste Bezogenen sich einander und ihm selbst äußerlich bleiben. Eine m e c h a n i sche Vorstellungsweise, ein mechanisches Gedächtnis, die Gewohnheit, eine mechanische Handlungsweise bedeuten, daß die eigentümliche Durchdringung und Gegenwart des Geistes bei demjenigen fehlt, was er auffaßt oder tut."⁶⁰

Das mechanische Objekt

Das mechanische Objekt ist zunächst insofern unbestimmt, als es keinen bestimmten Gegensatz an ihm hat. Das mechanische Objekt hat die Bestimmtheit als eine u n b e s t i m m t e, d.h. v e r h ä l t n i s l o s e M a n n i g f a l t i g k e i t an ihm. Seiten, Teile, die an ihm unterschieden werden können, gehören einer äußeren Reflexion an. Der unbestimmte Unterschied ist nur, daß es m e h r e r e Objekte gibt, deren jedes seine Bestimmtheit nur in seine Allgemeinheit reflektiert enthält und n i c h t n a c h a u ß e n scheint. Weil ihm diese unbestimmte Bestimmtheit wesentlich ist, ist es in sich selbst eine solche M e h r h e i t und muß daher als Z u s a m m e n g e s e t z t e s, als A g g r e g a t betrachtet werden.

Das mechanische Objekt ist gegen die B e s t i m m u n g e n a l s e i n z e l n e g l e i c h g ü l t i g. Diese sind daher nicht aus ihm, noch auseinander begreiflich. Eine Vermischung oder eine Ordnung, ein gewisses Arrangement von Teilen und Seiten, sind Verbindungen, die den so Bezogenen gleichgültig sind.

Das mechanische Objekt hat die Bestimmtheit seiner Totalität a u ß e r i h m, i n a n d e r e n O b j e k t e n, diese ebenso wieder a u ß e r i h n e n und so fort ins Unendliche. Die Rückkehr dieses Hinausgehens ins Unendliche in sich muß zwar gleichfalls angenommen und als eine T o t a l i t ä t vorgestellt werden, als eine W e l t, die aber nichts als die durch die unbestimmte Einzelheit in sich abgeschlossene Allgemeinheit, ein U n i v e r s u m ist.

Der mechanische Prozeß

Zwischen der vollkommenen Gleichgültigkeit der Objekte gegenüber und zwischen der Identität der Bestimmtheit derselben besteht ein Widerspruch. Dieser Widerspruch ist die negative Einheit mehrerer sich in ihr schlechthin abstoßender Objekte, – der mechanische Prozeß.

---

60 Log. II 360/5.180.

Bei dem bloßen Mechanismus werden Gegenstände durch eine dritte Gewalt verbunden oder verändert, so daß diese Verbindung und Veränderung nicht vorher schon in ihrer Natur liegt, sondern ihnen äußerlich und zufällig ist und sie daher in derselben selbständig bleiben.

Der absolute Mechanismus

Die höchste Stufe des Mechanismus ist der absolute Mechanismus.

Es besteht eine **r e e l l e   M i t t e** zwischen den vielen mechanisch aufeinander wirkenden Objekten, durch welche sie **a n   u n d   f ü r   s i c h** zusammengeschlossen sind.

In der materiellen Welt ist es der **Z e n t r a l k ö r p e r**, der die Gattung, aber individuelle Allgemeinheit der einzelnen Objekte und ihres mechanischen Prozesses ist.

Im **G e i s t i g e n** nimmt das Zentrum und das Einssein mit demselben höhere Formen an; aber die Einheit des Begriffs und deren Realität, welche hier zunächst mechanische Zentralität ist, muß auch dort die Grundbestimmung ausmachen. — Die **R e g i e r u n g** ist das absolute Zentrum, worin das Extrem der Einzelnen mit ihrem äußerlichen Bestehen zusammengeschlossen wird; ebenso sind die **E i n z e l n e n** Mitte, welche jenes allgemeine Individuum zur äußerlichen Existenz betätigen und ihr sittliches Wesen in das Extrem der Wirklichkeit übersetzen.

Hatten wir es zuvor mit einem toten Mechanismus zu tun, so ist hier der freie Mechanismus gegeben. Der tote Mechanismus war der mechanische Prozeß von Objekten, die unmittelbar als selbständig erschienen, aber eben deswegen in Wahrheit unselbständig sind und ihr Zentrum außer ihnen haben; dieser Prozeß, der in Ruhe übergeht, zeigt entweder Zufälligkeit und unbestimmte Gleichheit oder formale Gleichförmigkeit. Diese Gleichförmigkeit ist wohl eine Regel, aber nicht Gesetz. Nur der freie Mechanismus hat ein **G e s e t z**, die eigene Bestimmung der reinen Individualität oder des für sich seienden Begriffs; es ist als Unterschied an sich selbst unvergängliche Quelle sich selbst entzündender Bewegung, indem es in der Idealität seines Unterschiedes sich nur auf sich bezieht, **f r e i e   N o t w e n d i g k e i t**.

b Der Chemismus

Die Zentralität entwickelt sich zur Beziehung gegeneinander negativer und gespannter Objektivitäten. So bestimmt sich der freie Mechanismus zum Chemismus.

Das chemische Objekt

Das chemische Objekt unterscheidet sich von dem mechanischen Objekt dadurch, daß das letztere eine Totalität ist, welche gegen die Bestimmtheit gleichgültig ist. Bei dem chemischen Objekt dagegen gehört die B e s t i m m t - h e i t , somit die B e z i e h u n g a u f a n d e r e s und die Art und Weise dieser Beziehung seiner Natur an.

Mit dem Ausdruck Chemismus für das Verhältnis der Differenz der Objektivität ist nicht bloß der eigentlich sogenannte Chemismus gemeint. Im Lebendigen steht das Geschlechtsverhältnis unter diesem Schema, so wie es auch für die geistigen Verhältnisse der Liebe, Freundschaft usw. die formale Grundlage ausmacht.

Der chemische Prozeß

Indem jedes der gespannten Objekte durch seinen Begriff im Widerspruch gegen die eigene Einseitigkeit seiner Existenz steht, somit diese aufzuheben strebt, ist darin unmittelbar das Streben gesetzt, die Einseitigkeit des anderen aufzuheben. Nach der gegenseitigen Ergänzung ist der Prozeß erloschen und ein neutrales Produkt gegeben.

c Die Teleologie
(Die äußere Zweckmäßigkeit)

Nach Mechanismus und Chemismus ist die dritte Stufe der Entwicklung der Objetivität oder des Verhältnisses der Objekte die Teleologie.

Durch die Negation der Äußerlichkeit und Unmittelbarkeit, worin der Begriff als Objekt versenkt war, ist der Begriff als Zweck frei und für sich gegen jene Äußerlichkeit und Unmittelbarkeit gesetzt[61].

Indem der Zweck der Begriff ist, der gesetzt ist, als an ihm selbst sich auf die Objektivität zu beziehen und seinen Mangel, subjektiv zu sein, durch sich aufzuheben, so wird die zunächst äußere Zweckmäßigkeit durch die Realisierung des Zweckes zur inneren und zur Idee. Eines der großen Verdienste Kants um die Philosophie besteht in dieser Unterscheidung zwischen relativer oder äußerer und zwischen innerer Zweckmäßigkeit, wobei er in letzterer den Begriff des Lebens aufgeschlossen hat[62].

---

61 Enz. § 203.
62 Log. II 359/5.179, 180; Log. II 387/5.213.

Mechanismus sowie Chemismus wird unter der Naturnotwendigkeit zusammengefaßt, indem im ersteren der Begriff nicht am Objekt existiert, weil es als mechanisches die Selbstbestimmung nicht enthält, im anderen aber der Begriff entweder eine gespannte, einseitige Existenz hat oder, insofern er als die Einheit hervortritt, welche das neutrale Objekt in die Extreme spannt, sich selbst, insofern er diese Trennung aufhebt, äußerlich ist. Dieser Unfreiheit des Begriffes, diesem Versenktsein in die Äußerlichkeit, steht als der Zweck der Begriff in freier Existenz gegenüber[63].

In der Teleologie wird der Inhalt wichtig, weil sie einen Begriff, ein an und für sich Bestimmtes und damit Selbstbestimmendes voraussetzt. Der Zweck ist seiner Form nach eine in sich unendliche Totalität[64].

Die Zweckbeziehung ist der Schluß des selbständigen freien Begriffs, der sich durch die Objektivität mit sich selbst zusammenschließt[65].

Der subjektive Zweck

Der Zweck ist der subjektive Begriff als wesentliches Streben und Trieb, sich äußerlich zu setzen. (Er ist weder eine Kraft, die sich äußert, noch eine Substanz und Ursache, die in Akzidenzen und Wirkungen sich manifestiert.)

Der Zweck ist der an der Objektivität zu sich selbst gekommene Begriff. Er hat noch eine wahrhaft **außerweltliche** Existenz, insofern ihm die Objektivität gegenübersteht, so wie diese dagegen als ein mechanisches und chemisches, noch nicht zum Zweck bestimmtes und durchdrungenes Ganzes ihm gegenübersteht.

Der Zweck ist in ihm selbst der Trieb seiner Realisierung. Der Begriff stößt sich von sich selbst ab. Dies Abstoßen ist der **Entschluß** überhaupt der Beziehung der negativen Einheit auf sich, wodurch sie **ausschließende Einzelheit** ist; aber durch dies **Ausschließen entschließt** sie sich oder schließt sich **auf**, weil es **Selbstbestimmen, Setzen seiner selbst** ist.

Das Mittel

Das erste unmittelbare Setzen im Zwecke ist zugleich das Setzen eines Innerlichen, d. h. als gesetzt Bestimmten, und zugleich das Voraussetzen einer ob-

---

63 Log. II 385/5.210.
64 Log. II 386/5.212.
65 Log. II 390/5.216.

jektiven Welt, welche gleichgültig gegen die Zweckbestimmung ist. Dies Setzen ist der Anfang des ausgeführten Zwecks. Das so bestimmte Objekt ist erst das Mittel.

Der Zweck schließt sich durch ein Mittel mit der Objektivität und in dieser mit sich selbst zusammen. Das Mittel ist die Mitte des Schlusses.

Begriff und Objektivität sind im Mittel nur äußerlich verbunden; es ist insofern ein bloß mechanisches Objekt. – Das Objekt hat gegen den Zweck den Charakter, machtlos zu sein und ihm zu dienen; er ist dessen Subjektivität oder Seele, die an ihm ihre äußerliche Seite hat.

Der ausgeführte Zweck

Der Zweck ist in seiner Beziehung auf das Mittel schon in sich reflektiert; aber erst im ausgeführten Zweck ist seine o b j e k t i v e Rückkehr in sich gesetzt.

Daß der Zweck sich in die mittelbare Beziehung mit dem Objekt setzt und zwischen sich und dasselbe ein anderes Objekt einschiebt, kann als die Liste der Vernunft angesehen werden. Er stellt ein Objekt als Mittel hinaus, läßt dasselbe statt seiner sich äußerlich abarbeiten, gibt es der Aufreibung Preis und erhält sich hinter ihm gegen die mechanische Gewalt[66]. An seinen Werkzeugen besitzt der Mensch die Macht über die äußerliche Natur, wenn er auch nach seinen Zwecken ihr vielmehr unterworfen ist[67].

Der teleologische Prozeß ist Übersetzung des distinkt als Begriffs existierenden Begriffs in die Objektivität; es zeigt sich, daß dieses Übersetzen in ein vorausgesetztes Anderes das Zusammengehen des Begriffes d u r c h s i c h s e l b s t m i t s i c h s e l b s t i s t[68].

Man kann von der teleologischen Tätigkeit sagen, daß in ihr das Ende der Anfang, die Folge der Grund, die Wirkung die Ursache sei, daß sie ein Werden des Gewordenen sei, daß in ihr nur das schon Existierende in die Existenz komme usf., das heißt, daß überhaupt alle Verhältnisbestimmungen, die der Sphäre der Reflexion oder des unmittelbaren Seins angehören, ihre Unterschiede verloren haben, und was als ein A n d e r e s wie Ende, Folge, Wirkung usf. ausgesprochen wird, in der Zweckbeziehung nicht mehr die Bestimmung eines A n d e r n habe, sondern vielmehr als identisch mit dem einfachen Begriffe gesetzt ist[69].

---

66 Log. II 398/5.226.
67 a.a.O.
68 Log. II 399/5.227.
69 Log. II 399, 400/5.228.

Als Resultat ergibt sich hiermit, daß die äußere Zweckmäßigkeit, welche nur erst die Form der Teleologie hat, eigentlich nur zu Mitteln, nicht zu einem objektiven Zwecke kommt, — weil der subjektive Zweck als eine äußerliche, subjektive Bestimmung bleibt; — oder insofern er tätig ist und sich, obzwar nur in einem Mittel, vollführt, ist er noch u n m i t t e l b a r mit der Objektivität verbunden, in sie versenkt; er ist selbst ein Objekt, und der Zweck, kann man sagen, kommt insofern nicht zum Mittel, weil es der Ausführung des Zwecks schon vorher bedarf, ehe sie durch ein Mittel zustande kommen könnte.

In der Tat aber ist das Resultat nicht nur eine äußere Zweckbeziehung, sondern die Wahrheit derselben, innere Zweckbeziehung und ein objektiver Zweck.

C Die Idee
(Die Logik des „realen Begriffs")

Wie wir oben[70] ausgeführt haben, handelt die ganze „Wissenschaft der Logik" von der Idee, nicht erst dieser Dritte Abschnitt des Dritten Buches. Wenn dieser Abschnitt „Die Idee" überschrieben ist, bedeutet dies, daß er von dem B e g r i f f d e r I d e e handelt.

In der Sphäre der „Idee" hat d e r Begriff die „schlechthin ihm angemessene" Realisation[71]. Der Begriff, der zunächst formeller Begriff war, sich dann zum reellen Begriff entwickelt hat, hat sich weiter zum realen oder adaequaten Begriff entwickelt[72], [73]. Es ist die Entwicklung vom reinen Denken, von der Subjektivität, über das Außersichsein des Denkens, die — tote — Objektivität, zur Einheit von Denken und Außersichsein des Denkens, zum — lebendigen — Subjekt-Objekt[74].

Die Idee ist zunächst unmittelbar, dann frei für sich existierend, aber noch endlich, schließlich absolut.

a Die unmittelbare Idee

Die erste Stufe der Entwicklung der Idee ist die unmittelbare Idee.

„Die I d e e , das an und für sich W a h r e , ist wesentlich Gegenstand der Logik; da sie zuerst in ihrer Unmittelbarkeit zu betrachten ist, so ist sie in dieser Bestimmtheit, in welcher sie L e b e n ist, aufzufassen und zu erkennen."[75]

70 „D e r Begriff als Hauptgegenstand der Hegelschen „Logik" ", S. 21 f.
71 Log. II 237/5.33.
72 Log. II 408/5.237.   74 Log. II 411/5.241.
73 Log. II 407/5.236.   75 Log. II 414/5.245.

Unter „Leben" ist hier das o r g a n i s c h e L e b e n zu verstehen. „Das Leben ist hier nämlich überhaupt in seinem eigentlichen Sinne als n a t ü r l i c h e s L e b e n zu nehmen."[76] „Der Begriff ist als Seele in einem Leibe realisiert."[77]

Die Hegelsche „Wissenschaft der Logik" handelt nicht erst hier vom Leben. Insbesondere die Abschnitte „Fürsichsein" in der Logik des Seins und „Wirklichkeit" in der Logik des Wesens betreffen das Leben, auch die in der Logik des Begriffs behandelte „Teleologie" (die als begriffliche Vorstufe vor dem „Leben" zu behandeln ist, zu dem sie hinleitet, wenn sie auch in der Realität erst mit dem organischen Leben auftritt). Andererseits handeln auch die an diese das „Leben" behandelnden Ausführungen anschließenden Kapitel vom Leben, denn auch die frei existierende endliche Idee und die absolute Idee sind Leben, geistiges Leben, die absolute Idee sogar „unvergängliches Leben"[78].

Die Idee ist hier als erst unmittelbar oder nur in ihrem Begriffe. Die objektive Realität ist dem Begriffe zwar angemessen, aber noch nicht zum Begriffe befreit, und er existiert nicht für sich als der Begriff. Das Leben ist die Idee als ihr noch nicht an sich selbst realisierter Begriff. Der Begriff ist so zwar Seele, aber die Seele ist in der Weise eines Unmittelbaren, d. h. ihre Bestimmtheit ist nicht als sie selbst, sie hat sich nicht als Seele erfaßt, nicht in ihr selbst ihre objektive Realität; der Begriff ist als eine Seele, die noch nicht seelenvoll ist.

Die Idee als das Leben ist d e r B e g r i f f, d e r, u n t e r s c h i e d e n v o n s e i n e r O b j e k t i v i t ä t, e i n f a c h i n s i c h, s e i n e O b j e k t i v i t ä t d u r c h d r i n g t u n d a l s S e l b s t z w e c k a n i h r s e i n M i t t e l h a t u n d s i e a l s s e i n M i t t e l s e t z t, a b e r i n d i e s e m M i t t e l i m m a n e n t u n d d a r i n d e r r e a l i s i e r t e m i t s i c h i d e n t i s c h e Z w e c k i s t.

Diese Idee hat um ihrer Unmittelbarkeit willen die Einzelheit zur Form ihrer Existenz[79].

Das Leben ist erstlich l e b e n d i g e s I n d i v i d u u m, das für sich die subjektive Totalität und als gleichgültig vorausgesetzt ist gegen eine ihm als gleichgültig gegenüberstehende Objektivität.

Zweitens ist es der L e b e n s p r o z e ß, seine Voraussetzung aufzuheben, die gegen dasselbe gleichgültige Objektivität als negativ zu setzen und sich als ihre Macht und negative Einheit zu verwirklichen. Damit macht es sich zum Allgemeinen, das die Einheit seiner selbst und seines Andern ist. Das Leben ist daher

---

76 Log. II 415/5.246.
77 Enz. § 216.
78 Log. II 484/5.328.
79 Log. II 412/5.242, 243.

drittens der **Prozeß der Gattung**, seine Vereinzelung aufzuheben und sich zu einem objektiven Dasein als zu sich selbst zu verhalten[80].

b Die drei für sich existierende endliche Idee

Als zweite Stufe der Entwicklung der Idee ist die objektive Realität zum Begriff befreit und er existiert für sich als der Begriff. Die Idee ist nicht mehr das natürliche Leben, sondern der Geist. Sie ist erst subjektiver, endlicher Geist.

„Die Erhebung des Begriffs über das Leben ist, daß seine Realität die zur Allgemeinheit befreite Begriffsform ist."[81]

Der Begriff ist als Begriff für sich, sofern er frei als abstrakte Allgemeinheit oder als Gattung existiert[82].

In dieser Stufe ist die Idee Erkennen, sich selbst Erfassen des Begriffs. Sie ist aber erst endliche Idee, nur endliches Erkennen.

Im Leben ist die Realität der Idee als Einzelheit; die Allgemeinheit oder die Gattung ist das Innere; die Wahrheit des Lebens als absolute negative Einheit ist daher, die abstrakte oder, was dasselbe ist, die unmittelbare Einzelheit aufzuheben und als Identisches mit sich identisch, als Gattung sich selbst gleich zu sein. **Diese Idee ist nun der Geist**[83].

So ist die Idee die Idee des **Wahren** und des **Guten, als Erkennen als solches und als Wollen**.

Die Idee ist in dieser zweiten Stufe ihrer Entwicklung endliches Erkennen als solches und endliches Wollen, indem das Wahre und das Gute sich noch unterscheiden und das Wahre und das Gute erst als Ziel sind.

Der Begriff hat sich zunächst zu sich selbst befreit und sich nur erst eine abstrakte Objektivität zur Realität gegeben. Aber der Prozeß dieses endlichen Erkennens und Handelns macht die zuerst abstrakte Allgemeinheit zur Totalität, wodurch sie vollkommene Objektivität wird. — Oder von der anderen Seite betrachtet, macht der endliche, subjektive Geist sich die Voraussetzung einer objektiven Welt, wie das Leben eine solche Voraussetzung h a t . Aber seine Tätigkeit ist, diese Voraussetzung aufzuheben und sie zu einem Gesetzten zu machen. So ist seine Realität für ihn die objektive Welt, oder umgekehrt, die objektive Welt ist die Idealität, in der er sich selbst erkennt[84].

---

80 Log. II 417/5.248.
81 Log. II 429/5.263. 83 Log. II 435/5.270.
82 Log. II 429/5.262. 84 Log. II 413/5.243.

Die theoretische Idee
(Die Idee des Wahren)

In dieser Stufe der Entwicklung der Idee ist das Erkennen als solches, das suchende Erkennen, der Trieb des Wissens nach Wahrheit, die theoretische Tätigkeit der Idee, wie schon gesagt, endliches Erkennen[85].

Das endliche Erkennen als solches, das Erkennen dieser Stufe, ist zunächst analytisch, sodann synthetisch.

Das analytische Erkennen ist die unmittelbare Beziehung des Begriffs auf das Objekt; die Identität ist daher die Bestimmung, welche es als das seinige erkennt, und es ist n u r   d a s   A u f f a s s e n   d e s s e n ,   w a s   i s t[86].

Das synthetische Erkennen g e h t   a u f   d a s   B e g r e i f e n   d e s s e n , w a s   i s t , d.h. darauf, die Mannigfaltigkeit von Bestimmungen in ihrer Einheit zu erfassen. Das Verschiedene wird als solches bezogen[86].

Die näheren Bestimmungen des synthetischen Erkennens sind die Definition, die Einteilung und der Lehrsatz.

Der Gegenstand, von dem Erkennen zunächst in die Form des bestimmten Begriffs überhaupt gebracht, so daß hiermit dessen G a t t u n g und dessen allgemeine Bestimmtheit gesetzt wird, ist die Definition. Ihr Material und ihre Begründung wird durch die analytische Methode herbeigeschafft. Die Bestimmtheit soll jedoch nur ein M e r k m a l , d. i. zum Behufe des dem Gegenstande äußerlichen, nur subjektiven Erkennens sein[87].

Die Angabe des zweiten Begriffsmoments, der Bestimmtheit des Allgemeinen als B e s o n d e r u n g , ist die Einteilung nach irgend einer äußerlichen Rücksicht[88].

Die dritte Stufe dieses nach den Begriffsbestimmungen fortschreitenden Erkennens ist der Übergang der Bestimmtheit in die Einzelheit. Diese macht den Inhalt des Lehrsatzes aus[89].

Die praktische Idee
(Die Idee des Guten)

In dieser zweiten Stufe der Entwicklung der Idee ist der Trieb des Guten zur Vollbringung desselben, die praktische Tätigkeit der Idee, erst e n d l i - c h e s   W o l l e n[90]. Dies bedeutet, wie schon gesagt, daß sich das Wahre und das Gute noch unterscheiden und das Wahre und das Gute erst als Ziel sind.

85 Enz. § 225.
86 Log. II 450/5.288.
87 Enz. § 229.
88 Enz. § 230.
89 Log. II 464/5.304.
90 Enz. § 225.

„Die subjektive Idee als das an und für sich Bestimmte und sich selbst gleicher einfacher I n h a l t ist das Gute." Ihr Trieb, sich zu realisieren geht — umgekehrt als die Idee des Wahren — darauf, die vorgefundene Welt nach seinem Zwecke zu bestimmen[91].

c Die absolute Idee

Als dritte Stufe der Entwicklung der Idee besteht in der spekulativen oder absoluten Idee die Identität der theoretischen Idee und der praktischen Idee, des Erkennens und des Handelns, sind das Wahre und das Gute nicht mehr erst als Ziel.

Die vorgefundene Wirklichkeit ist zugleich als der ausgeführte absolute Zweck bestimmt, aber nicht wie im suchenden Erkennen bloß als objektive Welt ohne die Subjektivität des Begriffes, sondern als objektive Welt, deren innerer Grund und wirkliches Bestehen der Begriff ist[92]. Der Geist erkennt die Idee als seine absolute Wahrheit, als die Wahrheit, die an und für sich ist; die unendliche Idee, in welcher Erkennen und Tun sich ausgeglichen hat, und die das a b s o l u t e W i s s e n ihrer selbst ist[93].

Die absolute Idee ist der vernünftige Begriff, der in seiner Realität nur mit sich selbst zusammengeht[94]. „Der Begriff ist nicht nur S e e l e , sondern freier subjektiver Begriff, der für sich ist und daher die P e r s ö n l i c h k e i t hat, . . . der aber ebnsosehr nicht ausschließende Einzelheit, sondern für sich A l l g e m e i n h e i t u n d E r k e n n e n ist und in seinem Andern s e i n e e i g e n e Objektivität zum Gegenstande hat. Alles übrige ist Irrtum, Trübheit, Meinung, Streben, Willkür und Vergänglichkeit; die absolute Idee allein ist S e i n , unvergängliches L e b e n , s i c h w i s s e n d e W a h r h e i t , und ist a l l e W a h r h e i t ."[95]

Sie ist der einzige Gegenstand und Inhalt der Philosophie. Indem sie a l l e B e s t i m m t h e i t in sich enthält, und ihr Wesen dies ist, durch ihre Selbstbestimmung und Besonderung zu sich zurückzukehren, so hat sie verschiedene Gestaltungen, und das Geschäft der Philosophie ist, sie in diesen zu erkennen. Die Natur und der Geist sind überhaupt unterschiedene Weisen, i h r D a s e i n darzustellen, Kunst und Religion ihre verschiedenen Weisen, sich zu erfassen und ein sich angemessenes Dasein zu geben; die Philosophie hat mit Kunst und Religion denselben Inhalt und denselben Zweck; aber sie ist die höchste Weise, die absolute Idee zu erfassen, weil ihre Weise die höchste, der Begriff, ist[96].

---

91 Enz. § 233.
92 Log. II 483/5.327.
93 Log. II 413/5.243.
94 Log. II 484/5.327.
95 Log. II 484/5.328.
96 Log. II 484/5.328.

Oben haben wir die allgemeine Feststellung über die Idee getroffen, daß in der Sphäre der Idee der Begriff die schlechthin ihm angemessene Realisation hat und daß die Idee der zum Subjekt-Objekt entwickelte Begriff ist. Die a b s o l u t e Idee ist also der Begriff in der schlechthin ihm angemessenen Realisation und als Subjekt-Objekt (nicht in relativer Weise wie vorher die Idee „Erkennen", in welcher der subjektive Geist eine objektive Welt zur Voraussetzung hat, sondern) in absoluter Weise. „Für sich ist die a b s o l u t e Idee, weil kein Übergehen noch Voraussetzen und überhaupt keine Bestimmtheit, welche nicht flüssig und durchsichtig wäre, in ihr ist, die r e i n e Form des Begriffs, die i h r e n I n h a l t als sich selbst anschaut. Sie ist sich I n h a l t , sofern sie das ideelle Unterscheiden ihrer selbst von sich, und das eine der Unterschiedenen die Identität mit sich ist, in der aber die Totalität der Form als das System der Inhaltsbestimmungen enthalten ist. Dieser Inhalt ist das System des L o g i s c h e n . Als F o r m bleibt hier die Idee nichts als die M e t h o d e dieses Inhalts, – das bestimmte Wissen in der Währung ihrer Momente."[97]

Die „Wissenschaft der Logik" handelt von der absoluten Idee als reiner Idee. Die Idee ist noch logisch, sie ist in den reinen Gedanken eingeschlossen, die Wissenschaft nur des göttlichen Begriffes[98]. „Die logische Idee ist selbst in ihrem reinen Wesen, wie sie in einfacher Identität in ihren Begriff eingeschlossen und in das S c h e i n e n in einer Formbestimmtheit noch nicht eingetreten ist."[99] (Die reine Idee geht in die äußerliche Idee, die Natur, über[100], [101]. „Das Logische wird zur Natur."[102]. Das Werden der Natur wiederum ist Werden zum Geist. Das Werden des Geistes gipfelt in der sich wissenden Vernunft, in der Philosophie, in deren Idee sich vereinigt, daß die Natur der Sache, der Begriff, es ist, die sich fortbewegt und entwickelt, und diese Bewegung ebensosehr die Tätigkeit des Erkennens ist, die ewige an und für sich seiende Idee sich ewig als absoluter Geist betätigt, erzeugt und genießt[103]. Der Begriff vollendet in der Wissenschaft des Geistes seine Befreiung und findet den höchsten Begriff seiner selbst in der logischen Wissenschaft als dem sich begreifenden reinen Begriffe[104].)

---

97 Enz. § 237; Log. II 485/5.329.
98 Log. II 505/5.352.
99 Log. II 485/5.328.
100 Log. II 506/5.353.
101 „Die Natur ist die absolute Idee in der Gestalt des Anderssein überhaupt, der gleichgültigen, äußerlichen Gegenständlichkeit, und der konkreten, individualisierten Verwirklichung ihrer Momente; oder das absolute Wesen in der Bestimmung der Unmittelbarkeit überhaupt gegen seine Vermittlung. Das Werden der Natur ist das Werden zum Geist." Prop. III 2. § 96.
102 Enz. § 575.
103 Enz. § 577.
104 Log. II 506/5.353.

Wie gesagt, ist die absolute Idee sich Inhalt und ist dieser Inhalt das System des Logischen und bleibt als Form der Idee nichts als die Methode dieses Inhalts, die s p e k u l a t i v e M e t h o d e .

Die Methode ist d e r s i c h s e l b s t w i s s e n d e , s i c h als das Absolute, sowohl Subjektive als Objektive, z u m G e g e n s t a n d e h a b e n d e B e g r i f f , somit als das reine Entsprechen des Begriffs und seiner Realität als eine Existenz, die er selbst ist, hervorgegangen[105].

„Was hiemit als Methode hier zu betrachten ist, ist nur die Bewegung des B e g r i f f s selbst, deren Natur schon erkannt worden, aber e r s t l i c h nunmehr mit der B e d e u t u n g , daß der B e g r i f f a l l e s und seine Bewegung die a l l g e m e i n e a b s o l u t e T ä t i g k e i t , die selbst bestimmende und selbst realisierende Bewegung ist. Die Methode ist deswegen als die ohne Einschränkung allgemeine, innerliche und äußerliche Weise und als die schlechthin unendliche Kraft anzuerkennen, welcher kein Objekt, insofern es sich als ein äußerliches, der Vernunft fernes und von ihr unabhängiges präsentiert, Widerstand leisten, gegen sie von einer besonderen Natur sein und von ihr nicht durchdrungen sein könnte. Sie ist darum die S e e l e u n d S u b s t a n z , und irgend etwas ist nur begriffen und in seiner Wahrheit gewußt, als es der M e t h o d e v o l l k o m m e n u n t e r w o r f e n i s t ; sie ist die eigene Methode jeder Sache selbst, weil ihre Tätigkeit der Begriff ist . . . . Sie ist darum die höchste K r a f t oder vielmehr die e i n z i g e und absolute K r a f t der Vernunft nicht nur, sondern auch ihr höchster und einziger T r i e b , d u r c h s i c h s e l b s t i n a l l e m s i c h s e l b s t z u f i n d e n u n d z u e r k e n n e n ."[106]

Die Momente der spekulativen Methode sind der Anfang und der Fortgang.

Der Anfang ist das Sein oder Unmittelbare, für sich aus dem einfachen Grunde, weil er der Anfang ist. Von der spekulativen Idee aus aber ist es ihr Selbstbestimmen, welches als die absolute Negativität oder Bewegung des Begriffs urteilt und sich als das Negative seiner selbst setzt[107].

Das Fortgehen besteht darin, daß das Allgemeine sich selbst bestimmt und f ü r s i c h das Allgemeine, d. i. ebensosehr Einzelnes und Subjekt, ist[108]. Der Fortgang ist das gesetzte Urteil der Idee. Das unmittelbare Allgemeine ist als der Begriff an sich die Dialektik, an ihm selbst seine Unmittelbarkeit und Allgemeinheit zu einem Momente herabzusetzen. Es ist damit das N e g a t i v e d e s A n f a n g s oder das Erste in seiner Bestimmtheit gesetzt; es ist für eines, die Beziehung Unterschiedener, — Moment der Reflexion[109].

---

105 Log. II 486/5.330.
106 Log. II 486, 487/5.331.
107 Enz. § 238.
108 Log. II 490/5.334.
109 Enz. § 239.

Die Beziehung der Unterschiedenen entwickelt sich zu dem, was sie zunächst ist, zum **Widerspruche an ihr selbst** – im unendlichen Progreß, – der sich in das Ende auflöst, daß das Differente als das gesetzt wird, was es im Begriffe ist. Der Begriff schließt sich von seinem **Ansichsein** vermittelst seiner Differenz und deren Aufheben mit sich selbst zusammen und ist so der **realisierte Begriff**, d. i. der Begriff, das Gesetztsein seiner Bestimmungen in seinem Fürsichsein enthaltend, – die Idee, für welche zugleich als absolut Erstes (in der Methode) dies Ende nur das Verschwinden des Scheins ist, als ob der Anfang ein Unmittelbares und sie ein Resultat wäre; – das Erkennen, daß die Idee die eine Totalität ist[110].

Die Wissenschaft schließt so damit, den Begriff ihrer selbst zu fassen als der reinen Idee, für welche die Idee ist[111].

---

110 Enz. § 242.
111 Enz. § 243.

RÜCKBLICK AUF DEN HEGELSCHEN DREISCHRITT

Richten wir unsere Aufmerksamkeit rückblickend nochmals auf die Formen, in denen und zu denen sich das System der Begriffe der Hegelschen „Wissenschaft der Logik" entwickelte, so sehen wir stets den bekannten Hegelschen Dreischritt.

Die Herausarbeitung dieses allgemeinen Dreischritts, der folgend aufgewiesen werden soll, aus der Mannigfaltigkeit der Einzelentwicklungen innerhalb der Fortbestimmung d e s Begriffs, könnte als Zerstörung des lebendigen Zusammenhangs der Einzelbegriffe und als Verarmung gegenüber dieser reichen Vielfalt angesehen werden, als Darstellung dessen und Beschränkung darauf, was als „ödes Geklapper der Dialektik" gerügt wird. Eine solche Einschätzung des Allgemeinen der einzelnen Hegelschen Entwicklungszusammenhänge ginge aber fehl, **w e i l   a u c h   d e r   e i n e   a l l g e m e i n e   D r e i s c h r i t t   e i n   L e b e n d i g e s   i s t   u n d   e r   n i c h t   e i n e   f o r m a l e   A b s t r a k t i o n   i s t ,   s o n d e r n   d a s   G r u n d p r i n z i p   d a r s t e l l t**[112],[113].

Wenn wir folgend das Gemeinsame der Hegelschen Dreischritte herausstellen und die verschiedenen einzelnen Dreischritte auf einen einzigen Dreischritt zu reduzieren versuchen, so soll dies in erster Linie der **E r l e i c h t e r u n g   d e r   Ü b e r s i c h t** dienen[114]. Wie sich anschließend ergeben wird, ist diese Übersicht oder der durch sie erlangte Überblick auch höchst bedeutsam, weil sich hierdurch erhebliche Systemwidrigkeiten der Ausarbeitung der Hegelschen „Logik" und darüber hinaus der gesamten Hegelschen Philosophie zeigen[115].

*

---

112 Wir verweisen hier in diesem Sinne darauf, daß nach Hegel (Rel. III, S. 13, 19) die Idee der Dreifaltigkeit Gottes, der absoluten Idee, ist: das sich Bestimmen Gottes zum Unterschiedenen seiner von sich selbst, aber zugleich das ewige Aufheben dieses Unterschiedes.

113 Hegel hat auch selbst diesen einen allgemeinen Dreischritt zeichnerisch und in Buchstaben dargestellt.

114 Mit der angestellten Betrachtung wird auch deutlich gemacht, daß es Dreischritte verschiedener Größenordnungen gibt und daß damit ein realer Gegenstand, je nachdem unter welcher Größenordnung er betrachtet wird, unter eine andere logische Kategorie fallen kann, bzw. daß er unter mehrere sich an sich ausschließende Kategorien fallen kann, wenn er gleichzeitig unter verschiedenen Größenordnungen betrachtet wird.

115 Zeigt sich nämlich, daß ein Dreischritt nicht dem Gemeinsamen der Hegelschen Dreischritte entspricht, ist die logische Überprüfung der Darstellung des Dreischritts angebracht.

Worin besteht nun der Hegelsche Dreischritt?

Wir stellen zunächst fest, daß er nicht, wie es meist geschieht, als ein Werden, das sich in dem Dreischritt These – Antithese – Synthese vollzieht, charakterisiert werden kann (was Hegel selbst, wie bemerkt, – schon im Hinblick auf den objektiven Charakter der Bewegung – nicht getan hat).

Versuchen wir, das Gemeinsame der verschiedenen einzelnen Dreischritte hervorzuheben[116], so können wir wohl feststellen, daß die Dreischritte in Hegels „Wissenschaft der Logik" in erster Linie eine durch den Antrieb des Widerspruchs fortschreitende R e a l i s i e r u n g zum Gegenstand haben[117].

---

116 Eine Aussage über das Gemeinsame der Dreischritte in Hegels „Wissenschaft der Logik" ist besonders deshalb schwierig, weil die Form des Fortgangs im „Sein", im „Wesen" und im „Begriff" verschieden ist: „Die abstrakte Form des Fortgangs ist im Sein ein A n d e r e s und Ü b e r g e h e n in ein Anderes, im Wesen S c h e i n e n i n d e m E n t g e g e n g e s e t z t e n , im Begriffe die Unterschiedenheit des E i n z e l n e n von der A l l g e m e i n h e i t ." Enz. § 240.
Es ist weiter hier anzuführen, daß die dritte Stufe in einigen Dreischritten eine Introversion (Fürsichsein, Insichgehen, Rückkehr in sich, unendliche Beziehung auf sich selbst, Zurückgebogensein in sich), in anderen Dreischritten eine Extraversion (enthüllte Notwendigkeit, Offenbarung des Wesens, Äußerung als absolutes sich für sich selbst Manifestieren, Zeigen seiner selbst, Bewegung aus sich heraus, daß dies Sein-nach Außen ebensosehr die Innerlichkeit selbst ist) darstellt. So besteht in der in der „Enzyklopädie" dargestellten Lehre von der Idee die dritte Stufe darin, daß die Idee aus ihrem Anderssein in sich zurückgekehrt, also sich nach innen wendet, während in der Lehre vom gesetzten Begriff, wie wir sahen (S. 103), die dritte Stufe darin besteht, daß sich das Wesen offenbart, d.h. sich nach außen wendet (vgl. auch Log. II 6/4.484).
Eine andere Verschiedenheit der Dreischritte in Hegels „Wissenschaft der Logik" beruht darauf, daß in der „objektiven Logik" die Dreischritte d r a u f s i c h t i g , in der „subjektiven Logik" e i n s i c h t i g gesehen werden.
Wie außerordentlich schwierig es ist, die Dreischritte auf einen gemeinsamen Nenner zu bringen, zeigt sich auch am Beispiel von Ausführungen Lassons, eines der besten Kenner der Hegelschen Texte. In Log. I (Auflage 1923) sagt Lasson, Hegel kennzeichne die drei Momente des Dreischritts am häufigsten durch: Ansich – Fürsich – Anundfürsich. Während die Bezeichnung „Anundfürsichsein" hiernach für die dritte Dreischrittstufe gelten würde, bezeichnet Hegel aber, wie wir sahen, in seiner „Enzyklopädie" die zweite Stufe des großen Dreischritts der Idee als „Idee an und für sich". Die Bezeichnung „Fürsichsein" haben wir im Gegensatz zu der Aussage Lassons in der objektiven Logik nicht für die zweite, sondern für die dritte Stufe des Seins gefunden. In der subjektiven Logik bezeichnet Hegel, ebenfalls abweichend von der von Lasson genannten Folge, die erste Stufe („Subjektivität") als Fürsichsein, die zweite Sufe („Objektivität") als Ansichsein (Log. II 405/5.235), aber auch als an- und fürsichseiendes Sein (Log. II 358/5.179). „Das Sein ist eine Sache, die an und für sich ist – die Objektivität" (Log. II 352/5.171). Hiermit soll aber nicht gesagt sein, daß Lasson völlig unrecht habe, wie folgender Satz Hegels zeigt: „Das Wesen ist das A n - und – F ü r s i c h s e i n , aber dasselbe in der Bestimmung des Ansichseins." (Log. II 5/4.484). Es soll vielmehr nur die Schwierigkeit aufgezeigt werden, eine eindeutige Aussage über das Gemeinsame der verschiedenen einzelnen Hegelschen Dreischritte zu machen.

117 „Realisierung" ist selbstverständlich nicht materialistisch zu verstehen. Materialistisch betrachtet ist ein Organismus nicht realer als ein Stein, wohl aber idealistisch: die „Idee" ist in einem Organismus stärker, fortgeschrittener realisiert als in einem Stein. Man denke an den Hegelschen Begriff „Wirk-

(Die Charakterisierung des Dreischritts als Entwicklung These – Antithese – Synthese läßt völlig das ontische Moment, die in der zweiten Stufe des Dreischritts sinnfällig als „Dasein", „Existenz", „Objektivität" usw. erfolgende Realisierung außeracht.)

Sogar Hauptgegenstand der Hegelschen Philosophie ist eine Realisierung, der Fortgang der Realisierung des „Begriffs" bzw. der „Idee"[118]. Diesen Fortgang der Realisierung zeigt deutlich der stufenhafte Aufbau der Hegelschen „Enzyklopädie der Philosophischen Wissenschaften", die Hegel in folgende drei Teile gegliedert hat:

I Die Logik, die Wissenschaft der **I d e e   a n   u n d   f ü r   s i c h**,
II Die Naturphilosophie als die Wissenschaft der **I d e e   i n   i h r e m   A n d e r s s e i n**,
III Die Philosophie des Geistes, als der **I d e e ,   d i e   a u s   i h r e m   A n d e r s s e i n   i n   s i c h   z u r ü c k k e h r t**[119] (bzw. als der **z u   i h r e m   F ü r s i c h s e i n   g e l a n g t e n   I d e e**)[120].

Betrachten wir neben dem genannten umfassenden Dreischritt der „Idee" den Dreischritt, in dem sich die erste Stufe dieses Dreischritts, die Logik, die Lehre von der Idee an und für sich, ihrerseits gliedert:

I Lehre vom **B e g r i f f   a n   s i c h**,
II Lehre vom **g e s e t z t e n   B e g r i f f**,
III Lehre vom **f ü r   s i c h   s e i e n d e n   B e g r i f f**.

---

lichkeit": rein materialistisch gesehen, sind „bloße Erscheinung" und „Wirklichkeit" gleich real, nicht aber idealistisch, wonach die „bloße Erscheinung", wie Hegel in seiner Vorlesung sagte, nur eine „faule Existenz" ist.

118 Hegel spricht in der „Wissenschaft der Logik" immer wieder von „Realisierung", „Fortgang der Realisierung", „realisierender Fortbestimmung", „angemessener Realisation", „Realisierung des Begriffs", „sich realisierender Idee", vgl. z. B. Log. I 35/4.51; I 332/4.401; I 387/4.465; Log. II 136/4. 638; II 140/4.643; II 153/4.659; II 181/4.693; II 236/5.33; II 352/5.172; II 438/5.273; II 489/5. 333; Prop. III 2. § 94; auch Enz. § 216. „Was hiemit als Methode hier zu betrachten ist, ist nur die Bewegung des **B e g r i f f s** selbst ... ,daß der **B e g r i f f   a l l e s** und seine Bewegung die **a l l g e m e i n e   a b s o l u t e   T ä t i g k e i t**, die selbst bestimmende und selbst realisierende Bewegung ist." Log. II 486/5.330. „Der Fortgang zu weiteren Begriffen oder zu einer neuen Sphäre ist gleichfalls durch die vorhergehende geleitet und notwendig. Der Begriff, der zur Realität wurde, ist zugleich wieder eine Einheit, welche die Bewegung der Realisierung an sich darstellen muß." Prop. III 1. § 87.

„ . . . der Begriff, der sich durch das Anderssein realisiert und durch Aufheben dieser Realität mit sich zusammengegangen ist und seine absolute Realität, seine **e i n f a c h e** Beziehung auf sich hergestellt hat." Log. II 498, 499/5.345. Es sei noch aus Hegels Philosophie der Religion angeführt: „Wenn nun aber der Begriff als Idee, Identität des Begriffs und der Realität erfaßt ist, so heißt dies eben, daß die Realität selbst nur die Bestimmtheit des Begriffs ausmacht und der Begriff in seiner Bestimmtheit nicht zu explizieren ist als durch diese Realisation selbst." Rel. III, 54. Die Bestimmtheit als solche dürfe nicht in Form eines Prädikats, eines Ruhenden, sondern müsse als die Tätigkeit der Realisierung genommen werden.

119 Enz. § 18.   120 Enz. § 381.

Wir sehen, daß bei beiden Dreischritten, dem Dreischritt der „Idee" wie beim Dreischritt des „Begriffs" mit der zweiten Stufe eine Realisierung erfolgt. Dies ist im großen Rahmen der „Idee" die Natur, im Rahmen des „Begriffs" der gesetzte Begriff, was sich im noch kleineren Rahmen der drei Teile der Logik fortsetzt. (Die zweite Dreischrittstufe bzw. die erste Stufe der Realisierung ist in der Lehre vom Begriff an sich die „Quantität"[121], in der Lehre vom gesetzten Begriff die „Erscheinung"[122] und in der Lehre vom fürsichseienden Begriff die „Objektivität"[123].)

Die dritte Stufe der einzelnen Dreischritte ist eine Höherentwicklung der in der zweiten Stufe erreichten Realisierung. Worin besteht diese Höherentwicklung, der Unterschied der Realisierung der zweiten Stufe und der Realisierung der dritten Stufe? Wir kommen hier zu einer zweiten Gemeinsamkeit der einzelnen Dreischritte:

In der Wissenschaft der Logik geht es, wie wir gesehen haben, um das Verhältnis von Gegensätzlichem, und zwar in der Logik des „Seins" um das Verhältnis des Seins zum Anderen ü b e r h a u p t , in der Logik des „Wesens" um das Verhältnis des Wesens zum e i g e n e n Anderen und in der Logik des „Begriffs" um das Verhältnis des (subjektiven) Begriffs zur Objektivität als Verhältnis des Denkens zum Außersichsein des Denkens, d. h. zu s e i n e m Anderen.

Wie wir sahen, ist in der ersten Dreischrittstufe das jeweils Gegensätzliche ungeschieden, in der zweiten Dreischrittstufe geschieden: in der Logik des „Seins" das Etwas vom Anderen überhaupt bzw. in der Logik des „Wesens" das Wesen vom eigenen Anderen bzw. in der Logik des „Begriffs" der Begriff von seinem Anderen, während in der dritten Dreischrittstufe das geschiedene Gegensätzliche verbunden ist, das Etwas bzw. das Wesen bzw. der Begriff mit dem Anderen überhaupt bzw. mit dem eigenen Anderen bzw. mit seinem Anderen. **D e r s i c h i n d e m D r e i s c h r i t t e n t w i c k e l n d e G e g e n s t a n d i s t a l s o i n d e r d r i t t e n S t u f e n i c h t b l o ß r e a l i s i e r t , s o n d e r n h a t a l s E i n h e i t v o n G e g e n s ä t z l i c h e m i n i h r e i n a b s o l u t e s S e i n .**

---

121 Hegel hebt die Parallelität von gesetztem Begriff (= Wesen) und „Quantität" hervor: „Das Wesen ist i m G a n z e n das, was die Q u a n t i t ä t in der Sphäre des Seins war; die absolute Gleichgültigkeit gegen die Grenze." Log. II 5/4.483. Die Realisierung, welche mit der „Quantität" erfolgt, beschreibt Hegel: „Das Absolute ist die reine Quantität, – dieser Standpunkt fällt im allgemeinen damit zusammen, daß dem Absoluten die Bestimmung von M a t e r i e gegeben wird, an welcher die Form zwar vorhanden, aber eine gleichgültige Bestimmung sei." Enz. § 99.

122 Die „Erscheinung" ist offenkundig der Beginn einer Realisierung, indem hier das Wesen in das Dasein tritt. Log. II 6/4.484.

123 Wir haben schon oben darauf hingewiesen, daß der Begriff erst mit der Stufe der „Objektivität" reell ist. In der „Philosophischen Propädeutik" (Dritter Kursus, Erste Abteilung, Zweiter Abschnitt) ist der betreffende Abschnitt mit „Die Realisierung des Begriffs" überschrieben!

Im großen Rahmen der Realisierung der „Idee" ist diese dritte Stufe absoluten Seins darin gegeben, daß auf die Natur der Geist als die realisierte Idee folgt, die aus ihrem Anderssein in sich zurückgekehrt bzw. zu ihrem Fürsichsein gelangt. Allgemein können wir feststellen, daß die dritte Stufe der verschiedenen Dreischritte dadurch charakterisiert ist, daß auf ihr der sich in dem Dreischritt entwickelnde Gegenstand nicht nur realisiert überhaupt ist, sondern in höherer Weise als absolut realisiert ist. Im Rahmen der „Logik" ist diese Realisierung als absolut im für sich seienden Begriff gegeben, der Gegenstand der subjektiven Logik ist. Im kleineren Rahmen der drei Teile der „Logik" ist sie ebenfalls jeweils vorhanden. (In der Logik des Begriffs an sich ist diese dritte Stufe der Realisierung als absolut das „Maß", von dem Hegel sagt: „Das Dritte ist nun die sich auf sich selbst beziehende Äußerlichkeit; als Beziehung auf sich ist es zugleich a u f g e h o b e n e Äußerlichkeit und hat an ihr selbst den Unterschied von sich."[124] In der Logik des gesetzten Begriffs ist die Stufe der Realisierung als absolut die „Wirklichkeit", in der das Wesen mit seiner Erscheinung eins ist und es damit gesetzt ist, daß beide „E i n e absolute Totalität" sind[125]. In der Logik des fürsichseienden Begriffs ist diese dritte Stufe die „Idee", „d i e a b s o l u t e E i n h e i t d e s B e g r i f f s u n d d e r O b j e k t i v i t ä t"[126].) Diese Parallelität läßt sich innerhalb der „Logik" im noch kleineren Rahmen weiter verfolgen.

---

124 Log. I 336/4.405.
125 Log. II 156/4.662.
126 Enz. § 213.

*Der Fortgang der Realisierung
als Entwicklung des Verhältnisses von Gegensätzlichem*

(+ -)

Ungeschiedenheit der sich
entwickelnden Sache von
ihrem Gegensätzlichen

(+)   (-)

Geschiedenheit der sich
entwickelnden Sache von
ihrem Gegensätzlichen

(+) ⟶ (-)

Verbundenheit der sich
entwickelnden Sache mit
ihrem von ihr geschiedenen
Gegensätzlichen

Bei der Betrachtung des Fortgangs der Realisierung als Entwicklung des Verhältnisses von Gegensätzlichem zeigt sich eine allgemeine Einseitigkeit der Hegelschen Entwicklungen, die wir schon oben am Beispiel des Fürsichseins festgestellt haben, indem wir bemerkten, diese Stufe müsse zutreffender als Für-sich- und Verbundensein gesehen und bezeichnet werden. Hegel richtet den Blick fast ausschließlich auf den sich entwickelnden Gegenstand selbst und vernachlässigt hierbei das Verhältnis des Gegenstandes zu seinen äußeren Gegenständen. So wäre auch in der „Enzyklopädie" die dritte Stufe der „Idee" nicht als Idee, die aus ihrem Anderssein in sich zurückkehrt, sondern als Idee zu kennzeichnen, die mit ihrem von ihr geschiedenen Anderssein verbunden ist. Entsprechend wäre innerhalb der „Wissenschaft der Logik" als Fortbestimmung d e s Begriffs nach der ersten Stufe „Begriff an sich" und der zweiten Stufe

„gesetzter Begriff" die dritte Stufe nicht als „fürsichseiender Begriff" zu bezeichnen, sondern als „Begriff, der mit dem von ihm geschiedenen gesetzten Begriff verbunden ist".

Wenn Hegel den Gegenstand der dritten Stufe als absolut bezeichnet, trifft dies nicht das Wesen der Sache, weil die treibende Kraft der Entwicklung der Widerspruch ist und die dritte Stufe deshalb als das Ergebnis der Entwicklung von Widersprüchen zu sehen ist. Die Entwicklung nimmt ihren Anfang mit einer Einheit von Gegensätzlichem, die widerspruchsvoll ist und sich deshalb zerstört. So entsteht als zweite Stufe eine Getrenntheit des Gegensätzlichen. Als dritte Stufe entsteht aus der Negation der Geschiedenheit nicht etwa wieder die Ungeschiedenheit — welches ein Rückfall in die Ausgangsstufe wäre[127] -, sondern die Verbundenheit mit dem von ihm geschiedenen Gegensätzlichen.

W i r d   d i e   d r i t t e   D r e i s c h r i t t s t u f e   n a c h   d e m   K e r n   d e r   S a c h e   b e z e i c h n e t ,   s o   i s t   s i e   —   n i c h t   a l s   a b s o l u t ,   s o n d e r n   —   a l s   V e r b u n d e n h e i t   z u   b e z e i c h n e n ,   n ä m l i c h   a l s   V e r b u n d e n h e i t   d e s   S e i n s   b z w .   d e s   W e s e n s   b z w .   d e s   B e g r i f f s   m i t   d e m   v o n   i h m   G e s c h i e d e n e n .

---

127 Vgl. Log. I 35 f./4.51.

IN DEN HEGELSCHEN DREISCHRITTEN BESTEHENDE SYSTEMWIDRIGKEITEN DER HEGELSCHEN PHILOSOPHIE

Die Dreischritte der Hegelschen „Logik", vor allem die Dreischritte der objektiven Logik, also die Dreischritte der reinen Begriffe des Seienden, haben kein bestimmtes Format oder sind kein absoluter Maßstab gegenüber dem Seienden. So kann sich beispielsweise der logische Dreischritt des Wesens: in sich scheinendes Wesen — erscheinendes Wesen — wirklichscheinendes Wesen in kleiner Größe etwa auf den Teilbereich des Seienden sinnliches Sein als Dreischritt:
in sich scheinendes sinnliches Wesen = niederes Lebewesen
erscheinendes sinnliches Wesen = höheres Tier
wirklichseiendes sinnliches Wesen = Mensch der Ur- und Grundstufe,
aber auch in höchster Größe auf das größere Ganze Welt als Dreischritt:
in sich scheinende Welt
erscheinende Welt
wirklichseiende Welt
beziehen.

Andererseits sind aber die einzelnen Stufen eines Dreischrittes stets von gleicher Größe.

Daraus nun, daß die logischen Dreischritte kein bestimmtes Format haben, aber die einzelnen Dreischrittstufen gleich groß sind, ergeben sich bei der Anwendung der logischen Dreischritte auf das Seiende, m.a.W. wenn man die Welt unter diese Begrifflichkeiten bringt, sehr bedeutsame Erkenntnisse, vor allem Richtigstellungen Hegelscher Anschauungen.

Um die Welt mit logischen Dreischritten zu erfassen, ist es notwendig, Dreischritte verschiedener Größe, genauer von jeweils geeigneter Größe, anzuwenden. Um beispielsweise die Natur als eine Stufe eines Dreischritts zu erfassen, muß ein Dreischritt von solcher Größe gewählt werden, daß eine seiner Stufen die gesamte Natur, und nur diese, umfaßt. Da die drei Stufen eines Dreischritts stets gleich groß sind, ergibt sich bei der Wahl der Größe eines Dreischritts, von dem eine Stufe die ganze Natur umfaßt, notwendig die Größe der anderen beiden Stufen dieses Dreischritts. Es ergibt sich eine bestimmte, feststehende Relation zwischen der Natur und den beiden anderen Stufen des Dreischritts, von dem eine Stufe die ganze Natur umfaßt, wobei insbesondere an den Hegelschen Dreischritt: Logisches – Natur – Geist[128] zu denken ist.

Hierbei zeigt sich nun, daß Hegel große Fehler unterlaufen sind, indem Hegel Dreischritte unterschiedlichen Formats vermengt hat und dadurch zu widersprüchlichen, falschen Aussagen gelangt ist:

Nach den in der Anmerkung 128 angeführten Stellen seiner Werke sieht Hegel einen großen Dreischritt:

Logisches
Natur
Geist.

In der subjektiven Logik stellt Hegel hingegen als Dreischritt gleicher Spannweite dar:

formeller Begriff = Logisches
reeller Begriff = anorganische Natur
realer Begriff = organische Natur und Geist.

In beiden Dreischritten umfaßt die erste Dreischrittstufe das Logische, womit die Größe der ersten Stufe und damit das Format der Dreischritte, somit auch die Größe der dem Logischen nachfolgenden beiden Stufen festlegt. Wenn bei beiden Dreischritten die erste Stufe das Logische ist, somit auch die folgenden beiden Stufen des Dreischritts untereinander gleich groß sein müssen, ist es widersprüchlich, wenn Hegel einerseits sagt, die zweite Stufe des Dreischritts, dessen erste Stufe das Logische sei, umfasse die gesamte Natur, aber andererseits in der subjektiven Logik darstellt, die zweite Stufe dieses Dreischritts umfasse bloß die anorganische Natur. Entsprechend sind die Aussagen widersprüchlich, die dritte Stufe des Dreischritts, dessen erste Stufe das Logische sein soll, umfasse ausschließlich den Geist, und andererseits, sie umfasse die organische Natur und den Geist.

Ist nun der Dreischritt:
Logisches
Natur
Geist
oder der Dreischritt:
Logisches
anorganische Natur
organische Natur und Geist
richtig gebildet?

Nach dem Gesamt der Hegelschen „Wissenschaft der Logik" sind beide Dreischritte des Seienden falsch gebildet: Bei der Anwendung der Hegelschen

---

128 Log. I 31/4.45, 46; Enz §§ 18, 575; Prop. III 2. § 96.

Logik auf das Seiende ergibt sich als bedeutendster Fehler der gesamten Hegelschen Philosophie, daß die dritte Stufe des größten Dreischritts des Seienden nicht die „Idee" ist, deren Entwicklung und Stufung in der „absoluten Idee" gipfelt, sondern **gemäß der objektiven Logik die fürsichseiende und wirklichseiende Welt** bzw. **nach der subjektiven Logik das Subjekt-Objekt Welt**.

Nehmen wir den in der „Enzyklopädie" benannten Dreischritt: Idee an und für sich − Idee in ihrem Anderssein − Idee, die aus ihrem Anderssein in sich zurückkehrt, so ist der menschliche Geist bzw. der Gipfel seiner Entwicklung, die Philosophie, offensichtlich von viel zu kleinem Format, als daß er die dritte Stufe eines Dreischritts sein könnte, dessen erste Stufe die Idee an und für sich und dessen zweite Stufe die Idee in ihrem Anderssein ist. Die größenordnungsmäßig der Idee in ihrem Anundfürsichsein und der Idee in ihrem Anderssein entsprechende Stufe der Idee − also die Idee, welche aus ihrem Anderssein in sich zurückkehrt − ist wie die zweite Stufe dieses Dreischritts eine ganze Welt und nicht nur ein Teil der Welt. **Wenn die Idee aus ihrem Anderssein in sich zurückkehrt, betrifft dieses Zurückkehren in sich die ganze Welt des Andersseins** (also auch die − anorganische und organische − Natur und nicht nur den menschlichen Geist). Der Verfasser hat das sich so zeigende Weltbild an anderer Stelle[129] näher dargestellt.

Wir wollen dies nochmals unter dem Gesichtspunkt der Parallelität der drei Teile der „Wissenschaft der Logik" betrachten:

Die erste, der Natur vorangehende Stufe Logisches ist auf der Grundlage der drei Teile der „Wissenschaft der Logik" gekennzeichnet als (a) reines Sein, (b) in sich scheinendes Wesen und (c) formeller Begriff. Die Stufe Natur ist gekennzeichnet als (a) Dasein, (b) erscheinendes Wesen und (c) − nach Auffassung des Verfassers! − als reeller Begriff (während Hegel den reellen Begriff nur mit der unbelebten Natur identifiziert). Die Stufe Geist wäre (wenn die dritte Stufe dieses Dreischritts der Geist wäre) gekennzeichnet als (a) Fürsichsein, (b) wirklichseiendes Wesen und (c) − wiederum nach Auffassung des Verfassers! − als realer Begriff (während Hegel den realen Begriff auch mit der belebten Natur identifiziert). Hegel ist also hier ein Konstruktionsfehler unterlaufen: Nach der subjektiven Logik hat in der Sphäre des reellen Begriffs die Bestimmtheit des Begriffs die Form gleichgültiger Äußerlichkeit[130]. Dieses ist aber die Art der Bestimmtheit der ganzen Natur[131], nicht etwa nur der unbe-

---

129 In der auf Seite 2, in Anmerkung 7 bezeichneten Abhandlung. Vgl. insbesondere „Ergänzende Betrachtung über das größere Ganze der Welt", S. 261 ff.
130 Log. II 404/5.233.
131 Vgl. Enz. § 248.

lebten Natur. Nach der subjektiven Logik besteht im Bereich des realen Begriffes die Einheit von Begriff und Realität; für die — gesamte — Natur aber ist kennzeichnend, daß in ihr keine Einheit von Begriff und Realität besteht, daß die Natur ihrem Begriffe nicht entspricht[132]. Nach Auffassung des Verfassers ist die dritte Stufe des fürsichseienden Begriffs, d. h. die Einheit von Begriff und Realität, nicht, wie Hegel meint, im menschlichen Geist, sondern erst in einer dritten Stufe der Welt, in der fürsichseienden und wirklichseienden Welt des realen Begriffes gegeben (und umfaßt die zweite Stufe unsere gesamte gegenwärtige Welt = Natur + menschlicher Geist).

Wie sind diese Konstruktionsfehler Hegels zu erklären?

Wir bemerkten, daß ein Gegenstand unter verschiedene, sich ausschließende Begriffe fallen kann, wenn er unter verschiedenen Größenordnungen betrachtet wird. So trifft auch die Gleichsetzung des reellen Begriffs mit der unbelebten Natur durch Hegel zwar zu und ist auch die Gleichsetzung des realen Begriffs mit dem Lebendigen durchaus zutreffend — so daß den Ausführungen Hegels insoweit zuzustimmen ist —; aber Hegel ist hier von seinem großen Dreischrittsformat in ein kleineres Dreischrittsformat abgeirrt. (Es handelt sich hier um das kleinere, innerweltliche Dreischrittsformat: materielles Nichts — unbelebte Körperlichkeit — belebte Körperlichkeit bzw. um das im Verhältnis hierzu größere Dreischrittsformat: körperliches Sein — sinnliches Sein — geistiges Sein.)

---

[132] Enz. § 248.

In den Hegelschen Dreischritten
bestehende Systemwidrigkeiten
der Hegelschen Philosophie

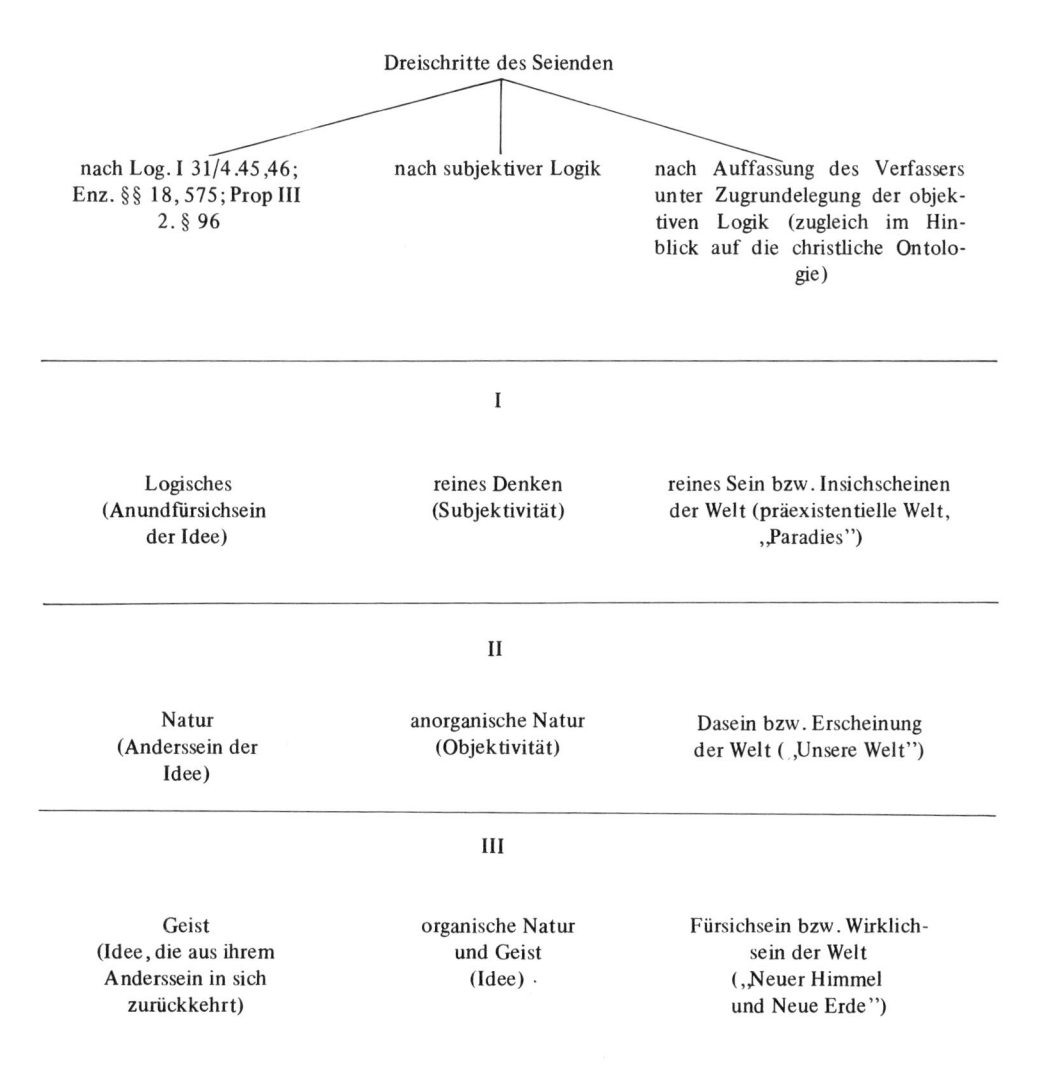

Dreischritte des Seienden

nach Log. I 31/4.45,46; Enz. §§ 18, 575; Prop III 2. § 96	nach subjektiver Logik	nach Auffassung des Verfassers unter Zugrundelegung der objektiven Logik (zugleich im Hinblick auf die christliche Ontologie)
I		
Logisches (Anundfürsichsein der Idee)	reines Denken (Subjektivität)	reines Sein bzw. Insichscheinen der Welt (präexistentielle Welt, „Paradies")
II		
Natur (Anderssein der Idee)	anorganische Natur (Objektivität)	Dasein bzw. Erscheinung der Welt („Unsere Welt")
III		
Geist (Idee, die aus ihrem Anderssein in sich zurückkehrt)	organische Natur und Geist (Idee)	Fürsichsein bzw. Wirklichsein der Welt („Neuer Himmel und Neue Erde")

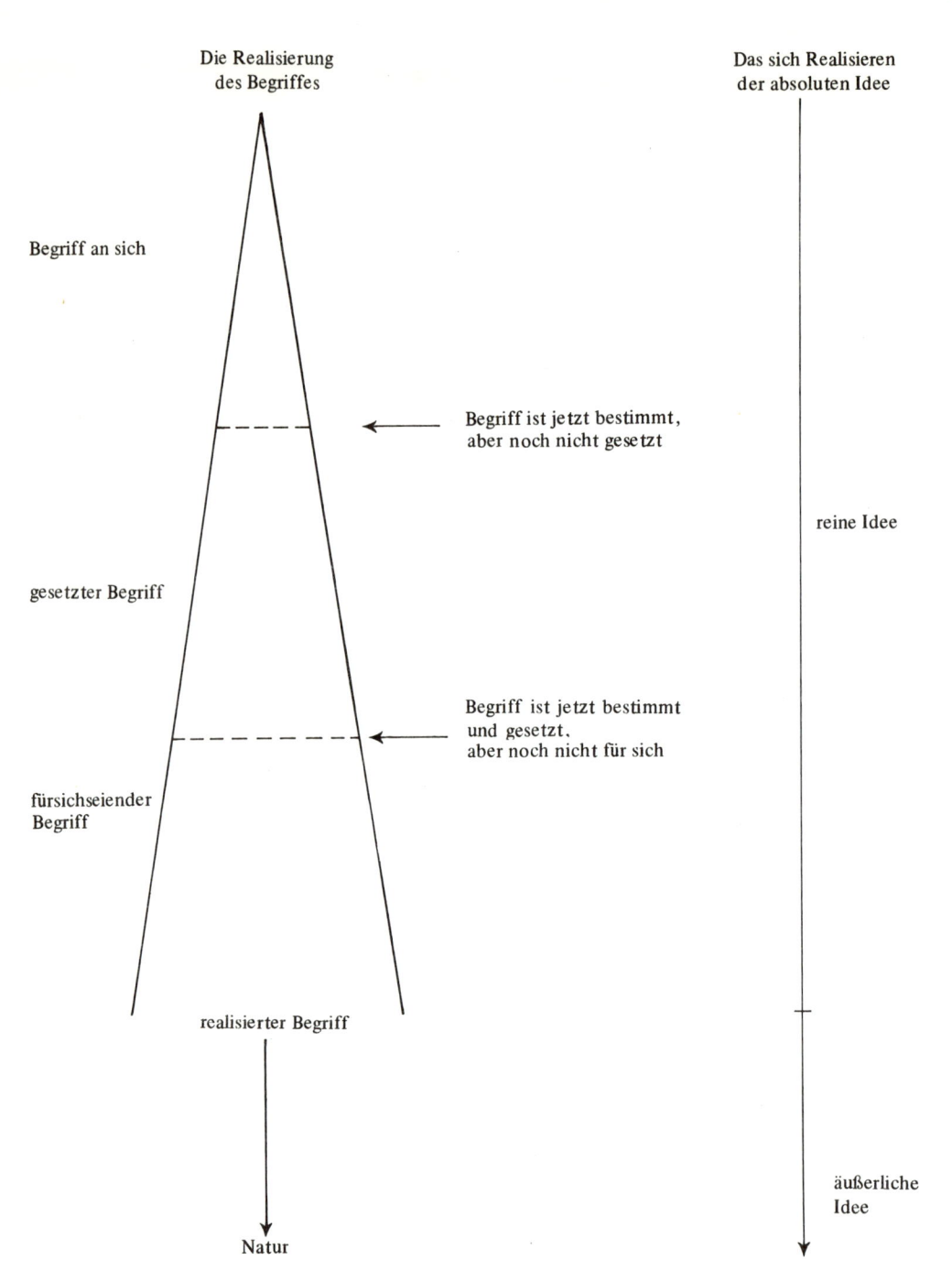

Die Realisierung
des Begriffes

Das sich Realisieren
der absoluten Idee

Begriff an sich

← Begriff ist jetzt bestimmt,
aber noch nicht gesetzt

gesetzter Begriff

reine Idee

← Begriff ist jetzt bestimmt
und gesetzt,
aber noch nicht für sich

fürsichseiender
Begriff

realisierter Begriff

↓
Natur

äußerliche
Idee

VERWENDUNG DER BEGRIFFE IN HEGELS "WISSENSCHAFT DER LOGIK"
ERKLÄRTE BEGRIFFE

(in Klammern die Nummern in der folgenden Ordnung in Sachzusammenhängen)

Absolute, das (84)
Akzidentalität (90)
Allgemeinheit (Allgemeinheit, Besonderheit, Einzelheit) (104)
Anderssein (27)
Ansichsein (28)
Anundfürsichsein (29)
Anzahl (Einheit und Anzahl) (43)
Attraktion (Repulsion und Attraktion) (38)
Attribut (Attribut und Modus) (85)
Aufheben (25)
Bedingung (74)
Begriff, d e r (9), Begriff an sich (13), an und für sich (12), für sich seiender (15), Gesetztsein des Begriffes als solcher (17), gesetzter (14), objektiver (21), realer oder adäquater (20), reeller (19), reiner (10), sich begreifender reiner (11), als solcher (16), unmittelbarer oder formeller (18)
Beschaffenheit (Bestimmung und Beschaffenheit) (32)
Besonderheit (Allgemeinheit, Besonderheit, Einzelheit) (104)
Bestimmtheit (7)
Bestimmung (Bestimmung und Beschaffenheit) (32)
Chemismus (135)
Dasein (26)
Definition (149)
Denken, objektives (1)
Dialektik (22)
Ding (76)
Ding-an-sich (77)
Diskretion (Kontinuität und Diskretion) (41)
Eigenschaft (31)
Einheit (Einheit und Anzahl) (43)
Einteilung (150)
Einzelheit (Allgemeinheit, Besonderheit, Einzelheit) (104)
Endlichkeit (33)
Erkennen (siehe „frei für sich existierende Idee" (142), endliches (143), analytisches (147), synthetisches (148)
Erscheinung (78)
Existenz (75)

Freiheit (Notwendigkeit und Freiheit, freie Notwendigkeit) (103)
Fürsichsein (36)
Ganzes (Ganzes und Teile) (80)
Gegensatz (Unterschiedenheit, Verschiedenheit, Gegensatz) (68)
Grad (45)
Größe, extensive und intensive (44), kontinuierliche und diskrete (42)
Grund (71), absoluter (72), bestimmter (73)
Idee, d i e (139), Idee (140), absolute (152), frei für sich existierende (142), praktische (146), reine (153), theoretische (145), unmittelbare (141)
Identität (67)
Indifferenz, absolute (51)
Insichscheinen (65)
Kausalität (91), bedingte (95), bestimmte (93), endliche = Mechanismus im Sinne der objektiven Logik (94), formelle (92)
Kontinuität (Kontinuität und Diskretion) (41)
Kraft (Kraft/Materie) (81)
Leben (136)
Lehrsatz (151)
Logik (Hegels!), objektive, primäre, sekundäre, subjektive (4)
Maß (49)
Maßverhältnis (50)
Materie (Kraft/Materie) (81)
Mechanismus (im Sinne der subjektiven Logik) (134)
Methode, spekulative (154)
Modus (Attribut und Modus) (85)
Negatives (Positives und Negatives) (69)
Notwendigkeit (Notwendigkeit und Freiheit, freie Notwendigkeit) (103)
Objektivität (133)
Positives (Positives und Negatives) (69)
Progreß ins Unendliche (34)
Qualität (8)
Quantität (39), reine (40), spezifische und spezifizierende (48)
Quantum (46)
Reflexion, absolute (56), aufgehobene (60), äußere (55), äußerliche (58), bestimmende (59), objektive (53), reine absolute (57), setzende (54), subjektive (52)
Reflexionsbestimmungen (= Wesenheiten) (66)
Repulsion (Repulsion und Attraktion) (38)
Schein (64)
Scheinen (63)
Schluß (123), der Allheit (126), der Analogie (128), des Daseins oder qualitativer Schluß (124), disjunktiver (132), hypothetischer (131), der Induktion (127), kategorischer (130), der Notwendigkeit (129), der Reflexion (125)
Sein (als Gegenstand der Lehre vom „Sein") (5), reines (23), Sein-für-Anderes (30)
Sollizitation der Kraft (82)
Substanz (= Wirkliches) (97), aktive (98), endliche (99), passive (98), wirkliche (100)

Teile (Ganzes und Teile) (80)
Teleologie (136)
Unendlichkeit (35)
Unmittelbares, Unmittelbarkeit (61)
Unterschied (Unterschied, Verschiedenheit, Gegensatz) (68)
Ursache (Ursache-Wirkung) (101)
Urteil (105), apodiktisches (122), assertorisches (120), des Begriffs (119), des Daseins oder qualitatives Urteil (107), disjunktives (118), hypothetisches (117), kategorisches (116), negatives (109), der Notwendigkeit (115), objektives (106), partikuläres (113), positives (108), problematisches (121), der Reflexion (111), singuläres (112), unendliches (110), universelles (114)
Verhältnis, absolutes (88), quantitatives (47), der Substantialität (89), wesentliches (79)
Vermittlung, Vermitteltes (62)
Verschiedenheit (Unterschied, Verschiedenheit, Gegensatz) (68)
Wahrheit (102)
Wechselbestimmung (37)
Wechselwirkung (96)
Werden (24)
Wesen (als Gegenstand der Lehre vom „Wesen") (6)
Wesenheiten (= Reflexionsbestimmungen) (65)
Widerspruch (70)
Wirkliches (Substanz=Wirkliches) (97)
Wirklichkeit (83), eigentliche (86), formelle, reale, absolute (87)
Wirkung (Ursache-Wirkung) (101)
Wissen, absolutes (2)
Wissenschaft, reine (3)
Wollen (144)
Zweck (138)
Zweckmäßigkeit (137)

Hegel verwendet einunddenselben Begriff in sehr vielfältiger Weise. Folgend werden die hauptsächlichsten Verwendungen angegeben. (Eine weitgehende Mehrbedeutung von Begriffen beruht darauf, daß, weil der e i n e Begriff in allem das Substantielle ist, in der Entwicklung des Seins, des Wesens und des Begriffs, dieselben Bestimmungen vorkommen. Enz. § 114).

1 objektives Denken	Denken, in dem der Gegensatz des Bewußtseins von einem subjektiv für sich Seienden und einem zweiten solchen Seiendem, einem Objektiven, als überwunden, und das Sein als reiner Begriff an sich selbst, und der reine Begriff als das wahrhafte Sein gewußt wird. Log. I 42/4.60. Absolutes Wissen s. d. in der reinen Wissenschaft s. d. „Dieses objektive Denken ist denn der I n h a l t der reinen Wissenschaft." Log. I 31/4.45. (Das „objektive Denken" deckt sich nicht etwa mit der „objektiven Logik", sondern die ganze „Wissenschaft der Logik" Hegels, also sowohl die objektive Logik – die Lehre vom an sich seienden Begriff und vom gesetzten Begriff – als auch die subjektive Logik Hegels – die Lehre vom für sich seienden Begriff – stellen objektives Denken dar. Gegensatz zum objektiven Denken ist vielmehr das subjektive Denken, welches einerseits in der Geistesentwicklung dem objektiven Denken vorangeht, andererseits für sich als das bloße Verstandesdenken immer vorhanden ist. Enz. § 27.)
2 absolutes Wissen	In seiner Fortbewegung von dem ersten unmittelbaren Gegensatz seiner und des Gegenstandes gelangt das Bewußtsein, wie Hegel in seiner „Phänomenologie des Geistes" aufzeigt, bis zum absoluten Wissen in der reinen Wissenschaft. Log. I 29, 30/4.44, 45. In dem absoluten Wissen hat sich die Trennung des Gegenstandes von der Gewißheit seiner selbst vollkommen aufgelöst und ist die Wahrheit dieser Gewißheit sowie diese Gewißheit der Wahrheit gleich geworden. Log. I 30/4.45.
3 reine Wissenschaft	Logik des objektiven Denkens. „Die Wissenschaften der Natur und des Geistes können als die a n g e w a n d t e Wissenschaft, als das System der r e a l e n oder b e s o n d e r e n Wissenschaften zum Unterschiede von der reinen Wissenschaft oder der Logik betrachtet werden, weil sie das System der reinen Wissenschaft in der Gestalt der Natur und des Geistes sind." Prop. III 2. § 11. – „Die reine Wissenschaft setzt somit die Befreiung von dem Gegensatze des Bewußtseins voraus. Sie enthält den G e d a n k e n, i n s o f e r n e r e b e n s o s e h r d i e S a c h e a n s i c h s e l b s t i s t, o d e r d i e S a c h e a n s i c h s e l b s t, insofern sie e b e n s o s e h r d e r r e i n e G e d a n k e i s t." Log. I 30/4.45.
4 Logik (Hegels!)	Darstellung Gottes, wie er in seinem ewigen Wesen vor der Erschaffung der Natur und eines endlichen Geistes ist. Log. I 34, 35/4.51. (Primäre Logik). Bzw. Wissenschaft des Geistes, in welcher der Begriff seine Befreiung durch sich selbst vollendet und den höchsten Begriff seiner selbst findet. Log. II 506/5.353. (Sekundäre Logik). „Die Logik bestimmte sich danach als die Wissenschaft des reinen Denkens, die zu ihrem Prinzip das r e i n e W i s s e n habe, die nicht abstrakte, sondern dadurch konkrete lebendige Einheit, daß in ihr der Gegensatz des Bewußtseins von einem subjektiv f ü r s i c h s e i e n d e n und einem zweiten solchen S e i e n d e n,

einem Objektiven, als überwunden, und das Sein als reiner Begriff an sich selbst, und der reine Begriff als das wahrhafte Sein gewußt wird." Log. I 42/4.60.
objektive Logik:
Logik des Begriffs als Seins. (Der Begriff wird als seiender betrachtet.) Log. I 43/4.61. System der reinen Begriffe des Seienden. Prop. III 2. § 15. Die Logik des „Seins" und des „Wesens". Log. I 47/4. 66. Lehre vom an sich seienden Begriff und vom gesetzten Begriff. Enz. §§ 84, 112.
subjektive Logik:
Logik des Begriffs als Begriffs. (Der Begriff wird als solcher betrachtet.) Log. I 43/4.61. Lehre vom für sich seienden Begriff. Enz. § 160.

5 Sein (als Gegenstand der Lehre vom „Sein")	„Das Sein ist der Begriff nur a n s i c h." Enz. § 84. Unter „Sein" in der Bezeichnung „Lehre vom Sein" versteht Hegel das Unmittelbare, mit dem die Bewegung des Seins selbst — welche die „Wissenschaft der Logik" darstellt — den Anfang nimmt.
6 Wesen (als Gegenstand der Lehre vom „Wesen")	„Das Wesen ist der Begriff als g e s e t z t e r Begriff." Enz. § 112. „Das Scheinen ist die Bestimmung, wodurch das Wesen nicht Sein, sondern Wesen ist." Enz. § 131.
7 Bestimmtheit	So weit das Dasein seiend ist, so weit ist es Nichtsein, ist es bestimmt. „Die Bestimmtheit ist die Negation als affirmativ gesetzt, ist der Satz des Spinoza: O m n i s d e t e r m i n a t i o e s t n e g a t i o. Dieser Satz ist von unendlicher Wichtigkeit." Log. I 100/ 4.127. Während die Lehre vom „Sein" von der Bestimmtheit handelt, die unmittelbare Beziehung auf anderes überhaupt ist, handelt die Lehre vom „Wesen" von Bestimmtheiten, welche Beziehungen an sich selbst sind, Reflexionsbestimmungen. Log. II 24/4.506.
8 Qualität	„Die Bestimmtheit so für sich isoliert, als s e i e n d e Bestimmtheit, ist die Qualität." Log. I 97/4.124. (Durch die Qualität ist etwas, das was es ist.)
9 d e r Begriff (d e r e i n e Begriff)	der absolute, göttliche Begriff. „Gott ist nicht e i n Begriff, sondern d e r Begriff" Rel. III, 42.
10 reiner Begriff	a. wahrhaftes Sein. In der Logik als der Wissenschaft des reinen Denkens wird das Sein als reiner Begriff und der reine Begriff als das wahrhafte Sein gewußt. Log. I 42/4.60. Der reine Begriff steht wie das Logische nicht nur am Anfang, sondern auch am Ende: „I c h ist der reine Begriff selbst, der als Begriff zum D a s e i n gekommen ist." Log. II 220/5.14. b. in der subjektiven Logik: Zuerst ist der Begriff als solcher reiner Begriff oder die Bestimmung der Allgemeinheit. Log. II 239/5.36.
11 sich begreifender reiner Begriff	logische Wissenschaft. Log. II 506/5.353.

12 Begriff an und für sich	„Ebenso ist hier auch der Begriff nicht als Aktus des selbstbewußtten Verstandes, nicht der s u b j e k t i v e V e r s t a n d zu betrachten, sondern der Begriff an und für sich, welcher ebensowohl eine S t u f e d e r N a t u r als des G e i s t e s ausmacht. Das Leben oder die organische Natur ist diese Stufe der Natur, auf welcher der Begriff hervortritt; aber als blinder, sich selbst nicht fassender, d. h. nicht denkender Begriff; als solcher kommt er nur dem Geiste zu." Log. II 224/5.18. Der Begriff an und für sich ist für Natur und Geist Vorbildner und innerer Bildner. Log. II 231/5.27.
13 Begriff an sich	Gegenstand der Lehre vom „Sein" (in der objektiven Logik)
14 gesetzter Begriff	Gegenstand der Lehre vom „Wesen" (in der objektiven Logik)
15 für sich seiender Begriff	Gegenstand der Lehre vom „Begriff" (in der subjektiven Logik)
16 Begriff als solcher	Gegenstand der formalen Logik (die den Begriff als solchen, das Urteil und den Schluß enthält). Der Begriff ist als solcher noch nicht vollständig, sondern muß sich in die Idee erheben (Log. II 225/5.19), d. h. in den adaequaten Begriff (Log. II 407/5.236).
17 Gesetztsein des Begriffs als solcher	Der Unterschied und die Bestimmungen, die der Begriff als solcher sich in dem Unterscheiden gibt.
18 unmittelbarer oder formeller Begriff	Erste Stufe der in der subjektiven Logik dargestellten Entwicklung des fürsichseienden Begriffs: „Der Begriff ist zuerst der f o r m e l l e , der Begriff im A n f a n g oder der als u n m i t t e l b a r e r ist." Log. II 238/5.34. „Die Gestalt des unmittelbaren Begriffes macht den Standpunkt aus, nach welchem der Begriff ein subjektives Denken, eine der S a c h e äußerliche Reflexion ist. Diese Stufe macht daher die S u b j e k t i v i t ä t oder den f o r m e l l e n B e g r i f f aus." Log. II 236/5.32.
19 reeller Begriff	Zweite Stufe der in der subjektiven Logik dargestellten Entwicklung des fürsichseienden Begriffs: Aus seiner Innerlichkeit hervorgetretener und in das Dasein übergegangener Begriff. Log. II 236/5.33.
20 realer oder adaequater Begriff	Dritte Stufe der in der subjektiven Logik dargestellten Entwicklung des für sich seienden Begriffs. Die Idee ist der adaequate Begriff, das objektiv Wahre oder das Wahre als solches.
21 objektiver Begriff	a. allgemein, in der gesamten Wissenschaft der Logik: Begriff des objektiven Denkens (1) b. in der subjektiven Logik: Der für sich seiende Begriff, der zunächst formeller Begriff war, entwickelt sich in der Stufe der „Objektivität" zum objektiven Begriff und macht schließlich in der Stufe der „Idee" seine Identität mit der Objektivität, die er an und für sich als objektiver Begriff mit ihr hat, zu einer auch gesetzten. Log. II 236, 237/5.33. In letzterer Hinsicht ist es zu verstehen, wenn Hegel sagt: „Indem nun der Ausdruck I d e e für den objektiven oder realen Begriff zurückbehalten ... wird." Log. II 408/5.237.

22 Dialektik

a. des Begriffs:
Der Begriff leitet sich selber weiter durch das Negative, das er an sich selbst hat. Dies macht das wahrhaft Dialektische aus. Log. I 37/ 4.53.

b. der Vernunft, des Geistes:
Der trennende und in den Trennungen beharrende Verstand gerät in Widersprüche. Die Vernunft löst diese Widersprüche auf, indem sie das Entgegengesetzte in seiner höheren Einheit erfaßt. Nur der Geist kann Widersprüche auflösen und dadurch Höheres hervorbringen. Log. I 6, 7; 236/4.17; 289.

„Der V e r s t a n d b e s t i m m t und hält die Bestimmungen fest; die V e r n u n f t ist negativ und d i a l e k t i s c h , weil sie die Bestimmungen des Verstandes in Nichts auflöst; sie ist p o s i t i v , weil sie das A l l g e m e i n e erzeugt und das Besondere darin begreift." Log. I 6, 7/4.17, 18. (Das Allgemeine ist in sich konkret. Unter dieses wird nicht ein gegebenes Besonderes subsumiert, sondern in jenem Bestimmen und in der Auflösung desselben hat sich das Besondere schon mitbestimmt. Log. I 6,7/4.17.) Hegel geht vom V e r s t ä n d i g e n aus, das als solches „bei den Begriffen, in ihrer festen Bestimmtheit und Unterschiedenheit von anderen stehenbleibt" und kommt über das (im engeren Sinn) D i a l e k t i s c h e , das „die Begriffe in ihrem Übergehen und in ihrer Auflösung aufzeigt" zum S p e k u l a t i v e n oder V e r n ü n f t i g e n , das „das Positive in der Auflösung und im Übergehen erfaßt" und so „die Erkenntnis des Entgegengesetzten in seiner Einheit ist" (Hegel, Nürnb. Schr. 238).

23 reines Sein

a. Am Anfang der begrifflichen bestimmtheitsmäßigen Entwicklung des „Seins" stehendes Sein. Sein, das noch nicht bestimmt ist, weshalb das reine Sein und das reine Nichts dasselbe sind.

b. Sein der Idee, die noch in den reinen Gedanken eingeschlossen ist, der reinen Idee, s. d.

24 Werden

a. in der Lehre vom „Sein":
Sein, das beständig in Nichts übergeht, und Nichts, das beständig zum Sein kommt. Im Werden sind Sein und Nichts nur als Verschwindende. Das Resultat ist das Verschwundensein, aber nicht als nichts, so wäre es nicht Resultat des Nichts und des Seins.

Das Resultat des Werdens ist die zur ruhigen Einfachheit gewordene Einheit des Seins u n d des Nichts. Die ruhige Einfachheit aber ist S e i n (als Bestimmung des Ganzen). Log. I 93/4.119, 120. (Dieser Hegelsche Begriff des „Werdens" hat also nur eine beschränkte Geltung: Er gilt innerhalb der Lehre vom „Sein" nur für das Werden zum „Dasein" s. d.)

b. In der Lehre vom „Wesen":
Die Bewegung des Wesens besteht darin, „die Negation oder Bestimmung an ihm zu setzen, dadurch sich D a s e i n zu geben und

das als unendliches Fürsichsein zu werden, was es an sich ist". Log. II 5/4.484. „Das Wesen ist Reflexion, die Bewegung des Werdens und Übergehens, das in sich selbst bleibt, worin das Unterschiedene schlechthin nur als das an sich Negative, als Schein bestimmt ist. — In dem Werden des Seins liegt der Bestimmtheit das Sein zugrunde, und sie ist Beziehung auf a n d e r e s . Die reflektierende Bewegung hingegen ist das Andre als die N e g a t i o n a n s i c h , die nur als sich auf sich beziehende Negation ein Sein hat." Log. II 13/ 4.492, 493.

25 Aufheben

„ A u f h e b e n und das A u f g e h o b e n e (das I d e e l l e) ist einer der wichtigsten Begriffe der Philosophie, eine Grundbestimmung, die schlechthin allenthalben wiederkehrt, deren Sinn bestimmt aufzufassen und besonders vom Nichts zu unterscheiden ist. ... A u f h e b e n hat in der Sprache den gedoppelten Sinn, daß es so viel als aufbewahren, e r h a l t e n bedeutet und zugleich so viel als aufhören lassen, e i n E n d e m a c h e n ... So ist das Aufgehobene ein zugleich Aufbewahrtes, das nur seine Unmittelbarkeit verloren hat, aber darum nicht vernichtet ist." Log. I 93, 94/4.120.

Eine besondere Bedeutung hat das „Aufheben" in der Lehre vom „Wesen": Das Gesetztsein, das dem Wesen zukommt, ist nur als aufgehobenes Gesetztsein und umgekehrt ist nur das sich aufhebende Gesetztsein das Gesetztsein des Wesens. Log. II 63/4.552. Siehe auch „aufgehobene Reflexion".

26 Dasein

a. In der Lehre vom „Sein":
aa. In der Lehre von der Qualität:
Ergebnis des aus dem „reinen Sein" als Entwicklung des Verhältnisses von Sein und Nichts folgenden „Werdens": „Das Werden, so Übergehen in die Einheit des Sein und Nichts, welche als s e i e n d ist oder die Gestalt der einseitigen u n m i t t e l b a r e n Einheit dieser Momente hat, ist d a s D a s e i n ." Log. I 93/4.120. „Das Dasein ist das aufgehobene, aber nur unmittelbar aufgehobene Sein. Es enthält so zunächst nur die erste, selbst unmittelbare Negation; das Sein ist zwar gleichfalls erhalten, und beide im Dasein in einfacher Einheit vereint, aber eben darum an sich einander noch u n g l e i c h , und ihre Einheit noch n i c h t g e s e t z t . Das Dasein ist darum die Sphäre der Differenz, des Dualismus, das Feld der Endlichkeit." Log. I 147/4.183. „Dasein ist b e s t i m m t e s Sein; seine Bestimmtheit ist s e i e n d e Bestimmtheit, Q u a l i t ä t . Durch seine Qualität ist E t w a s gegen ein A n d e r e s , ist v e r ä n d e r l i c h und e n d l i c h , nicht nur gegen ein Anderes, sondern an ihm schlechthin negativ bestimmt." Log. I 95/4. 122. „Die Bestimmtheit ist Bestimmtheit als solche, ein relatives, nicht absolutes Bestimmtsein." Log. I 147/4.183.
ab. In der Lehre von der Quantität:

Hegel spricht auch von der Quantität mit einer Bestimmtheit oder Grenze überhaupt, der nur relativ bestimmten Quantität, dem Quantum, gelegentlich als von Dasein.

b. In der Lehre vom „Wesen":

Manifestation (bloßes) Gesetztsein. „... daß überhaupt das Dasein zum Teil E r s c h e i n u n g , und nur zum Teil Wirklichkeit ist . . . " Enz. § 6. „Dem Dasein entspricht i n d e r S p h ä r e d e s W e s e n s das Gesetztsein... D a s D a s e i n i s t n u r G e s e t z t s e i n ; dies ist der Satz des Wesens vom Dasein." Log. II 20/4.501.

Über das „Wesen": „Seine Bewegung besteht darin, die Negation oder Bestimmung an ihm zu setzen, dadurch sich Dasein zu geben und das als unendliches Fürsichsein zu werden, was es an sich ist." Log. II 5/4.484. „... als heraustretend in das Dasein, oder nach seiner Existenz und E r s c h e i n u n g ." Log. II 6/4.484. — Über die Existenz des Dings: „... es ist daher das Dasein als U n w e s e n t l i c h e s , als Gesetztsein ... ein sich selbst a n d e r e s , in sich m a n n i g f a l t i g e s und ä u ß e r l i c h e s D a s e i n ..." Log. II 106/4.603.

c. In der Lehre vom „Begriff":

Objektivität: „der aus seiner I n n e r l i c h k e i t h e r v o r g e t r e t e n e und in das Dasein übergegangene" reelle Begriff. Log. II 236/5.33.

27 Anderssein

a. In der Lehre vom „Sein":

aa. In der Lehre von der Qualität:

„Qualitatives Anderssein" (Enz. § 116). Die Grenze, Negation, welche das daseiende Etwas an ihm hat. Log. I 109, 110/4.139. „Die Qualität als s e i e n d e Bestimmtheit gegenüber der in ihr enthaltenen, aber von ihr unterschiedenen N e g a t i o n ist R e a l i t ä t . Die Negation, nicht mehr das abstrakte Nichts, sondern als ein Dasein und E t w a s , ist nur Form an diesem, sie ist als A n d e r s s e i n . Die Qualität, indem dies Anderssein ihre eigene Bestimmung, aber zunächst von ihr unterschieden ist, – i s t S e i n f ü r - a n d e r e s , eine Breite des Daseins, des Etwas." Enz. § 91.

ab. In der Lehre von der Quantität:

„Das für sich Seiende ist das numerische E i n s . Es ist einfach, nur auf sich bezogen und das Andere von ihm ausgeschlossen. Sein Anderssein ist die V i e l h e i t ." Prop. III 2. § 25. In der Lehre von der Quantität spricht Hegel auch von der Äußerlichkeit des Quantums als Anderssein. Log. I 221/4.272.

b. In der Lehre vom „Wesen":

„Substantielles Anderssein" (Log. II 203/4.719). „Das Anderssein ist hier nicht mehr das q u a l i t a t i v e , die Bestimmtheit, Grenze; sondern als im Wesen, dem sich auf sich beziehenden, ist die Negation zugleich als Beziehung: U n t e r s c h i e d , G e s e t z t -

165

sein, Vermitteltsein." (Enz. § 116.) Die an und für sich seiende Welt enthält den Gegensatz und stößt sich ab in sich als die wesentliche Welt und in sich als die Welt des Andersseins oder die Welt der Erscheinung. (Log. II 132/4.634.) „Das Reich der Gesetze ist nicht nur dies, daß das Gesetztsein eines Inhalts das Gesetztsein eines Andern ist, sondern diese Idealität ist wesentlich, wie sich ergeben hat, auch negative Einheit; jede der beiden Seiten des Gesetzes ist in der negativen Einheit a n i h r s e l b s t i h r a n d e r e r Inhalt; das Andere ist daher nicht unbestimmt ein Anderes überhaupt, sondern es ist i h r Anderes." Log. II 133/4.635.

28 Ansichsein

a. In der Lehre vom „Sein":
Das dem „Sein-für-Anderes" gegenüberstehende Moment. Log. I 108/4.138.

b. In der Lehre vom „Wesen":
Das dem Gesetztsein gegenüberstehende Moment. (In diesem Ausdruck liegt allerdings auch das „Sein-für-Anderes") Log. I 108/4.138.

c. In der „Wissenschaft der Logik" immer nur beiläufig benannten ersten Stufe des in der „Wissenschaft der Logik" nicht dargestellten ontologischen dialektischen Dreischritts der Entwicklung Ansichsein – Fürsichsein – Anundfürsichsein: Möglichkeit = potentia, δύναμις (vgl. Einleitung in Vorlesungen über die Geschichte der Philosophie „a. der Begriff der Entwicklung"). (Der Begriff ist in der unorganischen Natur Begriff a n s i c h. Log. I 43/4.61.)

29 Anundfürsichsein

a. In der Lehre vom „Begriff":
das Objektive. „Der Begriff in seiner O b j e k t i v i t ä t ist die a n u n d f ü r s i c h s e i e n d e S a c h e s e l b s t ." Log. II 236/5.33.

b. dritte Stufe des Dreischritts Ansichsein – Fürsichsein – Anundfürsichsein (vgl. Ansichsein): absolutes Dasein. Der Begriff ist in seiner Identität mit sich das a n u n d f ü r s i c h Bestimmte. Enz. § 160. Der Begriff ist das Absolute, wie es i n s e i n e m D a s e i n a b s o l u t o d e r a n u n d f ü r s i c h i s t . Log. II 5/4.484. Der Begriff an und für sich ist für Natur und Geist Vorbildner und innerer Bildner. Log. II 231/5.27. Im Geiste ist die Idee als für sich seiend und an und für sich werdend. Enz. § 18. In der Idee vereinigt sich, daß die Natur der Sache, der Begriff, es ist, die sich fortbewegt und entwickelt, und diese Bewegung ebensosehr die Tätigkeit des Erkennens ist, die ewige an und für sich seiende Idee sich ewig als absoluter Geist betätigt, erzeugt und genießt. Enz. § 577.

30 Sein-für-Anderes

In der Lehre vom „Sein": das dem „Ansich" gegenüberstehende Moment. Vgl. „Ansichsein". „D a s S e i n - f ü r - A n d e r e s ist in der Einheit des Etwas mit sich, identisch mit seinem A n s i c h; das Sein-für-Anderes ist so a m Etwas." Log. I 109, 110/4.139.

31 Eigenschaft	a. In der Lehre vom „Sein":
	„Die Qualität ist erst in der Rücksicht vornehmlich E i g e n - s c h a f t , als sie in einer ä u ß e r l i c h e n B e z i e h u n g sich als i m m a n e n t e B e s t i m m u n g zeigt." Log. I 101/4.128.
	b. In der Lehre vom „Wesen":
	Reflektierte Qualität. Log. II 110/4.608. Das Ding-an-sich verhält sich in der äußerlichen Reflexion zu sich selbst und es ist dessen eigene Beziehung auf sich als auf ein anderes, was dessen Bestimmtheit ausmacht. Diese Bestimmtheit des Dings-an-sich ist die Eigenschaft des Dings. Log. II 109/4.606, 607.
32 Bestimmung und Beschaffenheit	a. In der Lehre vom „Sein":
	Bestimmung: Die Erfüllung des Ansichseins mit Bestimmtheit. „Die Bestimmung ist die affirmative Bestimmtheit als das Ansichsein, dem das Etwas in seinem Dasein gegen seine Verwicklung mit Anderem, wovon es bestimmt würde, gemäß bleibt, sich in seiner Gleichheit mit sich erhält, sie in seinem Sein-für-Anderes geltend macht." Log. I 110/4.140.
	Beschaffenheit: Bestimmtheit, die nur Sein-für-Anderes ist und außer der Bestimmung bleibt. Äußerliches Dasein des Etwas, das nicht seinem Ansichsein angehört (wenn es auch s e i n Dasein ist). „Insofern Etwas sich verändert, so fällt die Veränderung in die Beschaffenheit; sie ist a m Etwas das, was ein Anderes wird." Log. I 111/4.141.
	„Die einfache Mitte ist die B e s t i m m t h e i t als solche; ihrer Identität gehört sowohl Bestimmung als Beschaffenheit an." Log. I 111/4.141.
	b. In der Lehre vom „Wesen":
	„Das abstrakte Ding an-sich ist selbst dies aus anderem in sich zurückkehrende Verhalten; es ist dadurch a n s i c h s e l b s t b e - s t i m m t ; aber seine Bestimmtheit ist Beschaffenheit, die als solche selbst B e s t i m m u n g ist und als Verhalten zu Anderem n i c h t in das Anderssein ü b e r g e h t und der V e r - ä n d e r u n g e n t n o m m e n i s t ." Log. II 109, 110/4.607.
33 Endlichkeit	a. In der Lehre vom „Sein":
	„Wenn wir von den Dingen sagen, s i e s i n d e n d l i c h , so wird hierunter verstanden . . ., daß sie nicht bloß begrenzt sind . . ., sondern daß vielmehr das Nichtsein ihre Natur, ihr Sein, ausmacht." Log. I 116, 117/4.147. Der Begriff Endlichkeit weist über sich hinaus: „Etwas mit seiner immanenten Grenze gesetzt als Widerspruch seiner selbst, durch den es über sich hinausgewiesen und getrieben wird, ist das Endliche." Log. I 116/4.147. Das Endliche geht begrifflich in das Unendliche über. „Es ist die Natur des Endlichen selbst, über sich hinauszugehen, seine Negation zu negieren und unendlich zu werden." Log. I 126/4.158.
	b. In der Lehre vom „Wesen":

In den endlichen Dingen sind Wesen und Erscheinung getrennt. Log. I 75/4.98. „Die endlichen Dinge in ihrer gleichgültigen Mannigfaltigkeit sind daher überhaupt dies, widersprechend an sich selbst, i n s i c h g e b r o c h e n z u s e i n u n d i n i h r e n G r u n d z u r ü c k z u g e h e n." Log. II 62/4.550.

c. In der Lehre vom „Begriff":
„Die endlichen Dinge sind darum endlich, insofern sie die Realität ihres Begriffs nicht vollständig an ihnen selbst haben, sondern dazu anderer bedürfen — oder umgekehrt, insofern sie als Objekte vorausgesetzt sind, somit den Begriff als eine äußerliche Bestimmung an ihnen haben." Log. II 409/5.239.

34 Progreß ins Unendliche

a. In der Lehre vom „Sein":
Die höchste Stufe, zu welcher der Verstand bei seinem — vergeblichen — Bemühen um Erfassung des Unendlichen gelangt: die Wechselbestimmung des Endlichen und Unendlichen, daß das Endliche nur in der Beziehung auf das Unendliche, und das Unendliche nur unendlich in Beziehung auf das Endliche ist. „Diese sich selbst und seine Negation negierende Wechselbestimmung ist es, welche als der P r o g r e ß i n s U n e n d l i c h e auftritt, der in so vielen Gestalten und Anwendungen als ein L e t z t e s gilt, über das nicht mehr hinausgegangen wird, sondern angekommen bei jenem: U n d s o f o r t ins Unendliche, pflegt der Gedanke sein Ende erreicht zu haben. — Dieser Progreß tritt allenthalben ein, wo r e l a t i v e Bestimmungen bis zu ihrer Entgegensetzung getrieben sind, so daß sie in untrennbarer Einheit sind, und doch jeder gegen die andere ein selbständiges Dasein zugeschrieben wird. Dieser Progreß ist daher der W i d e r s p r u c h, der nicht aufgelöst ist, sondern immer nur als v o r h a n d e n ausgesprochen wird." Log. I 130, 131; 224/4.164, 275. „Der Progreß ins Unendliche ist daher nur die sich wiederholende Einerleiheit, eine und dieselbe langweilige A b w e c h s l u n g dieses Endlichen und Unendlichen." Log. I 131/4.164.

aa. In der Lehre von der Qualität:
Das Etwas mit seiner immanenten Grenze gesetzt als der Widerspruch seiner selbst wird durch diesen Widerspruch über sich hinausgewiesen und getrieben. Log. I 116/4.147. Das qualitativ Endliche und Unendliche stehen sich absolut, d. h. abstrakt einander gegenüber. Ihre Einheit ist die zugrunde liegende i n n e r l i c h e Beziehung; das Endliche kontinuiert sich nur an sich, aber nicht an ihm, in sein Anderes. Log. I 223/4.274.

ab. In der Lehre von der Quantität:
Der quantitative Progreß ins Unendliche ist der Ausdruck des Widerspruchs, den das quantitativ Endliche oder das Quantum überhaupt enthält. (Gesetzt ist dieser Widerspruch im Grad, einfach in sich bestimmt zu sein und seine Bestimmtheit außer sich zu haben.

Log. I 196/4.242.) „In diesem Widerspruch, daß die f ü r s i c h -
s e i e n d e gleichgültige Grenze die absolute Ä u ß e r l i c h -
k e i t ist, ist der u n e n d l i c h e quantitative P r o g r e ß gesetzt." Enz § 104. Das quantitative Endliche bezieht sich a n
i h m s e l b s t in sein Anderes, das Unendliche. Log. I 223/4.274.
ac. In der Lehre vom „Maß":
Unendlicher Progreß der Knotenreihe. Log. I 386/4.464. Ein Etwas
hat eine Weite der Äußerlichkeit, innerhalb deren es gegen eine
Veränderung des Quantums gleichgültig bleibt und seine Qualität
nicht ändert. Aber es tritt ein Punkt dieser Änderung des Quantitativen ein, auf welchem die Qualität geändert wird, das Quantum
sich als spezifizierend erweist, so daß das veränderte quantitative
Verhältnis in ein Maß und damit in eine neue Qualität, ein neues
Etwas, umgeschlagen ist. Die neue Qualität oder das neue Etwas ist
demselben Fortgange seiner Veränderung unterworfen und so fort
ins Unendliche. Log. I 380/4.457.
b. In der Lehre vom „Wesen":
Progreß von Ursachen und Wirkungen ins Unendliche, das geradlinige Hinausgehen von Ursachen zu Wirkungen und von Wirkungen
zu Ursachen. Log. II 197/4.711, Enz. § 154. Das in der endlichen
Kausalität (= Äußerlichkeit der Kausalität oder = Mechanismus) in
den schlecht-unendlichen Progreß auslaufende Wirken. Log. II 202/
4.717.

35 Unendlichkeit
(in der Lehre
vom „Sein")

a. Die schlechte oder negative Unendlichkeit:
aa. Begriff der schlechten oder negativen Unendlichkeit:
Der Verstand, der den Begriff der „wahrhaften" Unendlichkeit
nicht zu erreichen vermag, hat nur den Begriff der schlechten oder
negativen Unendlichkeit, welche nichts ist als die Negation des
Endlichen. Log. I 128/4.161; Enz. § 94. „Die Hauptsache ist, den
wahrhaften Begriff der Unendlichkeit von der schlechten Unendlichkeit, das Unendliche der Vernunft von dem Unendlichen des
Verstandes zu unterscheiden." Letzteres ist das v e r e n d l i c h -
t e Unendliche: Indem das Unendliche vom Endlichen rein und
entfernt gehalten werden soll, wird es nur verendlicht. Log. I 125/
4.158.
ab. Übergang der Endlichkeit in die Unendlichkeit in der Begrifflichkeit der Qualität, in der Begrifflichkeit der Quantität und in der
Begrifflichkeit des Maßes: Die q u a l i t a t i v e Unendlichkeit,
wie sie am Dasein ist, ist das Hervorbrechen des Unendlichen am
Endlichen, als u n m i t t e l b a r e r Ü b e r g a n g und Verschwinden des Diesseits in seinem Jenseits. Die q u a n t i t a t i -
v e Unendlichkeit hingegen ist ihrer Bestimmtheit nach schon die
K o n t i n u i t ä t des Quantums, eine Kontinuität desselben über
sich hinaus. Das qualitativ Endliche w i r d zum Unendlichen; das
quantitativ Endliche ist sein Jenseits an ihm selbst und w e i s t

169

ü b e r s i c h h i n a u s . Die Unendlichkeit der Spezifikation des Maßes s e t z t ebensowohl das Qualitative wie das Quantitative als sich einander a u f h e b e n d , und damit die erste, unmittelbare E i n h e i t derselben, welche das Maß überhaupt ist, als in sich zurückgekehrt und damit selbst als g e s e t z t . Log. I 385/4.462, 463.

b. Die wahrhafte Unendlichkeit:
Das Unendliche der Vernunft. Die wahrhafte Unendlichkeit wird durch Aufheben der Endlichkeit, d. i. der Endlichkeit als solcher und ebensosehr der ihr nur gegenüberstehenden, der nur negativen Unendlichkeit. Log. I 140/ 4.175. Die wahrhafte Unendlichkeit ist die Einheit des Endlichen und des Unendlichen, in der beide unterschieden sind.

„Im F ü r s i c h s e i n ist das q u a l i t a t i v e S e i n v o l l e n d e t ; es ist das unendliche Sein." Log. I 147/4.183. „Als wahrhafte Unendlichkeit, in sich zurückgebogen, wird deren Bild der K r e i s , die sich erreicht habende Linie, die geschlossen und ganz gegenwärtig ist, ohne A n f a n g s p u n k t und E n d e ." Log. I 138, 139/4.173.

36 Fürsichsein

a. In der Lehre vom „Sein":
aa. In der Lehre von der „Qualität":
Ergebnis der aus dem „Dasein" als Entwicklung des Verhältnisses von Endlichkeit und schlechter Unendlichkeit weiterführenden Entwicklung des Seins zur wahrhaften Unendlichkeit: „ I m F ü r s i c h s e i n ist das q u a l i t a t i v e S e i n v o l l e n d e t ; es ist das unendliche Sein." Log. I 147/4.183; siehe auch unter „Unendlichkeit". „Im Fürsichsein ist der Unterschied zwischen dem Sein und der Bestimmtheit oder Negation gesetzt und ausgeglichen . . . Indem aber in der Endlichkeit die Negation in die Unendlichkeit, in die g e s e t z t e Negation der Negation, übergegangen, ist sie einfache Beziehung auf sich, also an ihr selbst die Ausgleichung mit dem Sein, – a b s o l u t e s B e s t i m m t s e i n ." Log. I 147/4.183, 184. Das Fürsichsein darf jedoch nicht abstrakt als Isolation genommen werden, sondern ist zugleich im Verhältnis des fürsichseienden Etwas zu Anderem zu begreifen als E i n h e i t d e r M o m e n t e R e p u l s i o n u n d A t t r a k t i o n s.d. Vgl. Log. I 170 ff./4.211 ff.

ab. In der Lehre von der „Quantität":
Das Quantum ist im quantitativen Fürsichsein g e s e t z t , wie es seinem Begriffe gemäß ist. In ihm bezieht sich die Quantität auf sich selbst. Das Quantum ist hier als Unterschied von sich selbst gesetzt und zwar darin, Verhältnis zu sein. „Das Quantum in seinem Anderssein sich identisch mit sich setzend, sein Hinausgehen über sich selbst bestimmend, ist zum Fürsichsein gekommen. So qualitative Totalität, indem sie sich als entwickelt setzt, hat sie zu ihren

Momenten die Begriffsbestimmungen der Zahl, die Einheit und die Anzahl." Log. I 331/4.399. Siehe auch „quatitatives Verhältnis".
ac. In der Lehre vom „Maß":
1. Das Fürsichsein im Maß:
Im Verlaufe der realisierenden Fortbestimmung des Maßes treten die Unterschiede seiner Momente, das qualitative Bestimmtsein und das quantitative Bestimmtsein, hervor und werden diese zu Selbständigen, wobei jedoch das Maß die Einheit derselben ist. Das Maß ist auf diese Weise realisiert, „daß seine beiden Seiten Maße, unterschieden als unmittelbares, äußerliches, und als in sich spezifiziertes sind und es die Einheit derselben ist. Als diese Einheit enthält das Maß das Verhältnis, in welchem die Größen durch die Natur der Qualitäten bestimmt und different gesetzt sind, und dessen Bestimmtheit daher ganz immanent und selbständig, zugleich in das Fürsichsein des unmittelbaren Quantums, den Exponenten eines direkten Verhältnisses, zusammengegangen ist; seine Selbstbestimmung ist darin n e g i e r t , indem es in diesem seinem Andern die letzte; fürsichseiende Bestimmtheit hat; und umgekehrt hat das unmittelbare Maß, welches an ihm selbst qualitativ sein soll, an jenem erst in Wahrheit die qualitative Bestimmtheit. Diese negative Einheit ist r e a l e s F ü r s i c h s e i n , die Kategorie eines E t w̄ a s , als Einheit von Qualitäten, die im Maßverhältnisse sind, — eine volle S e l b s t ä n d i g k e i t ." Log. I 357, 358/4.430, 431.
2. Das fürsichseiende Unendliche:
die Negation nicht nur der spezifischen Maßverhältnisse, sondern des quantitativen Fortgangs selbst. Die Unendlichkeit der Spezifikation des Maßes setzt ebensowohl das Qualitative wie das Quantitative als sich ineinander aufhebend, und damit die erste, unmittelbare Einheit derselben, welche das Maß überhaupt ist, als in sich zurückgekehrt und damit selbst als gesetzt. Log. I 385/4.463.
b. In der Lehre vom „Wesen":
Die Bewegung des Wesens besteht darin, „die Negation oder Bestimmung an ihm zu setzen, dadurch sich D a s e i n zu geben und das als unendliches Fürsichsein zu werden, was es an sich ist." Log. II 5/4.484.
Die Substanz bestimmt sich zum Fürsichsein gegen ein Anderes. Dies ist das Verhältnis der Kausalität. Log. II 185/4.697. (In der Lehre vom „Sein", in der das Andere anderes überhaupt ist, steht das Fürsichsein dem Anderen überhaupt gegenüber. In der Lehre vom „Wesen", in der das Andere das eigene Andere ist, steht das Fürsichsein dem eigenen Anderen gegenüber, die Ursache ihrer Wirkung.) Die für sich seiende Substanz ist die Ursache — für sich seiend gegenüber dem nur Gesetzten (der Wirkung). Log. II 189/4. 702.
c. Zweite Stufe des Dreischritts Ansichsein — Fürsichsein — Anund-

fürsichsein (vgl. Ansichsein): Wirklichkeit = actus, $ἐνέργεια$ vgl. Einleitung in Vorlesungen über die Geschichte der Philosophie „a. Der Begriff der Entwicklung"). (Die Bewegung des Wesens besteht darin, das als unendliches Fürsichsein zu werden, was es an sich ist. Log. II 5/4.484.) „Wie im Begriffe überhaupt die **Bestimmtheit**, die an ihm vorkommt, **Fortgang der Entwicklung** ist, so ist auch an dem Geiste jede Bestimmtheit, in der er sich zeigt, Moment der Entwicklung und, in der Fortbestimmung, Vorwärtsgehen seinem **Ziele** zu, sich zu dem zu machen und **für sich** zu werden, was er **an sich** ist." Enz. § 387.

37 Wechselbestimmung Zwischen dem Endlichen und Unendlichen ist die Wechselbestimmung vorhanden; „das Endliche ist endlich nur in der Beziehung auf das Sollen oder auf das Unendliche, und das Unendliche ist nur unendlich in Beziehung auf das Endliche. Sie sind untrennbar und zugleich schlechthin Andere gegeneinander; jedes hat das Andere seiner an ihm selbst; so ist jedes die Einheit seiner und seines Andern, und ist in seiner Bestimmtheit Dasein, das N i c h t zu sein, was es selbst und was sein Anderes ist." „Diese sich selbst und seine Negation negierende Wechselbestimmung ist es, welche als der **Progreß ins Unendliche** auftritt." Log. I 130/4.163, 164.

38 Repulsion und Attraktion Hegel versteht unter Repulsion und Attraktion nicht oder nicht nur die als Repulsiv- und Attraktiv-Kraft bezeichneten Kräfte der sinnlichen Materie. Hegel handelt vielmehr bei den Begriffen Repulsion und Attraktion von den „reinen Bestimmungen vom Eins und Vielen, und deren Beziehungen aufeinander". Log. I 171/4.212. (Diese Bestimmungen liegen a u c h den genannten Kräften der Materie zugrunde. Log. I 171/4.212.) Es besteht im Bereich des fürsichseienden Eins und der fürsichseienden Vielen eine Einheit der Momente Repulsion und Attraktion.

39 Quantität: die Bestimmtheit, die dem Sein gleichgültig geworden ist. (Bei Veränderung der Quantität bleibt die Sache, was sie ist.)

40 reine Quantität: die noch unbestimmte Quantität; die Quantität, die noch keine Grenze hat.

41 Kontinuität und Diskretion: Momente der noch u n b e s t i m m t e n Quantität (bzw. des Quantums, insofern von der Grenze abstrahiert wird, Log. I 213/4. 262), die sich begrifflich aus der Attraktion und der Repulsion entwickeln: Die Attraktion ist das Moment der Kontinuität, die Repulsion ist das Moment des Diskretion in der Quantität. Log. I 179, 180/4.222.

42 kontinuierliche und diskrete Größe: Bestimmungen der Größe an sich, der Quantität als solcher (also nicht der bestimmten Quantität). In der durch die Attraktion gesetzten Gleichheit ist die Quantität kontinuierliche, in der anderen in ihr enthaltenen Bestimmung des Eins ist sie diskrete Größe. Kontinuierliche und diskrete Größe sind noch keine Quanta; sie sind nur die Quantität selbst in einer jeden ihrer beiden Formen,

	der Kontinuität und der Diskretion. Log. I 195/4.241.
43 Einheit und Anzahl:	Momente der Zahl, der b e s t i m m t e n Quantität, des Quantums, welche in der Begriffsentwicklung auf Attraktion und Repulsion und hieran anschließend Kontinuität und Diskretion folgen: Die von der Zahl umschlossenen Eins sind eine bestimmte Menge, die Anzahl, zu welcher als der Diskretion, wie sie in der Zahl ist, das andere, die Einheit, die Kontinuität derselben, ist. Log. I 197/4.244.
44 extensive und intensive Größe	Waren kontinuierliche und diskrete Größe Bestimmungen der Größe an sich, d. i. der Quantität als solcher, so sind extensive Größe und intensive Größe B e s t i m m t h e i t e n d e s Q u a n t u m s , das identisch mit seiner Grenze ist, genauer Bestimmtheiten der quantitativen Grenze selber. Log. I 213/4.262. Extensive Größe: „Das Quantum so mit seiner Grenze, die ein Vielfaches an ihr selbst ist, ist e x t e n s i v e G r ö ß e ." Log. I 213/4.262. Intensive Größe (= Grad): Das Quantum, welches als für sich und darin als gleichgültige Grenze ebenso unmittelbar außer sich seine Bestimmtheit an einem Andern hat. Log. I 196/4.242.
45 Grad	siehe „extensive und intensive Größe".
46 Quantum:	bestimmte Quantität (Zahl), bei welcher jedoch die Bestimmtheit erst relativ ist.
47 quantitatives Verhältnis:	absolut bestimmte Quantität. Im Potenzverhältnis ist die Zahl durch Gleichsetzung ihrer Begriffsmomente, der Einheit und der Anzahl, als zu sich selbst zurückgekehrte gesetzt und erhält sie an ihr das Moment der Unendlichkeit, des Fürsichseins, d. i. des Bestimmtseins durch sich selbst. Log. I 280/4.340.
48 Quantität spezifische und spezifizierende	Das Quantum ist gleichgültige Grenze. In dem „spezifischen" Quantum ist diese Gleichgültigkeit aufgehoben; die Quantität steht in Beziehung zu den anderen Bestimmtheiten des Etwas. Das spezifische Quantum ist, als sich zu anderem verhaltend, ein quantitatives Spezifizieren.
49 Maß	Vereinigung von Qualität und Quantität, wobei qualitatives Bestimmtsein und quantitatives Bestimmtsein zunächst Momente des Maßes bilden, dann jedoch als Selbständige auseinandertreten. Reales Maß: ein selbständiges Maß einer Körperlichkeit, das sich zu andern verhält und in diesem Verhalten dieselben, sowie damit die selbständige Materialität spezifiziert. Log. I 359/4.432.
50 Maßverhältnis	In der Begrifflichkeit des Maßes steht am Anfang das „Maß überhaupt", bei dem qualitatives Bestimmtsein und quantitatives Bestimmtsein nur Momente sind. Im Verlaufe der realisierenden Fortbestimmung des Maßes tritt der Unterschied dieser Momente hervor und werden diese zu Selbständigen, so daß die Maße a n i h -

n e n   s e l b s t zu Verhältnissen von Maßen werden. Log. I 359/4. 433.

51 absolute Indifferenz: Begriff, der von der Lehre vom „Sein" zur Lehre vom „Wesen" überleitet. Die letzte Bestimmung des Seins, ehe dieses zum Wesen wird. Log. I 397/4.476. Die Negation aller Bestimmtheiten des Seins. Log. I 388/4.466.

52 (subjektive) Reflexion: Bewegung der Urteilskraft, die über eine gegebene unmittelbare Vorstellung hinausgeht und allgemeine Bestimmungen für dieselbe sucht oder damit vergleicht. Log. II 18/4.499. (Hegel spricht meist ohne nähere Bezeichnung von Reflexion und meint je nach dem Sinn des Zusammenhangs, in dem er von Reflexion spricht, die subjektive oder die objektive Reflexion.) Hegel bezeichnet die subjektive Reflexion auch als äußere Reflexion (z. B. Log. II 40/4.525), während er andererseits auch von einer objektiven äußeren Reflexion spricht (z. B. Log. II 17 ff./4.497 ff.). Schließlich spricht Hegel jedoch auch von innerer Reflexion als subjektiver Reflexion (z. B. Log. I 85/4.110).

53 (objektive) Reflexion: das Setzen in der Sphäre des „Wesens". Die Reflexion ist Setzen, insofern sie die Unmittelbarkeit als ein Rückkehren ist. Log. II 15/ 4.495. „Das Wesen ist Reflexion, die Bewegung des Werdens und Übergehens, das in sich selbst bleibt, worin das Unterschiedene schlechthin nur als das an sich Negative, als Schein bestimmt ist." Log. II 13/4.492, 493.

Wenn Hegel von der (objektiven) Reflexion spricht, so versteht er hierunter im allgemeinen die Reflexion im engeren Sinne: die R e f l e x i o n   i n   s i c h .

Für diese Reflexion im engeren Sinne, die Reflexion in sich, gilt: Reflexion bedeutet, daß das Wesen (erst) in sich selbst scheint. „Der Schein ist dasselbe, was die R e f l e x i o n ist; aber er ist die Reflexion als u n m i t t e l b a r e ; für den in sich gegangenen, hiermit seiner Unmittelbarkeit entfremdeten Schein haben wir das Wort der fremden Sprache, die R e f l e x i o n ." Log. II 13/4. 492. Die Reflexion ist die Bewegung, die, indem sie die Rückkehr ist, erst darin das ist, das anfängt oder das zurückkehrt. Log. II 15/4.495. Die Reflexion im engeren Sinne, die Reflexion in sich, ist die r e i n e Vermittlung des Wesens mit sich überhaupt (während der Grund die r e a l e Vermittlung des Wesens mit sich ist). Sie ist nur die Bewegung des Nichts durch nichts zu sich selbst zurück. Sie ist nämlich zwar das Scheinen seiner in einem Anderen. „Aber weil der Gegensatz in dieser Reflexion noch keine Selbständigkeit hat, so ist weder jenes Erste, das Scheinende, ein Positives, noch das A n d e r e , in dem es scheint, ein Negatives. Beide sind Substrate, eigentlich nur der Einbildungskraft; sie sind noch nicht sich auf sich selbst Beziehende. Die reine Vermittlung ist nur r e i n e   B e z i e h u n g , ohne Bezogene." Log. II 64/4.553.

54 setzende Reflexion	Die Reflexion ist Setzen, insofern sie die Unmittelbarkeit als ein Rückkehren ist. So ist sie Voraussetzen. Log. II 15/4.495.
55 äußere Reflexion:	die Reflexion unter dem Gesichtspunkt, daß sie eine Voraussetzung hat, das Unmittelbare; Reflexion, die von dem Unmittelbaren als ihrem Anderen anfängt. Log. II 14, 16/4.493, 494, 497. – Hegel bezeichnet aber auch die subjektive Reflexion als äußere Reflexion (z. B. Log. II 40/4.525).
56 absolute Reflexion	„Die Reflexion als absolute Reflexion ist das in ihm selbst scheinende Wesen und setzt sich nur den Schein, das Gesetztsein voraus; sie ist voraussetzende unmittelbar nur setzende Reflexion." Log. II 17/4.497.
57 reine absolute Reflexion:	die den Anfang der begrifflichen Entwicklung der Reflexion bildende absolute Reflexion, die noch Bewegung von Nichts zu Nichts ist. Log. II 14/4.493.
58 äußerliche Reflexion	a. als subjektive Reflexion verstanden: Vergleiche z. B. Log. I 77/4.100. (Auch als Reflexion bezeichnet, z. B. Log. II 40/4.525.) b. als objektive Reflexion verstanden: reale Reflexion. Log. II 17/4.496.
59 bestimmende Reflexion	Das, was durch die setzende Reflexion ist, ist das an und für sich seiende Wesen. So ist die Reflexion bestimmende Reflexion. Log. II 18/4.499. „Die bestimmende Reflexion ist überhaupt die Einheit der setzenden und der äußeren Reflexion." Log. II 20/4.501.
60 aufgehobene Reflexion:	Reflexion in anderes, „Reflexion in das Anderssein". Gesetztsein des Wesens. „... daß das Gesetztsein, das dem Wesen zukommt, nur als aufgehobenes Gesetztsein ist, und umgekehrt, daß nur das sich aufhebende Gesetztsein das Gesetztsein des Wesens ist." Log. II 63/4.552. „Nach diesen Momenten der aufgehobenen Reflexion erhält das Gesetzte die Bestimmung der U n m i t t e l b a r k e i t ..." Log. II 64/4.553.
61 Unmittelbares, Unmittelbarkeit	a. Anfangsstufe, von der (aa) das Denken bzw. (ab) die Fortbestimmung des Begriffes ausgeht. aa. „Indem das Wissen das Wahre erkennen will, was das Sein a n u n d f ü r s i c h ist, so bleibt es nicht beim Unmittelbaren und dessen Bestimmungen stehen, sondern dringt durch dasselbe hindurch mit der Voraussetzung, daß h i n t e r diesem Sein noch etwas anderes ist als das Sein selbst, daß dieser Hintergrund die Wahrheit des Seins ausmacht." Log. II 3/4.481. ab. Das Sein ist das Unmittelbare gegen das Wesen; innerhalb des Seins ist das reine Sein das Unmittelbare; innerhalb des Wesens ist das in sich scheinende Wesen das Unmittelbare; ebenso ist der Begriff zuerst als unmittelbarer; auch die Idee ist erst nur unmittelbar: das Sein ist das Unmittelbare. (Das Wesen ist das Andere dieses Un-

mittelbaren.) Log. I 96/4.123; Log. II 3/4.481.

„Was den Anfang macht, der Anfang selbst, ist daher als ein Nichtanalysierbares, in seiner einfachen unerfüllten Unmittelbarkeit, also a l s S e i n , als das ganz Leere zu nehmen." Log. I 60/4.80. — „Das r e i n e S e i n macht den Anfang, weil es sowohl reiner Gedanke als das unbestimmte einfache Unmittelbare ist, der erste Anfang aber nichts Vermitteltes und weiter Bestimmtes sein kann." Enz. § 86.

Unmittelbares ist das Andere der (äußerlichen oder realen) Reflexion. Log. II 14, 16/4.493, 494, 497. „Zunächst ist die Reflexion die Bewegung des Nichts zu Nichts, somit die mit sich selbst zusammengehende Negation. Dieses Zusammengehen mit sich selbst ist überhaupt einfache Gleichheit mit sich, die Unmittelbarkeit." Log. II 14/4.494.

„Die Reflexion ist als Aufheben des Negativen Aufheben i h r e s A n d e r e n , der Unmittelbarkeit." Log. II 15/4.495.

Der Begriff ist zuerst als unmittelbarer (dann als reeller, darauf als realer). Log. II 238/5.34. „Begriff in seiner Unmittelbarkeit, in die er im Objekte versenkt ist." (= anorganische Natur). Log. II 411/5.240; Log. II 236/5.33; Log. II 429/5.263. „Zur Unmittelbarkeit bestimmter Begriff" (= Objektivität). „Objektivität in ihrer Unmittelbarkeit" (= Mechanismus). Log. II 359/5.179.

„Zunächst aber ist die Idee auch wieder erst nur unmittelbar oder nur in ihrem Begriffe." (= Leben). Log. II 412/5.232.

Die Unmittelbarkeit geht durch Aufheben verloren. Das Aufgehobene ist ein zugleich Aufbewahrtes, das nur seine Unmittelbarkeit verloren hat. Log. I 94/4.120. Was sich aufhebt, wird dadurch nicht zu Nichts. Nichts ist das U n m i t t e l b a r e , ein Aufgehobenes dagegen ist ein V e r m i t t e l t e s ; es ist das Nichtseiende, aber als R e s u l t a t . Log. I 94/4.120.

b. Unmittelbarkeit kann auch Resultat einer Fortbestimmung des Begriffs (durch Aufheben der Vermittlung) sein. Log. II 498/5.345. Vermittelte Unmittelbarkeit. Log. I 86/4.110.

„Das Fürsichsein als Beziehung auf sich selbst ist U n m i t t e l b a r k e i t ." Enz. § 96. Fürsichsein ist gesetzte Form der U n m i t t e l b a r k e i t des Seins. Log. I 148/4.185.

„Das Sein oder die Unmittelbarkeit, welche durch die Negation ihrer selbst Vermittlung mit s i c h und Beziehung auf sich selbst ist, somit ebenso Vermittlung, die sich zur Beziehung auf sich, zur Unmittelbarkeit aufhebt, ist d a s W e s e n ." Enz. § 111.

„Das D i n g a n s i c h ist das Existierende als das durch die aufgehobene Vermittlung vorhandene, w e s e n t l i c h e U n m i t t e l b a r e ." Log. II 106/4.603. Vgl. hierzu „aufgehobene Reflexion".

„Dies Resultat hat nun als das in sich gegangene und mit sich

i d e n t i s c h e Ganze sich in die Form der U n m i t t e l b a r -
k e i t wieder gegeben." (= absolute Idee). Log. II 499/5.345.
(Auch vermitteltes Wissen kann zu unmittelbarem Wissen werden,
unmittelbares Wissen kann Produkt und Resultat des vermittelten
Wissens sein. Enz. § 66.)

62 Vermittlung Vermitteltes

Die Vermittlung ist ein Hinausgegangensein aus einem Ersten zu einem Zweiten und Hervorgehen aus Unterschiedenen. Enz. § 86, Log. I 60/4.79. Ein Aufgehobenes ist ein Vermitteltes. Log I 94/4. 120. Die Vermittlung enthält eine Beziehung aufeinander, damit eine Negation. Log. I 69/4.91. Vermittlung ist Unterscheidung und Beziehung von Verschiedenem aufeinander. Log. I 54/4.73. Vermittlung ist zugleich Aufheben ihrer selbst. Log. I 54/4.73.

a. In der Lehre vom „Sein":
„Das Dasein hat . . . die Form von einem U n m i t t e l b a r e n. Seine Vermittlung, das Werden, liegt hinter ihm." Log. I 96/4.122.
„Etwas ist also als unmittelbares Dasein die Grenze gegen anderes Etwas, aber es hat sie a n i h m s e l b s t und ist Etwas durch die Vermittlung derselben, die ebensosehr sein Nichtsein ist. Sie ist die Vermittlung, wodurch Etwas und Anderes s o w o h l i s t als n i c h t i s t ." Log. I 114/4.144.

b. In der Lehre vom „Wesen":
aa. Die gesamte Lehre vom „Wesen" ist Vermittlung zwischen der Lehre vom „Sein" und der Lehre vom „Begriff": „Es ergibt sich daraus eine Sphäre der Vermittlung, der Begriff als System der Reflexionsbestimmungen, d. i. des zum Insichsein des Begriffs übergehenden Seins . . . Dies ist die Lehre vom Wesen, die zwischen der Lehre vom Sein und der vom Begriff inmitten steht." Log. I 44/4. 62.

ab. Innerhalb der Lehre vom Wesen betreffen die Aussagen Hegels über die Vermittlung das Verhältnis des Wesens zu s e i n e m e i g e n e n A n d e r e n, die Vermittlung des Wesens m i t s i c h. „Die Reflexion ist die r e i n e V e r m i t t l u n g überhaupt, der Grund ist die r e a l e V e r m i t t l u n g des Wesens mit sich." Log. II 64/4.553. Das existierende Etwas ist wesentlich eine solche Unmittelbarkeit, die durch die Reflexion der Vermittlung in sich selbst entstanden ist. Log. II 105, 106/4.602. „Für das Sein, welches v e r m i t t e l t ist, werden wir den Ausdruck E x i s t e n z aufbewahren." Log. I 78/4.102. Die Wahrheit der Erscheinung ist das wesentliche Verhältnis. Sie besteht in der Vermittlung. Log. II 136, 142/4.639, 645. „Die absolute Notwendigkeit ist absolutes Verhältnis, weil sie nicht das S e i n als solches ist, sondern das S e i n , das ist, w e i l es ist, das Sein als die absolute Vermittlung seiner mit sich selbst. Dieses Sein ist die S u b s t a n z." Log. II 185/4.697.

c. In der Lehre vom „Begriff":

Im Schluß sind ebensowohl die Momente desselben als selbständige Extreme wie auch deren vermittelnde Einheit gesetzt. Log. II 238/ 5.34. Vgl. auch Zweck – Mittel, Vermittlung. Unendlicher Progreß der Vermittlung. Log. II 401/5.229. Vermittlung als die unmittelbare Beziehung des Zwecks auf das Objekt. Log. II 403, 404/ 5.233.

„Dieser nächste Entschluß der reinen Idee, sich als äußerliche Idee zu bestimmen, setzt sich aber damit nur die Vermittlung, aus welcher sich der Begriff als freie, aus der Äußerlichkeit in sich gegangene Existenz emporhebt, i n d e r W i s s e n s c h a f t d e s G e i s t e s." Log. II 506/5.353.

63 Scheinen	„Das Scheinen ist die Bestimmung, wodurch das Wesen nicht Sein, sondern Wesen ist." Enz. § 131.
64 Schein	„Der Schein ist dasselbe, was die R e f l e x i o n ist; aber er ist die Reflexion als u n m i t t e l b a r e." Log. II 13/4.492.
	Während die Lehre vom „Sein" vom Verhältnis des Seins zum Nichtsein überhaupt handelt, handelt die Lehre vom „Wesen" vom Verhältnis eines Seins zu seinem eigenen Nichtsein. Das eigene Nichtsein des Wesens ist der Schein. Log. II 7/4.485; Enz. § 114.
65 Insichscheinen:	in sich scheinendes Wesen
	a. im weiteren Sinn: der gesetzte Begriff. „Das Wesen ist hiermit das Sein als S c h e i n e n in sich selbst." Enz. § 112. (Objektive Reflexion) s. d.
	b. im engeren Sinn: die erste Stufe des gesetzten Begriffs. „Das Wesen s c h e i n t zuerst in s i c h s e l b s t oder ist R e f l e x i o n ; zweitens e r s c h e i n t es." Log. II 6/4.484.(Reine absolute Reflexion = Reflexion in sich) d. d.
66 Reflexionsbestimmungen = Wesenheiten:	Reflexionsbestimmungen der Vernunft, Bestimmungen des Wesens: Die Bestimmungen des Wesens sind reflektierte, durch das Wesen selbst gesetzte und in ihm als aufgehoben bleibende. Log. II 5/4. 484. Sie sind von der Bestimmtheit des Seins dadurch unterschieden, daß diese unmittelbare Beziehung auf anderes überhaupt ist, während die Reflexionsbestimmung Beziehung auf das Reflektiertsein in sich ist. Die bloß unmittelbaren Bestimmungen des Seins sind vorübergehende, bloß relative, in der Beziehung auf anderes stehende. Die reflektierten Bestimmungen haben die Form des An- und Fürsichseins. Sie machen sich daher als die wesentlichen geltend. Log. II 19, 20/4.500.
67 Identität:	Reflexionsbestimmung der Vernunft:
	Das Wesen ist einfache Identität mit sich. „Diese Identität mit sich ist die U n m i t t e l b a r k e i t der Reflexion. Sie ist nicht diejenige Gleichheit mit sich, welche das S e i n oder auch das N i c h t s ist, sondern die Gleichheit mit sich, welche als sich zur Einheit herstellende ist, nicht ein Wiederherstellen aus einem Andern, sondern dies reine Herstellen aus und in sich selbst, die w e -

	s e n t l i c h e Identiät . . . Sie ist insofern noch überhaupt dasselbe als das Wesen." Log. II 26/4.508.
68 Unterschied, Verschiedenheit, Gegensatz:	Reflexionsbestimmung der Vernunft: Der Unterschied ist die bestimmte Reflexion. Log. II 40/4.525. Die erste Reflexionsbestimmung ist die Identität, nach der das Wesen noch bestimmungslos ist. Die eigentliche Bestimmung ist der Unterschied, und zwar teils als äußerlicher oder gleichgültiger Unterschied, die Verschiedenheit überhaupt, teils aber als entgegengesetzte Verschiedenheit oder als Gegensatz. Log. II 23/4.505. Dieser Unterschied der Reflexion ist nicht zu verwechseln mit dem Anderssein des Daseins. „Ein Dasein und ein anderes Dasein sind gesetzt als auseinanderfallend, jedes der gegeneinander bestimmten Dasein hat ein u n m i t t e l b a r e s S e i n für sich. D a s A n d r e d e s W e s e n s dagegen ist das Andre an und für sich, nicht das Andre als eines Andern, außer ihm Befindlichen, die einfache Bestimmtheit an sich . . . . Hier in der Sphäre der Reflexion tritt der Unterschied als reflektierter auf, der so gesetzt ist, wie er an sich ist." Log. II 32,33/4.516. „Im Gegensatz ist die b e s t i m m t e R e f l e x i o n, der Unterschied vollendet." Log. II 40/4.525.
69 Positives und Negatives:	das gesetzte, reflektierte Sein und das gesetzte, reflektierte Nichts. Log. I 69, 70/4.91. Das Positive und Negative sind der gesetzte Widerspruch. Log. II 49/4.535.
70 Widerspruch	Der Widerspruch „zeigt sich" in der Sphäre des „Seins" anders als in der Sphäre des „Wesens". Log. II 59/4.546. a. In der Lehre vom „Sein": In der Sphäre des „Seins" ist der Widerspruch nur an sich. Enz § 114. Das Sein und Nichts sind der Widerspruch an sich. b. In der Lehre vom „Wesen": Der Widerspruch als Reflexionsbestimmung der Vernunft: In der Sphäre des „Wesens" ist der Widerspruch gesetzter Widerspruch. Log. II 58/4.546. Das Positive — gesetztes, reflektiertes Sein — und Negative — gesetztes, reflektiertes Nichts — sind der gesetzte Widerspruch. Log. II 49/4.535 in Vbdg. m. Log. I 69, 70/4.91. Der gesetzte Widerspruch kann in dem Satz gefaßt werden: „A l l e D i n g e s i n d a n s i c h s e l b s t w i d e r s p r e c h e n d." Log. II 58/4.545. c. In der Lehre vom „Begriff": Widerspruch für sich. „Das Objekt ist daher der absolute W i d e r s p r u c h der vollkommenen Selbständigkeit des Mannigfaltigen und der ebenso vollkommenen Unselbständigkeit derselben." Enz. § 194.
71 Grund	= Wesen. „D a s W e s e n b e s t i m m t s i c h s e l b s t a l s G r u n d." Log. II 63/4.551. „A l s G r u n d a l s o s e t z t e s s i c h a l s W e s e n, und daß es sich als Wesen setzt, darin besteht sein

Bestimmen." Log. II 64/4.552. Der Grund ist die Wesentlichkeit des erscheinenden Universums. Log. II 128/4.628. – „Insofern das unmittelbare Dasein als ein nur gesetztes betrachtet wird, so wird von ihm in das Wesen oder zum Grund zurückgegangen." Prop. II 2. § 38. Der Grund entwickelt sich aus dem Gegensatz, dem Widerspruch: „Der aufgelöste Widerspruch ist also der Grund, das Wesen als Einheit des Positiven und Negativen." Log. II 53/4.540.

(Hegel bemerkt hierzu, daß es sich bei dem Angeben von Gründen durch die Wissenschaften, vornehmlich die physikalischen, hingegen nur um bloße Tautologien handele. Während der Grund das sei, woraus das Dasein begriffen werden solle, werde hier umgekehrt vom Dasein auf den Grund geschlossen und er aus dem Dasein begriffen. Der Grund, statt an und für sich selbständig zu sein, sei somit das Gesetzte und Abgeleitete. Log. II 78 ff./4.570 ff.).

72 absoluter Grund:	das Wesen als Grundlage überhaupt für die Grundbeziehung. Näher bestimmt er sich als Form und Materie und gibt sich einen Inhalt. Log. II 65/4.553.
73 bestimmter Grund:	das Wesen als Grund von einem bestimmten Inhalt. Log. II 65/4.553.
74 Bedingung:	das Unmittelbare, auf das der Grund sich als auf seine wesentliche Voraussetzung bezieht. Log. II 91, 92/4.585, 586.
75 Existenz:	das Sein, zu dem das Wesen sich macht, das wesentliche Sein; das Herausgegangensein des Wesens aus der Negativität und Innerlichkeit. Log. II 101/4.597.
76 Ding:	das existierende Etwas; das Etwas, das sich vom seienden Etwas dadurch unterscheidet, daß es wesentlich eine solche Unmittelbarkeit ist, die durch die Reflexion der Vermittlung in sich selbst entstanden ist. Log. II 105, 106/4.602.
77 Ding-an-sich	Das Ding und das Existierende sind unmittelbar eins und dasselbe. Die Unterscheidung des Dings von seiner Existenz ist eigentlich eine Analyse; die Existenz als solche enthält diese Unterscheidung selbst in dem Momente der Vermittlung, – den Unterschied von D i n g - a n - s i c h und von ä u ß e r l i c h e r E x i s t e n z. Log. II 106/4.603. „Das D i n g - a n - s i c h ist das Existierende als das durch die aufgehobene Vermittlung vorhandene, w e s e n t l i c h e U n m i t t e l b a r e." Log. II 106/4.603.
78 Erscheinung:	das entwickelte Scheinen. Enz. § 131. Die Existenz als w e s e n t l i c h e Existenz. Log. II 122/4.622.
79 wesentliches Verhältnis:	im Bereich der E r s c h e i n u n g bestehendes Verhältnis von Wesen und Erscheinung. „Das Erscheinende zeigt das Wesentliche, und dieses ist in seiner Erscheinung." Log. II 102/4.598.
80 Ganzes und Teile	Das wesentliche Verhältnis s. d., dies Verhältnis von Wesen und Erscheinung, ist zunächst Verhältnis des Ganzen und der Teile. Das G a n z e ist die Selbständigkeit, welche die an und für sich seiende Welt ausmacht. Die andere Seite, die T e i l e , ist die unmittelbare

81 Kraft/Materie	Existenz, welche die erscheinende Welt ist. Log. II 139/4.642. Das wesentliche Verhältnis s. d., dies Verhältnis von Wesen und Erscheinung, das zunächst Verhältnis des Ganzen und der Teile war, geht in das Verhältnis der Kraft und ihrer Äußerung über. Log. II 142/4.646. „Die K r a f t ist die negative Einheit, in welche sich der Widerspruch des Ganzen und der Teile aufgelöst hat, die Wahrheit jenes ersten Verhältnisses." Log. II 144/4.648. Die Kraft ist der sich von sich selbst abstoßende Widerspruch; sie ist t ä t i g. Log. II 146/4.650. „Die Kraft ist als das Ganze, welches an sich selbst die negative Beziehung auf sich ist, dies, sich von sich abzustoßen und sich zu ä u ß e r n ... Ihre Wahrheit ist darum das Verhältnis, dessen beide Seiten nur als I n n e r e s und Ä u ß e r e s unterschieden sind." Enz. § 137. Durch die Äußerung der Kraft wird das Innere in Existenz gesetzt. „Als dies unmittelbare Bestehen ist die Kraft eine r u h i g e B e s t i m m t h e i t d e s D i n g s überhaupt, nicht ein sich Äußerndes, sondern unmittelbar ein Äußerliches. So wird die Kraft auch als Materie bezeichnet." Log. II 145/4.649, 650.
82 Sollizitation der Kraft	Die Kraft ist tätig. Die Tätigkeit der Kraft ist durch sich selbst als das durch sich Andere, durch eine Kraft bedingt. Log. II 146/4.651. Die Kraft ist auf diese Weise Verhältnis, Wechselbeziehung von zwei Kräften des Sollizitierens und des Sollizitiertwerdens, wobei jedoch keine Bestimmung vorhanden ist, welche von beiden Kräften die sollizitierende oder die sollizitiert werdende sei. Log. II 148/4.653. Beides ist eines, die Äußerung der Kraft, wodurch sie sich ein Dasein-für-Anderes gibt, und die unendliche Rückkehr auf sich selbst. Log. II 149/4.654.
83 Wirklichkeit:	Einssein des Wesens mit seiner Erscheinung. Log. II 6/4.484. Die vollkommene Durchdringung der Reflexion in sich und der Reflexion in das Anderssein. Log. II 102/4.598. „Die Wirklichkeit ist die E i n h e i t d e s W e s e n s u n d d e r E x i s t e n z ; in ihr hat das gestaltlose Wesen und die haltlose Erscheinung oder das bestimmungslose Bestehen und die bestandlose Mannigfaltigkeit ihre Wahrheit." Log. II 156/4.662.
84 das Absolute	Das Absolute gibt dem Schein sein Bestehen. Das Endliche ist so Ausdruck und Abbild des Absoluten. Log. II 159/4.666. (Dieser Hegelsche Ausdruck des Absoluten entspricht, wie Hegel bemerkt – Log. II 164/4.672 –, dem Begriff der spinozistischen Substanz. Der Begriff Hegels ist jedoch ein Begriff des objektiven Denkens oder der Vernunft, während der Begriff Spinozas ein Begriff des subjektiven Denkens oder des Verstandes ist.) In der Stufe der „Wirklichkeit" ist es gesetzt, daß die in sich reflektierte und die in anderes reflektierte Welt E i n e absolute Totalität sind. Diese Einheit des Innern und Äußern ist die a b s o l u t e W i r k l i c h k e i t . Diese Wirklichkeit, insofern sie als Einheit gesetzt ist, in

der sich die Form aufgehoben und zu dem l e e r e n o d e r ä u
ß e r e n U n t e r s c h i e d e eines Außen und Innen gemacht hat,
ist das Absolute. Log. II 156/4.662, 663.

85 Attribut und Modus Bei Spinozas Auslegung des Absoluten, die vom Absoluten anfängt, hierauf das Attribut folgen läßt und mit dem Modus endigt, werden diese drei nur n a c h e i n a n d e r ohne innere Folge der Entwicklung aufgezählt. Hegel zeigt hingegen, wie das Absolute anfangend von seiner absoluten Identität übergehend zu dem Attribute und von da zum Modus seine Momente durchlaufend s i c h s e l b s t a u s l e g t . — Das Attribut ist das nur r e l a t i v e Absolute, eine Verknüpfung, welche nichts anderes bedeutet als das Absolute in einer F o r m b e s t i m m u n g . Die Bestimmung, in der das Absolute hier ist, ist das u n w e s e n t l i c h e . Log. II 160, 161/4.668. — Der Modus ist die als Äußerlichkeit g e s e t z t e Äußerlichkeit des Absoluten. Die wahrhafte Bedeutung des Modus ist, daß er die d u r c h s i c h t i g e Äußerlichkeit des Absoluten ist, welche das Zeigen seiner selbst ist. Log. II 163/4.671.

86 eigentliche Wirklichkeit:
87 formelle, reale, absolute Wirklichkeit

Wirklichkeit im engeren Sinne als formelles Moment des Absoluten, Wirklichkeit im Unterschied zur Möglichkeit.
In der Begrifflichkeit der „eigentlichen" Wirklichkeit, die Hegel im zweiten Kapitel des Abschnitts „Die Wirklichkeit" behandelt, kommen die „ f o r m e l l e n Momente des Absoluten" vor. Log. II 157/4.663. Es handelt sich hierbei um Wirklichkeit und Möglichkeit und deren Beziehung. Die Unterschiede zwischen Wirklichkeit und Möglichkeit und ihre Beziehung sind zunächst formell, dann real und schließlich absolut. Es ergibt sich so zunächst die formelle Möglichkeit und die formelle Wirklichkeit mit ihrer formellen Beziehung, der Zufälligkeit. Dann folgt die reale Möglichkeit und die reale Wirklichkeit mit ihrer realen Beziehung, der relativen Notwendigkeit. Schließlich folgt die absolute Möglichkeit und die absolute Wirklichkeit mit ihrer Beziehung, der absoluten Notwendigkeit. Log. II 170/4.679, 680. — „Die reale Wirklichkeit a l s s o l c h e ist zunächst das Ding von vielen Eigenschaften, die existierende Welt; aber sie ist nicht die Existenz, welche sich in Erscheinung auflöst, sondern als Wirklichkeit ist sie zugleich Ansichsein und Reflexion-in-sich; sie erhält sich in der Mannigfaltigkeit der bloßen Existenz; ihre Äußerlichkeit ist innerliches Verhalten nur zu s i c h selbst." Log. II 175, 176/4.686. — Die absolute Wirklichkeit ist die gesetzte Einheit des Innern und Äußern. „Diese Wirklichkeit, d i e s e l b s t a l s s o l c h e n o t w e n d i g i s t , indem sie nämlich die Notwendigkeit als ihr A n s i c h s e i n enthält, ist a b s o l u t e W i r k l i c h k e i t . " Log. II 180/4.691.

88 absolutes Verhältnis: im Bereich der W i r k l i c h k e i t bestehendes Verhältnis von Wesen und Erscheinung. Das „wesentliche Verhältnis" s. d. ist zugrundegegangen und die Substanz oder das Wirkliche ist hervorge-

	treten, als die **absolute** Einheit der unmittelbaren und der reflektierten Existenz. (Das absolute Verhältnis ist zunächst Verhältnis der Substantialität s. d., dann Verhältnis der Kausalität s. d. und schließlich als Wechselwirkung s. d. gesetzt.)
89 Verhältnis der Substantialität:	Verhältnis der Substanz und der Akzidenzen; das absolute Verhältnis s. d. in seinem unmittelbaren Begriff ist das Verhältnis der Substanz und der Akzidenzen. Das Sein der Substanz ist das mit sich identische Gesetztsein ist scheinende Totalität, die Akzidentalität. „Die Substanz **i s t** als Macht **d a s S c h e i n e n** oder **h a t** Akzidentalität. Aber sie ist als Macht ebensosehr Reflexion-in-sich in ihrem Scheine; **s o l e g t** sie ihr Übergehen **a u s , u n d d i e s S c h e i n e n i s t b e s t i m m t a l s S c h e i n**, oder die Akzidenz ist **g e s e t z t** als das, daß sie nur ein **G e s e t z t e s** sei." Log. II 189/4.702.
90 Akzidentalität:	die Substanz als Gesetztsein. Log. II 190/4.702, 703. Im übrigen siehe unter „Verhältnis der Substantialität".
91 Kausalität	Die Aussagen Hegels über die Kausalität betreffen das „absolute Verhältnis", das Sein als die absolute Vermittlung seiner mit sich selbst. „Indem die Substanz sich zum **F ü r s i c h s e i n** gegen ein **A n d e r e s** bestimmt, oder das absolute Verhältnis als reales, ist das **V e r h ä l t n i s d e r K a u s a l i t ä t**." Log. II 185/4.697. Die Substanz ist selbst das, was sie zum Gesetztsein macht. Das nur Gesetzte ist die Wirkung; die für sich seiende Substanz ist die Ursache. Log. II 189/4.701, 702. – Die Aussagen Hegels über die Kausalität betreffen also das innerliche Verhältnis der Substanz als des Wesens zu seinem eigenen Anderen. (Wie Hegel bei der Lehre vom Grunde das Angeben von Gründen durch die Wissenschaften als bloße Tautologien darstellt, handelt er hier von der tautologischen Betrachtung eines subjektiven Verstandes, eine Erscheinung als Wirkung zu bestimmen und davon zu ihrer Ursache aufzusteigen, um sie zu begreifen und zu erklären, wobei nur ein und derselbe Inhalt wiederholt werde und man in der Ursache nichts anderes als in der Wirkung habe. Log. II 192 f./4.705 f.)
92 formelle Kausalität	Das Kausalitätsverhältnis ist zunächst nur das Verhältnis von Ursache und Wirkung; so ist es das formelle Kausalitätsverhältnis. Log. II 189/4.702.
93 bestimmte Kausalität	In der Begrifflichkeit der Kausalität folgt auf die formelle Kausalität das bestimmte Kausalitätsverhältnis. Dies ist das **K a u s a l i t ä t s v e r h ä l t n i s i n s e i n e r R e a l i t ä t u n d E n d l i c h k e i t**. Als formell ist das unendliche Verhältnis der absoluten Macht, deren Inhalt die reine Manifestation oder Notwendigkeit ist. Als endliche Kausalität hingegen hat es einen **g e g e b e n e n** Inhalt und verläuft sich als ein äußerlicher Unterschied an diesem Identischen, das in seinen Bestimmungen eine und dieselbe Substanz ist. Log. II 191/4.705. „Der Inhalt, da das Reflektiertsein

hier auch unmittelbare Wirklichkeit ist, ist insofern **wirkliche**, aber die **endliche** Substanz." Log. II 191/4.705.

Die „bestimmte Kausalität" ist noch keine bedingte Kausalität. In ihr wird die Substanz, auf welche gewirkt wird, zwar auch wieder Ursache, sie wirkt hiermit **dagegen**, daß eine Wirkung in ihr gesetzt wird, aber sie wirkt nicht zurück **gegen jene Ursache**, sondern setzt ihre Wirkung wieder in **eine andere** Substanz, wodurch der Progreß von Wirkungen ins Unendliche entsteht. Log. II 201/4.717.

94 endliche Kausalität	= Mechanismus im Sinne der objektiven Logik, siehe „bestimmte Kausalität". „In der endlichen Kausalität sind es Substanzen, die sich wirkend zueinander verhalten. Der **Mechanismus** besteht in dieser **Äußerlichkeit** der Kausalität, daß die **Reflexion** der Ursache in ihrer Wirkung **in sich** zugleich ein abstoßendes **Sein** ist, oder daß in der **Identität**, welche die ursächliche Substanz in ihrer Wirkung **mit sich** hat, sie sich ebensosehr unmittelbar **Äußerliches** bleibt und die Wirkung in **eine andere Substanz übergegangen ist**." Log. II 202/4.717.
95 bedingte Kausalität	In der bedingten Kausalität **bezieht** die Ursache in der Wirkung sich **auf sich selbst**, weil sie ihr Anderes als Bedingung, als **Vorausgesetztes** ist, und ihr Wirken dadurch ebensosehr **Werden** als Setzen und Aufheben des **Anderen** ist. Ferner verhält sie sich hiermit als passive Substanz; aber diese entsteht durch die auf sie geschehene Wirkung als ursächliche Substanz. Jene erste Ursache, welche zuerst wirkt und ihre Wirkung als Gegenwirkung in sich zurück erhält, tritt damit wieder als Ursache auf, wodurch das in der endlichen Kausalität in den schlecht-unendlichen Progreß auslaufende Wirken **umgebogen** und zu einem in sich zurückkehrenden, einem unendlichen **Wechselwirken** wird. Log. II 202/4.717.
96 Wechselwirkung:	a. In der Lehre vom „Wesen": die höchste Stufe des absoluten Verhältnisses, in welcher das absolute Verhältnis nach den Bestimmungen, welche es enthält, **gesetzt** ist. Bedingte Kausalität s. d. Das in der endlichen Kausalität in den schlecht-unendlichen Progreß auslaufende Wirken ist **umgebogen** und zu einem in sich zurückkehrenden, einem unendlichen Wechselwirken geworden. Log. II 202/4.717. b. In der Lehre vom „Begriff": In der Sphäre der Objektivität, in der die Bestimmtheit des Begriffes die Form gleichgültiger Äußerlichkeit hat, ist der Begriff in Wechselwirkung mit sich selbst. Log. II 404/5.233.
97 Substanz (= Wirkliches):	Die Bestimmungen setzende und von sich unterscheidene Macht. die **absolute** Einheit der unmittelbaren und der reflektierten Existenz. Die Substanz ist das reale Wesen, oder das Wesen, inso-

fern es mit dem Sein v e r e i n i g t und in Wirklichkeit getreten ist. Die Substanz ist das S e i n , das ist, w e i l es ist, das Sein als die absolute Vermittlung seiner mit sich selbst. Sie ist nicht ein abstraktes, hinter der Existenz und Erscheinung stehendes, sondern die unmittelbare Wirklichkeit selbst, und diese als absolutes Reflektiertsein in sich, als an und fürsichseiendes B e s t e h e n . Log. II 185/4.697, 698. Die Substanz ist „das Absolute als Verhältnis zu sich selbst". Log. II 157/4.663. Die Substanz ist erst als Ursache Wirklichkeit. Log. II 190/4.703.

98 aktive Substanz — passive Substanz
Der Substanz steht die Macht der Akzidentalität als selbst substantielle Tätigkeit gegenüber. Es ist die passive Substanz. — Der passiven steht die als negativ sich auf sich beziehende, die wirkende Substanz gegenüber. Log. II 199/4.713, 714. (Diese Geschiedenheit von aktiver Substanz und passiver Substanz besteht nur im Bereich der „bestimmten" oder „endlichen" Kausalität, nicht jedoch im Bereich der „bedingten" Kausalität. In der unendlichen Kausalität, der „Wechselwirkung" s. d. besteht eine gegenseitige Kausalität von vorausgesetzten, sich bedingenden Substanzen; jede ist gegen die andere z u g l e i c h aktive und z u g l e i c h passive Substanz. Log. II 202/4.718.)

99 endliche Substanz:
die Substanz, die als unmittelbare bestimmt ist g e g e n ihre Ursachlichkeit, Log. II 195/4.709. Inhalt des bestimmten Kausalitätsverhältnisses s. d. ist die endliche Substanz. Log. II 191/4.705.

100 wirkliche Substanz
Die Substanz hat die Wirklichkeit, die sie als Ursache hat, nur in ihrer Wirkung. Dies ist die Notwendigkeit, welche die Ursache ist. Sie ist die wirkliche Substanz. Log. II 190/4.703.

101 Ursache — Wirkung
„Die Substanz ist . . . die B e s t i m m u n g e n setzende und v o n s i c h u n t e r s c h e i d e n d e Macht. Als in ihrem Bestimmen sich auf sich selbst beziehend, is t s i e s e l b s t das, was sie als Negatives setzt oder zum G e s e t z t s e i n macht. Dieses ist somit überhaupt die aufgehobene Substantialität, das nur Gesetzte, d i e W i r k u n g ; die für sich seiende Substanz aber ist die U r s a c h e ." Log. II 189/4.701, 702.

102 Wahrheit
a. Die reine Wahrheit
Nicht der Inhalt, sondern die Übereinstimmung desselben mit dem Begriffe macht die Wahrheit aus. „Indem die Logik Wissenschaft der absoluten Form ist, so muß dies Formelle, d a m i t e s e i n W a h r e s s e i , an ihm selbst einen I n h a l t haben, welcher seiner Form gemäß sei, also das logische Wahre die r e i n e W a h r h e i t selbst sein muß." Log. II 233/5.29. Gegen die konkreten Wissenschaften (welche aber das Logische zum innern Bildner haben) ist die Logik die Wissenschaft der absoluten Form, welche in sich Totalität ist und die r e i n e I d e e d e r W a h rh e i t selbst enthält. Log. II 231/5.27. Diese absolute Form hat an ihr selbst ihren Inhalt. Sie ist darum auch von ganz anderer Natur,

als gewöhnlich die logische Form genommen wird. Sie ist schon f ü r s i c h s e l b s t d i e W a h r h e i t , indem dieser Inhalt seiner Form angemessen ist, und die r e i n e W a h r h e i t , weil dessen Bestimmungen noch nicht die Form eines absoluten Andersseins oder der absoluten Unmittelbarkeit haben. Log. II 231/5.27.
„Die Logik ist sonach als das System der reinen Vernunft, als das Reich des reinen Gedankens zu fassen. D i e s e s R e i c h i s t d i e W a h r h e i t , w i e s i e o h n e H ü l l e a n u n d f ü r s i c h s e l b s t i s t . " Log. I 31/4.45, 46.
b. Die Wahrheit der Substanz, die Wahrheit der Notwendigkeit
Der für sich seiende Begriff s.d. ist die W a h r h e i t d e r S u b s t a n z . Indem die bestimmte Verhältnisweise der Substanz die Notwendigkeit ist, zeigt sich die F r e i h e i t als die W a h r h e i t d e r N o t w e n d i g k e i t und als die V e r h ä l t n i s w e i s e d e s B e g r i f f s . Log. II 214/5.6.
c. Das Wahre als solches
„Die Idee ist der a d ä q u a t e B e g r i f f , das objektive W a h r e oder das W a h r e a l s s o l c h e s ." Log. II 407/5.236.
d. Die enthüllte Wahrheit
„Die V e r n u n f t , welche die Sphäre der Idee ist, ist die sich selbst e n t h ü l l t e W a h r h e i t , worin der Begriff die schlechthin ihm angemessene Realisation hat und insofern frei ist, als er diese seine objektive Welt in seiner Subjektivität und diese in jener erkennt." Log. II 237/5.33.

103 Notwendigkeit, Freiheit, freie Notwendigkeit

„Indem die bestimmte Verhältnisweise der Substanz die Notwendigkeit ist, zeigt sich die F r e i h e i t als die W a h r h e i t d e r N o t w e n d i g k e i t und als die V e r h ä l t n i s w e i s e d e s B e g r i f f s ." Log. II 214/5.6. Freie Notwendigkeit: Gesetz des absoluten Mechanismus. Log. II 375/5.199.

104 Allgemeinheit, Besonderheit, Einzelheit:

Dreischritt des formellen Begriffs als solcher.
„Die abstrakte Form des Fortgangs ist im Sein ein A n d e r e s und Ü b e r g e h e n in ein Anderes, im Wesen S c h e i n e n i n d e m E n t g e g e n g e s e t z t e n , im B e g r i f f e die Unterschiedenheit des E i n z e l n e n v o n d e r A l l g e m e i n h e i t , welche sich als solche in das von ihr Unterschiedene k o n t i n u i e r t und als I d e n t i t ä t mit ihm ist." Enz. § 240.
a. In der Lehre vom „formellen Begriff als solchem":
Die Momente des formellen Begriffs als solchen sind die Allgemeinheit, die Besonderheit und die Einzelheit. Er ist ihre Einheit. Der formelle Begriff als solcher entwickelt sich, wie folgt:
Der allgemeine Begriff. Zuerst ist der formelle Begriff als solcher reiner Begriff oder die Bestimmung der Allgemeinheit (noch nicht bestimmter oder besonderer Begriff).
Der besondere Begriff. Zweitens ist der formelle Begriff als solcher dadurch als dieser besondere oder als der bestimmte Begriff, wel-

cher als gegen andere unterschieden gesetzt ist.

Das Einzelne. Drittens ist der formelle Begriff als solcher als Einzelheit absolut bestimmt. Log. II 243/5.40.

b. In der Lehre vom „Urteil":
Einzelheit und Allgemeinheit verhalten sich im Urteil als Subjekt und Prädikat. (Jedoch kann sich im Urteil auch das Subjekt zum Prädikat wie Einzelheit und Besonderheit und wie Besonderheit zur Allgemeinheit verhalten.) Prop. III 1. § 11.

c. In der Lehre vom „Schluß":
Einzelheit, Besonderheit und Allgemeinheit sind im Schluß sowohl als Momente unterschieden, als auch die Extreme, durch die Mitte, die ihre Einheit ist, zusammengeschlossen.

105 Urteil Urteil ist nicht im subjektiven Sinn als Operation des selbstbewußten Denkens zu nehmen. Dieser Unterschied ist im Logischen noch nicht vorhanden, das Urteil ist ganz allgemein zu nehmen.

„A l l e D i n g e s i n d e i n U r t e i l , - d. h. sie sind e i n z e l n e , welche eine A l l g e m e i n h e i t oder innere Natur in sich sind, oder ein A l l g e m e i n e s , das v e r e i n z e l t ist." Enz. § 167. — Der C h e m i s m u s macht im ganzen der Objektivität das Moment des Urteils aus. Log. II 376/5.200. — Der Begriff ist als Z w e c k ein objektives Urteil. Log. II 390/5.216. — Das ursprüngliche Urteil des L e b e n s besteht darin, daß es sich als individuelles Subjekt gegen das Objektive abscheidet, und indem es sich als die negative Einheit des Begriffs konstituiert, die Voraussetzung einer unmittelbaren Objektivität macht. Log. II 417/5.248. — Das Leben ist die unmittelbare Idee. In ihrem Urteil ist sie das E r k e n n e n überhaupt. Log. II 429/5.262, 263.

Im Verlaufe der Realisierung des Begriffs (Log. II 264/5.66) ist der Begriff als Urteil gesetzt. Log. II 264/5.65. Das Urteil ist die Realität des Begriffes. Log. II 272/5.74.

„Das Urteil ist die am B e g r i f f e selbst gesetzte B e s t i m m t h e i t desselben." Log. II 264/5.65. Das Urteilen ist das B e s t i m m e n des Begriffes durch sich selbst. Log. II 264/5.65.

Vgl. auch 104 (Allgemeinheit, Besonderheit, Einzelheit)

Die Fortbestimmung des Urteils ist, das Bestimmen der zuerst abstrakten, sinnlichen Allgemeinheit zur Allheit, Gattung und Art und zur entwickelten Begriffs-Allgemeinheit. Enz. § 171. „Die A r t e n des Urteils bezeichnen die verschiedenen Stufen, in welchen die äußerliche Beziehung des Subjekts und Prädikates zur inneren Beziehung des Begriffs wird." Prop. II 2. § 97.

106 objektives Urteil: nicht ein reflektierendes Urteilen, das die äußerlichen Objekte nur nach einer Einheit betrachtet, als ob ein Verstand sie zum Behuf unseres Erkenntnisvermögens gegeben hätte, sondern d a s a n u n d f ü r s i c h s e i e n d e W a h r e , d a s o b j e k t i v u r t e i l t u n d d i e ä u ß e r l i c h e O b j e k t i v i t ä t a b s o -

	lut bestimmt. Log. II 390/5.216. (Z.B.: Der Begriff ist als Zweck ein objektives Urteil.)
107 Urteil des Daseins oder qualitatives Urteil:	die erste der Stufen der Fortbestimmung des Urteils: Das Urteil, wie es unmittelbar ist. Unmittelbar ist sein Subjekt ein abstraktes, seiendes Einzelnes, das Prädikat eine unmittelbare Bestimmtheit oder Eigenschaft desselben, ein abstrakt Allgemeines. Log. II 272/ 5.74, 75. D a s S u b j e k t i s t i n e i n e r A l l g e m e i n - h e i t a l s s e i n e m P r ä d i k a t e g e s e t z t , w e l c h e s e i n e u n m i t t e l b a r e , s o m i t s i n n l i c h e , Q u a l i - t ä t i s t . Enz. § 172.
108 positives Urteil:	eine der Arten des Urteils des Daseins: Das Einzelne ist allgemein. („Die Rose ist rot.")
109 negatives Urteil:	eine der Arten des Urteils des Daseins: Das Einzelne ist nicht allge mein, sondern Besonderes. („Die Rose ist nicht rot.")
110 unendliches Urteil:	eine der Arten des Urteils des Daseins: Das Einzelne ist nicht Be sonderes. Die Natur des Dings ist eine Beziehung, welche das quali tative Anderssein des Bezogenen, seine völlige Unangemessenheit ist. („Eine Rose ist kein Tisch.")
111 Urteil der Reflexion:	die zweite der Stufen der Fortbestimmung des Urteils: „Das Sub jekt ist in dem nunmehr entstandenen Urteil ein Einzelnes als sol ches, ingleichen das Allgemeine nicht mehr a b s t r a k t e Allge meinheit oder e i n z e l n e E i g e n s c h a f t , sondern gesetzt als Allgemeines, das sich durch die Beziehung Unterschiedener als in eins zusammengefaßt hat, oder nach dem Inhalt verschiedener Bestimmungen überhaupt betrachtet, das sich Z u s a m m e n - n e h m e n mannigfaltiger Eigenschaften und Existenzen." Log. II 286/5.91, 92.
112 singuläres Urteil:	eine der Arten des Urteils der Reflexion: „Das unmittelbare Re flexionsurteil ist nun wieder: Das E i n z e l n e i s t a l l g e - m e i n , – aber Subjekt und Prädikat in der angegebenen Bedeu tung; es kann näher so ausgedrückt werden: D i e s e s i s t e i n w e s e n t l i c h A l l g e m e i n e s ." Log. II 288/5.94. („Dieser Mensch ist glückselig.")
113 partikuläres Urteil:	eine der Arten des Urteils der Reflexion: „Die Nicht-Einzelheit des Subjekts, welche, statt seiner Singularität im ersten Reflexionsur teile, gesetzt werden muß, ist die B e s o n d e r h e i t . Aber die Einzelheit ist im Reflexionsurteile als w e s e n t l i c h e E i n - z e l h e i t bestimmt." Das Subjekt ist: E i n i g e D i e s e oder e i n e b e s o n d e r e M e n g e v o n E i n z e l n e n . Log. II 288/ 5.94. („Einige Menschen sind glückselig.")
114 universelles Urteil:	eine der Arten des Urteils der Reflexion: „Die Allgemeinheit, wie sie am Subjekte des universellen Urteils ist, ist die äußere Reflexions-Allgemeinheit, A l l h e i t ; A l l e sind als E i n z e l n e ; das Einzelne ist unverändert darin. Diese Allge meinheit ist nur ein Z u s a m m e n f a s s e n der für sich beste-

	henden Einzelnen; sie ist eine G e m e i n s c h a f t l i c h k e i t , welche ihnen nur in der V e r g l e i c h u n g zukommt." Log. II 290/5.96. („Alle Menschen sind sterblich" oder: „Der Mensch ist sterblich".)
115 Urteil der Notwendigkeit	Die dritte der Stufen der Fortbestimmung des Urteils: Die Bestimmung, zu der sich die Allgemeinheit im Urteil der Notwendigkeit fortgebildet hat, ist die an- und fürsichseiende oder objektive Allgemeinheit. Sie ist gesetzte Notwendigkeit ihrer Bestimmungen oder, der Unterschied ist ihr immanent. Im Urteil der Notwendigkeit ist die Allgemeinheit als Gattung und Art bestimmt. Die Gattung teilt sich oder stößt sich wesentlich in Arten ab; sie ist Gattung, nur insofern sie Arten unter sich begreift; die Art ist Art nur, insofern sie einerseits im einzelnen existiert, andererseits in der Gattung eine höhere Allgemeinheit ist.
116 kategorisches Urteil:	eine der Arten des Urteils der Notwendigkeit: Das kategorische Urteil hat eine solche Allgemeinheit zum Prädikate, an dem das Subjekt seine immanente Natur hat. („Die Rose ist eine Pflanze".)
117 hypothetisches Urteil:	eine der Arten des Urteils der Notwendigkeit: Im hypothetischen Urteil ist der notwendige Zusammenhang von unmittelbaren Bestimmtheiten gesetzt (welcher im kategorischen Urteil noch nicht gesetzt ist). Im hypothetischen Urteil ist das Sein der endlichen Dinge nach ihrer formellen Wahrheit durch den Begriff gesetzt, daß nämlich das Endliche sein eigenes Sein, aber ebensosehr nicht das seinige, sondern das Sein eines Anderen ist. Das hypothetische Urteil kann durch die Reflexionsverhältnisse in näherer Bestimmtheit genommen werden als Verhältnis von Grund und Folge, Bedingung und Bedingtem, Kausalität usf. Log. II 296/5.104 („Wenn a ist, so ist b.")
118 disjunktives Urteil:	eine der Arten des Urteils der Notwendigkeit: Das disjunktive Urteil enthält im Prädikate die Allgemeinheit und die Besonderung desselben. Das Subjekt ist auf diese Bestimmungen ebensosehr als Allgemeines bezogen, als diese auch einander ausschließen und dem Subjekte nur eine derselben zukommen kann. („a ist entweder b oder c oder d.")
119 Urteil des Begriffs	Die letzte der Stufen der Fortbestimmung des Urteils: Erst im Urteil des Begriffs ist die Beziehung des Gegenstandes auf den Begriff vorhanden. Dieser ist darin zugrunde gelegt, und, da er in Beziehung auf den Gegenstand ist, als ein S o l l e n , dem die Realität angemessen sein kann oder auch nicht. („Die Tat ist schlecht.")
120 assertorisches Urteil:	eine der Arten des Urteils des Begriffs: Das Urteil des Begriffs ist zuerst unmittelbar; so ist es das assertorische Urteil. Das Subjekt ist ein konkretes Einzelnes überhaupt, das Prädikat drückt dasselbe als die Beziehung seiner Wirklichkeit, Bestimmtheit oder Beschaffenheit auf seinen Begriff aus. („Dies Haus ist gut.")

121 problematisches Urteil:	eine der Arten des Urteils des Begriffs: Gegen die Versicherung des assertorischen Urteils kann eben so sehr die entgegengesetzte behauptet werden und das Prädikat drückt nur eine jener entgegengesetzten Bestimmtheiten aus, deren das Subjekt, als allgemeine Sphäre betrachtet, beide enthalten kann. Dies Urteil geht daher in das problematische über, welches nur die Möglichkeit ausspricht, daß das Dasein dem Begriffe angemessen sei oder auch nicht. („Je nachdem das Haus beschaffen ist, ist es gut.")
122 apodiktisches Urteil:	eine der Arten des Urteils des Begriffs: Die Allgemeinheit des Subjekts ist mit einer Einschränkung gesetzt, welche die Beschaffenheit ausdrückt, worin die Angemessenheit oder Unangemessenheit des Daseins mit dem Begriffe liegt. Das Prädikat drückt nichts anderes als diese Gleichheit oder Ungleichheit der Beschaffenheit und des Begriffs der Sache aus. Dies Urteil ist apodiktisch. („Dieses Haus, so und so beschaffen, ist gut.")
123 Schluß	Ebenso wie das Urteil ist auch der Schluß nicht im subjektiven Sinn als Operation des selbstbewußten Denkens, sondern ganz allgemein zu nehmen. Alles Vernünftige ist ein Schluß. Log. II 308/5.119. „Alle Dinge sind der S c h l u ß , ein Allgemeines, das durch die Besonderheit mit der Einzelheit zusammengeschlossen ist." Log. II 314/5.126. — Die Z w e c k b e z i e h u n g ist der Schluß des selbständigen freien Begriffs, der sich durch die Objektivität mit sich selbst zusammenschließt. Log. II 390/5.216. — Durch das Selbstbestimmen der Idee des L e b e n s ist das allgemeine Leben ein Besonderes; es hat sich damit in die beiden Extreme des Urteils, das unmittelbar Schluß wird, entzweit. Log. II 418/5.249. — Im Verlaufe der Realisierung des Begriffs war dieser zunächst als Urteil gesetzt. In der weiteren Realisierung des Begriffs ist dieser als Schluß v o l s t ä n d i g g e s e t z t . Log. II 308/5.118. Der Schluß ist die Darstellung des Begriffes in seinen Momenten Einzelheit, Besonderheit und Allgemeinheit, die in ihm unterschieden als auch zur Einheit zusammengeschlossen sind. „Es sind darin zwei Bestimmungen zusammengeschlossen durch eine dritte, welche deren Einheit ist. Es ist ein Begriff vorhanden in seiner Einheit, der Mitte des Schlusses, und in seiner Entzweiung, den Extremen des Schlusses." Prop. III 1. § 39.
124 Schluß des Daseins oder qualitativer Schluß:	die erste der Stufen der Fortbestimmung des Schlusses: Der erste Schluß ist der formelle, der Verstandesschluß, der Schluß des Daseins, daß ein Subjekt als Einzelnes durch e i n e Q u a l i t ä t mit einer allgemeinen Bestimmtheit zusammengeschlossen ist. In ihm sind die Bestimmungen unmittelbar und abstrakt bestimmt. Die dialektische Bewegung des Schlusses des Daseins besteht darin, daß die Vermittlung, die den Schluß allein ausmacht, an seinen Momenten gesetzt werde. Es sind so folgende Figuren zu unterschei-

190

	den: E – B – A; B – E – A; E – A – B; A – A – A.
125 Schluß der Reflexion:	die zweite Stufe der Fortbestimmung des Schlusses: Der zweite Schluß hat Bestimmungen als solche, in welchen wesentlich die andere scheint, oder die als vermittelte gesetzt sind. Der Schluß der Reflexion bestimmt sich als Schluß der Allheit, als Schluß der Induktion und als Schluß der Analogie.
126 Schluß der Allheit:	eine der Arten des Schlusses der Reflexion: Die Mitte nicht allein als abstrakte b e s o n d e r e Bestimmtheit des Subjektes, sondern zugleich als a l l e e i n z e l n e k o n k r e t e S u b j e k t e, denen nur unter anderen auch jene Bestimmtheit zukommt, gibt den Schluß der Allheit. Enz § 190. („Alle Menschen sind sterblich; Cajus ist ein Mensch; also ist Cajus sterblich.")
127 Schluß der Induktion:	eine der Arten des Schlusses der Reflexion: Da im Schluß der Allheit der Obersatz, der die besondere Bestimmtheit, den Terminus medius, als Allheit zum Subjekt hat, den Schlußsatz, der jenen zur Voraussetzung haben sollte, selbst voraussetzt, beruht er auf der Induktion, deren Mitte die v o l l s t ä n d i g e n einzelnen als solche, a, b, c, d, usf. sind. Enz. § 190. („Was sich frei bewegt, ist ein Tier; der Löwe bewegt sich frei; also ist der Löwe ein Tier.")
128 Schluß der Analogie:	eine der Arten des Schlusses der Reflexion: Indem die unmittelbare empirische Einzelheit von der Allgemeinheit verschieden ist und darum keine Vollständigkeit gewähren kann, beruht die Induktion auf der Analogie, deren Mitte ein Einzelnes aber in dem Sinne seiner wesentlichen Allgemeinheit, seiner Gattung oder wesentlichen Bestimmtheit, ist. Enz. § 190. („Die Erde hat Bewegung; der Mond ist eine Erde; also hat der Mond Bewegung.")
129 Schluß der Notwendigkeit:	die dritte Stufe der Fortbestimmung des Schlusses: Im dritten Schluß ist das Scheinen oder Vermitteltsein in sich selbst reflektiert. Das Vermittelnde ist die objektive Natur der Sache. Der Schluß der Notwendigkeit bestimmt sich als kategorischer Schluß, als hypothetischer Schluß und als disjunktiver Schluß.
130 kategorischer Schluß:	eine der Arten des Schlusses der Notwendigkeit: Im kategorischen Schluß ist das B e s o n d e r e in der Bedeutung der bestimmten G a t t u n g oder A r t die vermittelnde Bestimmung. Enz. § 191. („Alle Menschen sind vernünftig; kein unfreies Wesen ist vernünftig; also ist kein unfreies Wesen ein Mensch.")
131 hypothetischer Schluß:	eine der Arten des Schlusses der Notwendigkeit: Im hypothetischen Schluß ist das E i n z e l n e in der Bedeutung des unmittelbaren Seins, daß es ebenso vermittelnd als vermittelt sei. Enz. § 191. („Wenn A ist, so ist B; nun ist A; also ist B.")
132 disjunktiver Schluß:	eine der Arten des Schlusses der Notwendigkeit: Im disjunktiven Schluß ist das vermittelnde A l l g e m e i n e auch als Totalität seiner B e s o n d e r u n g e n und als ein e i n z e l n e s Besonderes, ausschließende Einzelheit, gesetzt. („A ist entweder B oder C

	oder D; A ist aber B; also ist A nicht C noch D.")
133 Objektivität:	zweite Stufe der Entwicklung des für sich seienden Begriffs (dessen erste Stufe der formelle Begriff ist).
Moment der Äußerlichkeit des Begriffs, welches in der Stufe des reellen Begriffs gegeben ist. Die Objektivität ist der aus seiner Innerlichkeit herausgetretene und in das Dasein übergegangene reelle Begriff. Log. II 236/5.33. Objektivität ist die Unmittelbarkeit des Begriffs, in die er versenkt ist. Log. II 411/5.240. „Eins mit der Sache ist er in sie versenkt." Log. II 236/5.33.
134 Mechanismus (im Sinne der subjektiven Logik):	erste Stufe der Objektivität, d. h. hier des Verhältnisses der Objekte: Für das erste ist die Objektivität in ihrer Unmittelbarkeit, deren Momente um der Totalität aller Momente willen in selbständiger Gleichgültigkeit als O b j e k t e a u ß e r e i n a n d e r bestehen und in ihrem Verhältnisse die subjektive Einheit des Begriffs nur als innere oder als äußere haben, der Mechanismus. Log. II 359/5.179.
135 Chemismus:	zweite Stufe der Objektivität, d. h. hier des Verhältnisses der Objekte: Indem die subjektive Einheit des Begriffs sich als i m m a n e n t e s Gesetz der Objekte selbst zeigt, so wird ihr Verhältnis ihre eigentümliche, durch ihr Gesetz begründete Differenz und eine Beziehung, in welcher ihre bestimmte Selbständigkeit sich aufhebt, der Chemismus. Log. II 359/5.179.
136 Teleologie:	dritte Stufe der Objektivität, d. h. hier des Verhältnisses der Objekte: Der subjektive Begriff gesetzt als an und für sich selbst bezogen auf die Objekte, als Zweck, ist die Teleologie. Log. II 359/5. 179. Äußere Zweckmäßigkeit.
137 Zweckmäßigkeit:	a. äußere Zweckmäßigkeit = Teleologie s. d.
b. innere Zweckmäßigkeit = Zweckmäßigkeit der Einheit von Begriff und Realität, der Idee. „Die Zweckmäßigkeit des Lebendigen ist als innere zu fassen." Log. II 419/5.251.
138 Zweck:	a. subjektiver = äußere Zweckbestimmung
b. objektiver = innere Zweckbeziehung, realisierter, mit sich identischer Zweck, Selbstzweck.
139 d i e Idee (die e i n e Idee)	Der freie und wahrhafte Gedanke ist in seiner ganzen Allgemeinheit d i e Idee oder das Absolute. Enz. § 14. In seiner Philosophie der Religion bezeichnet Hegel Gott – nicht nur als d e n Begriff, sondern auch – als die Idee. Vgl. z. B. Rel. I 33.
140 Idee:	dritte Stufe der Entwicklung des fürsichseienden Begriffes (Begriff der Idee).
Der adäquate oder reale Begriff. Log. II 408/5.237. Die Einheit von Begriff und Realität, bestimmter von subjektivem Begriffe und Objektivität. Log. II 410/5.240. „Die Idee ist diejenige Wirklichkeit, die nicht irgend einer außer ihr vorhandenen Vorstellung oder Begriffe, sondern ihrem eigenen Begriff entspricht, welche daher so ist, wie sie an und für sich sein soll und diesen Begriff selbst enthält." Prop. III 1. § 66.

141 unmittelbare Idee (Leben):	erste Stufe der Entwicklung der Idee (Idee im Sinne der subjektiven Logik). Organisches, natürliches Leben: „Der Begriff ist als Seele in einem Leibe realisiert." Enz. § 216. Das Leben ist die unmittelbare Idee. „Zunächst aber ist die Idee auch wieder erst nur u n m i t t e l b a r oder nur in ihrem B e - g r i f f e ; die objektive Realität ist dem Begriffe zwar angemessen, aber noch nicht zum Begriffe befreit, und er existiert nicht f ü r s i c h a l s d e r B e g r i f f. Der Begriff ist so zwar S e e l e, aber die Seele ist in der Weise eines Unmittelbaren, d. h. ihre Bestimmtheit ist nicht als sie selbst, sie hat sich nicht als Seele erfaßt, nicht in ihr selbst ihre objektive Realität; der Begriff ist als eine Seele, die noch nicht seelenvoll ist. Das Leben ist der Begriff, der unterschieden von seiner Objektivität, einfach in sich, seine Objektivität durchdringt und als Selbstzweck an ihr sein Mittel hat und sie als sein Mittel setzt, aber in diesem Mittel immanent und darin der realisierte mit sich identische Zweck ist." Log. II 412/5.242, 243.
142 frei für sich existierende Idee (Erkennen):	zweite Stufe der Entwicklung der Idee. Der Begriff hat sich zu sich selbst befreit und sich eine abstrakte Objektivität zur Realität gegeben. Aber der Prozeß dieses endlichen Erkennens und Handelns macht die zunächst abstrakte Allgemeinheit zur Totalität, wodurch sie vollkommene Objektivität wird. Oder von der anderen Seite betrachtet, macht der endliche, das ist der subjektive Geist, sich die Voraussetzung einer objektiven Welt, wie das Leben eine solche Voraussetzung h a t ; aber seine Tätigkeit ist, diese Voraussetzung aufzuheben und sie zu einem Gesetzten zu machen. So ist seine Realität für ihn die objektive Welt, oder umgekehrt, die objektive Welt ist die Idealität, in der er sich selbst erkennt." Log. II 413/5. 243. „Die Erhebung des Begriffs über das Leben ist, daß seine Realität die zur Allgemeinheit befreite Begriffsform ist. Durch dieses Urteil ist die Idee verdoppelt in den subjektiven Begriff, dessen Realität er selbst, und in den objektiven, der das Leben ist." Log. II 429/5.263. Unter „Erkennen" ist Erkennen als solches, der Trieb des Wissens nach Wahrheit (theoretische Tätigkeit der Idee) und Wollen, der Trieb des Guten zur Vollbringung desselben (praktische Tätigkeit der Idee) zu verstehen. Enz. § 225. „Die Erkenntnis ist die Darstellung eines Gegenstandes nach seinen daseienden Bestimmungen, wie dieselben in der Einheit seines Begriffs befaßt sind und sich daraus ergeben oder insofern umgekehrt die eigene Wirksamkeit des Begriffs sich seine Bestimmungen gibt. Diese Bestimmungen, als im Begriff enthalten gesetzt, sind das Erkennen oder die im Elemente des Denkens sich realisierende Idee." Prop. III 2. § 94.

143 endliches Erkennen:	theoretische Tätigkeit der Idee in der zweiten Stufe ihrer Entwicklung.
144 Wollen:	praktische Tätigkeit der Idee in der zweiten Stufe ihrer Entwicklung.
145 theoretische Idee:	W a h r h e i t , insofern sie ein E r k e n n e n ist. Log. II 439/5. 275.
146 praktische Idee	„Die Idee, insofern der Begriff nun f ü r s i c h der an und für sich bestimmte ist, ist die p r a k t i s c h e Idee, das H a n d e l n." Log. II 477/5.319.
147 analytisches Erkennen	Das analytische Erkennen ist die unmittelbare Beziehung des Begriffs auf das Objekt; die Identiät ist daher die Bestimmung, welche es als das seinige erkennt, und es ist nur das A u f f a s s e n dessen, was i s t . Log. II 450/5.288.
148 synthetisches Erkennen	Das synthetische Erkennen geht auf das B e g r e i f e n dessen, was i s t , d.h. darauf, die Mannigfaltigkeit von Bestimmungen in ihrer Einheit zu fassen. Das V e r s c h i e d e n e wird als solches bezogen. Log. II 450/5.288. Die näheren Momente des synthetischen Erkennens sind die Definition, die Einteilung und der Lehrsatz.
149 Definition:	erstes Moment des synthetischen Erkennens. „Die D e f i n i t i o n drückt von einem Gegenstande, der sich in ihr als ein Einzelnes oder Besonderes verhält, seine G a t t u n g als sein a l l g e m e i n e s Wesen und die besondere Bestimmtheit dieses Allgemeinen, wodurch es dieser Gegenstand ist, aus." Prop. III 1. § 72.
150 Einteilung:	zweites Moment des synthetischen Erkennens. Die E i n t e i l u n g drückt von einer Gattung oder einem Allgemeinen überhaupt, einem Geschlecht, einer Ordnung usf. die B e s o n d e r u n g e n aus, in welchen sie als eine Mannigfaltigkeit von A r t e n existiert. Diese Besonderungen, die in einer Einheit enthalten sind, müssen aus einem gemeinschaftlichen Einteilungsgrunde fließen. Prop. III 1. § 73.
151 Lehrsatz:	drittes Moment des synthetischen Erkennens. Der L e h r s a t z handelt vom Übergang der Besonderheit in die Einzelheit, von der auf sich beziehenden Bestimmtheit, dem Unterschied des Gegenstandes in sich selbst und der Beziehung der unterschiedenen Bestimmtheiten aufeinander. Log. II 464/5.304.
152 absolute Idee:	a. Gott. In seiner Philosophie der Religion handelt Hegel von Gott als von der „absoluten Idee". Rel. III 38. b. dritte Stufe der Entwicklung der Idee (Begriff der absoluten Idee). Identität der theoretischen und der praktischen Idee. Log. II 483/5.327. Der realisierte Begriff, d. i. der Begriff, das Gesetztsein seiner Bestimmungen in seinem Fürsichsein enthaltend. Enz. § 242. R e i n e Form des Begriffs, die ihren Inhalt als sich selbst anschaut. Enz. § 237.

153 reine Idee: (absolute) Idee, die sich (noch) nicht als äußerliche Idee bestimmt hat. Log. II 506/5.353. Die Idee ist noch logisch, sie ist in den reinen Gedanken eingeschlossen, die Wissenschaft nur des göttlichen Begriffes. Log. II 505/5.352.

154 spekulative Methode
Inhalt der absoluten Idee ist das System des Logischen. Form der absoluten Idee ist die Methode dieses Inhalts. Die spekulative Methode ist die Bewegung des Begriffs selbst, deren Natur in der „Wissenschaft der Logik" erkannt ist. Die spekulative Methode ist die einzige und absolute Kraft der Vernunft.

Korrigenda zu "Rademaker, Hegels 'Wissenschaft der Logik' "

Es muss heissen:

Seite 4, letzter Absatz, Zeile 16
    statt: "Für sich sein" : "Fürsichsein"

Seite 12, 5. Absatz, Zeile 4
    statt: Das Denken diese Philosophie:
          Das Denken dieser Philosophie

Seite 15, 2. Absatz, Zeile 10
    statt: hinzutreten: hinzutrete

Seite 24, Überschrift
    statt: Spekulatives, Dialektisches:
          spekulatives, dialektisches

Seite 31, Anmerkung 76, Zeile 11
    statt: die die Materie: daß die Materie

Seite 31, Anmerkung 76, Zeile 12
    statt: Modelle: Modellen

Seite 35, Zeile 6/7
    statt: denden: denken

Seite 47, Anmerkung 13, Zeile 4
    statt: daß das im Maß: daß im Maß

Seite 93, Zeile 2
    statt: sind Herausstellen: sich Herausstellen

Seite 93, Zeile 9
    statt: Dies durch Grund: Dieses durch Grund

Seite 121, Zeile 24
    statt: in der Wissenschaft: in die Wissenschaft

Seite 125, Zeile 6
    statt: seinen selbständigen Momente:
          seine selbständigen Momente

Seite 127, Zeile 6
    statt: werden die fixierte:
          werden sie fixierte

Seite 130, 3. Absatz, Zeile 3
    statt: begriffliche Mannigfaltigkeit:
          begrifflose Mannigfaltigkeit

Seite 135, Zeile 15
    statt: die Liste: die List

Seite 138, Zeile 3, Überschrift
    statt: Die drei für sich: Die frei für sich

Seite 144, Zeile 16
    statt: heraustellen: herausstellen

Seite 145, Anmerkung 116, 4. Absatz, Zeile 7
    statt: obejktiven: objektiven

Seite 148, Zeile 3
    statt: zurückgekehrt: zurückkehrt

Seite 172, Begriff 38, Zeile 3
    statt: vielmhr: vielmehr